少年司法实践

Making a Difference

YOUTH JUSTICE IN PRACTICE

做 出 改 变

BILL WHYTE

〔英〕比尔·怀特 著

杨旭 姚沁钰 译

社会科学文献出版社

SOCIAL SCIENCES ACADEMIC PRESS (CHINA)

致 Anna 与 Patrick

致　谢

关于本书的出版我有太多的感谢需要表达。苏格兰刑事司法社会工作发展中心的同事们对我的支持非常重要，他们不仅在研究和学术上帮助了我，而且使我能够投入时间专心致志地撰写这本书。我也非常感谢 Viv Cree 对我进行这个项目的鼓励，感谢 Steve Myers 对书稿的有益评论，感谢 Linda Hutton 对"案例思考"内容的提供。

本书中的任何错误和遗漏都是我的责任。

总　序

在社会建设和社会治理现代化的大背景下，伴随着司法体系的转型，尤其是恢复性司法理念被普遍接受和实践，我国司法社会工作在法律和社会工作两大领域的共同驱动下，实现了快速发展，已形成戒毒社会工作、社区矫正社会工作和青少年社会工作三个制度化的专业方向。在实践模式上，上海的司法社工模式和北京的司法管理模式分别代表着当前我国司法社会工作的两大类型，各具特色。面对新形势，如何推动司法社会工作高质量发展，如何发展中国特色社会主义司法社会工作模式，以及如何培养高水平的司法社会工作人才，这些都是国家与社会给我们提出的新课题。

作为后发国家，我们可以在借鉴国外发达国家成熟做法和有益经验的基础上，探索出符合中国实际、具有中国特色、体现社会发展规律的司法社会工作模式。相较于其他领域，目前我国司法社会工作相关的教材、论著还显不足，对国外经验的译介也较为分散，缺乏系统性。鉴于此，本丛书旨在为此领域的发展尽绵薄之力，推动相关知识的系统化和普及。

华东政法大学于 2005 年开设社会工作本科专业，并于 2014 年获批为社会工作硕士专业学位（MSW）授权点。作为政法类大学的社会工作专业，我们一直秉持学校"法科一流、多科融合"的学科发展定位，以人才培养为中轴，学术研究和社会服务双轮驱动，聚焦于司法社会工作和社会治理法治化等议题。经过我们的持续努力，专业建设取得了一定的成绩。2018 年获批进入"上海市属高校应用型本科试点专业建设名单"，2021 年成为"国家级一流本科专业建设点"；社会工作系教师共同编写的教材《司法社会工作概论》在业内具有一定的影响力；"司法社会工作"课程被评为"上海市重点课程""上海高校课程思政领航计划课程"；我们还与专业实务单位合作开发了"未成年人司法保护服务实践"等多门复合型司法社会工作类课程。

为响应国家和社会发展对司法社会工作人才的需求，我们在校内外专家论证的基础上，择选一批国外司法社会工作领域的论著进行翻译。我们期望通过对"他山之石"的学习借鉴，提升符合我国国情的司法社会工作人才培养、科学研究和实务操作水平。本丛书的出版，也是我们进行国家级一流本科专业建设、上海市属高校应用型本科试点专业建设的系列成果之一。

华东政法大学社会发展学院院长　李峰教授

前　言

　　本书可供在社区中以涉罪年轻人为工作对象的社会工作者、其他从业者和相关专业的学生阅读。对英国的少年司法从业者来说，他们正面临着前所未有的挑战。特别是，实践政治化、社会对年轻人的矛盾心理以及对违法者的妖魔化，都在说明一种紧张关系的存在。与此同时，对减少犯罪和预防犯罪的有效反应的需求也在增加，这些需求可能是真实的，也可能只是作为实现社会控制的手段，为了掩盖加大惩罚力度的根深蒂固的要求。

　　联合国儿童权利委员会指责英国对青少年犯罪并未采取足够的以儿童为中心的方法，这使得青少年被定罪和拘留的比例很高，青少年中有许多人接受过社区照料，采取的方法过分强调惩罚、控制和监督，而不是关爱、共同责任和儿童权利。

　　从业人员把他们的工作环境形容成"雷区"，因为他们是在对立意识形态之间的"交火"中运作的，在一个"没有赢"的情况下，从任何角度看他们都是失败的。在实践理论、原则或方法上，英国没有达成共识；既没有在循证实践的价值和有效性研究提供的指向性之间找到平衡，也没有同样强有力的案例来彻底改变实践方法。这表明如果没有真正意义上的儿童照料和社会正义，少年司法将成为一个适得其反的概念。有权力和无权力的问题无处不在。

　　本书的目的不是解决这些困难。它只是对发展知识渊博、善于反思的从业者和管理者的一种支持。本书旨在帮助他们以批判性的方式在各级挑战系统内运作，即使他们不能轻易改变系统，但有责任代表犯罪的年轻人和受害者。本书试图探索科学和艺术之间的平衡，有时什么都不做比善意但缺乏重点的干预更好。

联合国《儿童权利公约》（Convention on the Rights of the Child）及其相关指南为少年司法提供了国际标准，为目前少年司法实践中可用的证据基础的审查提供了组织框架。

本书结构

在英国发展有效地减少少年犯罪的实践，需要对联合国《儿童权利公约》的原则做出政治和专业承诺，并为相关一线工作人员所需的核心技能进行投入。

本书的每一章都包括一个实践案例思考或案例研究，以便对根据联合国《儿童权利公约》原则指导的英国少年司法实践的不同方面进行考查。每章开头都有一个基于该章重点的简单场景描述，可以给读者一个反思自身经历和所读到内容的机会。每一章都以"关键问题"和"练习"结束。

第一章分析了英国少年司法从业者目前面临的挑战，以及联合国《儿童权利公约》原则和国际指导的愿景所提供的未来可能的发展方向。

第二章探讨了当代应对少年犯罪的影响，并简要回顾了影响当前对儿童和青少年犯罪思考与理解的重要理论框架。该章还提供了关于少年犯罪性质的经验数据和实践范例的检验。

第三章进一步探讨了在减少犯罪和促进犯罪中止的实践中什么是有效的、什么是无效的。

第四章探讨社会工作评估的性质，以及在制订全面和综合的行动计划时，如何以标准化方法评估需求与风险，以符合少年和社会的最大利益。

第五章讨论了早期干预和抗逆性方法在提供以儿童为中心的服务方面的实践意义，它们可以解决反社会和犯罪行为，并支持发展抗逆力。

第六章回到有效应对少年犯罪的主题。该章讨论总结了干预的关键方面，从参与和关系建设到提供服务的有效方法和途径，这些服务最好地支持了年轻人发展其人力资本（知识、技能和个人资源）和社会资本，这些资本可以支持他们更好地融入社会。

第七章探讨了强化干预的问题，通过人力"全方位"或行政和电子手段（electronic means）以适应年轻人的需要、面临的风险和情况，以及他们所犯罪行的性质。

第八章将监测、维持和评估变化的挑战视为基于经验的实践的基本要素，支持有效的"协同运作"并衡量成果。

最后，第九章得出结论，要使少年司法实践有效，实践者需要具备变革管理的技能，政策和实践议程需要朝着更好地整合社区司法和福利供给的方向发展，并反映出共同责任和社会正义的重要性。

目 录 CONTENT

第一章　导言：英国与欧洲的少年司法　　　　　　　　　1

第二章　儿童、青年和犯罪　　　　　　　　　　　　　　21

第三章　有效实践的指导原则　　　　　　　　　　　　　45

第四章　评估需求与风险　　　　　　　　　　　　　　　69

第五章　早期干预与恢复性实践　　　　　　　　　　　　95

第六章　采取有效措施减少青少年犯罪　　　　　　　　117

第七章　强化干预　　　　　　　　　　　　　　　　　143

第八章　维持和评估改变　　　　　　　　　　　　　　161

第九章　社区公平与福利一体化　　　　　　　　　　　179

参考文献　　　　　　　　　　　　　　　　　　　　　199

索　引　　　　　　　　　　　　　　　　　　　　　　225

导言：英国与欧洲的少年司法

英国少年司法专业实践基础是 1989 年联合国《儿童权利公约》中制定的原则与标准。联合王国或苏格兰的司法体系并没有直接适用该公约，但苏格兰行政院在其政策、立法发展过程中尽可能遵循着公约原则，着力体现少年司法系统的国际标准，履行国际义务。据国际报道，由于公约的适用前提并不明确，英国并没有履行作为联合国《儿童权利公约》签约国的诸多承诺，没有达到其他缔约国的既有期望（Harvey，2002；EC，2005）。

未成年人的父母一直希望知道如何能更好地养育子女，国家也是一样。近年来，国家一直都在想方设法解决未成年人违法犯罪的问题（Tonry and Doob，2004，第 1 页）。

案例思考：记第一次违法 ●

约翰今年 12 岁。他与两个朋友因盗窃沃尔沃斯商店内的糖果、音乐 CD、电子游戏机而被警方抓获。这是他第一次进入警察视野。

在本章中，我们会围绕这个小案例提些问题。

一　少年司法与福利并举的实践

英国及欧洲对未成年人违法事件的处置与成年人系统迥异。同时，由于文化与制度不同，各国少年司法系统在司法体系、刑事责任年龄、规范、政策和实施前提等方面各有千秋。有些国家专门设立未成年人刑事法庭；有些国家将儿童福利和教育作为少年司法系统的基石；还有些国家综合权衡本国进入刑事法院的通常年龄来确定刑事责任年龄起点。

然而，联合国《儿童权利公约》所提倡的刑事责任年龄，并非对未成年人采取非刑事措施的唯一尺度。在英格兰和威尔士的少年司法系统中，刑事责任年龄为 10 岁，这一系统很大程度上依赖于分流；10~17 岁的未成年人违法时，司法机构采取正式或者强制手段，很可能会交由未成年人刑事法庭处理。苏格兰刑事责任年龄则更低，为 8 岁。由于其儿童听证制度，与大多数国家相比，苏格兰很少将 16 岁以下的未成年人送入未成年人刑事法庭。由此，我们可以看见这两种转变背后重要的实践意义，这两种转变即从非刑事转向刑事以及从未成年人转向成年刑事司法系统。

通常，我们从心中理想的福利或司法模式出发，对现实的少年司法体系进行评估。然而，在少年司法的推进过程中，政府很难综合运用各种方法，权衡哪种是应对未成年人违法犯罪的最佳手段；也很难基于实证数据的理论开展工作，往往只能择一而用。正如一名评论员所言，

> ……有些人可能被误导，试图硬将未成年人的违法行为归入同一司法理论中。任何司法系统，在处理未成年人违法行为时，都应富有弹性，运用冲突理论，实现少年司法公正。我们不应否认未成年时期存在矛盾，用千篇一律的理论进行诠释。
>
> （Adler，1985，第 2 页）

"福利"与"司法"有着千丝万缕的关系，二者有时用来指关怀与照顾未成年的机构（比如儿童福利机构），或是处理少年犯罪的决策机关（比如少年司法机构）。福利代表了未成年人的幸福与利益，而司法则蕴含着更为广泛的社会公平之意；这也是二者有时无法融通的原因。这种对立在各个司法管辖区的实践中，体现得淋漓尽致，比如未成年人保护关怀系统（儿童福利机构）与青少年违法惩治系统（少年司法机构）之间泾渭分明。

在英国各地少年司法实践过程中所遵循的价值观、规则、标准，因地而异。英国社工协会推广了由国际社工联盟和国际社会工作教育联盟共同提出的社工定义。很多国家和地区的社工和教育者都采取这一定义。

社会工作专业推动社会变迁，解决人际矛盾，为案主赋权，解放人类，增进人们福祉。社工灵活运用人类行为论和社会系统论，介入人们与外界

环境的交流。社会工作的宗旨是人权原则与社会公正（www.basw.co.uk）。

英国社工协会的道德准则由五大基本价值观和一系列实践准则组成。实践准则与基本价值观相互关联，指导实践，为专业实践提供支撑。这可总结为"社会工作实践应在提供人道主义援助、融入团体互助、能力培养等服务时，做到既充分尊重个体，又追求社会公正"（1976，para 3，重点补充）。

> 在约翰一案中，我们能采用什么样的方式妥善解决问题？是侧重于福利方法还是司法手段？
>
> 不同方法是否会有不同的结果？
>
> 在实践中，我们应考虑哪些人的利益，我们又将面临哪些道德困境？

二 他们首先是孩子还是罪犯？

大部分欧洲国家的司法体系，对14~15岁犯罪的未成年人，倾向于通过转介的方式，将其从福利体系转移到（未成年人或成人）法院系统。但英国的司法制度是基于普通法的，与这些国家的处置方法存在不同。英国全面签署联合国《儿童权利公约》，接受公约提出的多方位干预和早期社会介入，为所有未成年人提供均等的机会，搭建公平的舞台。尽管英国的未成年人法律体系以18岁为节点，但是在有些情况下，卷入犯罪中的未成年人远远低于这个年龄，呈现犯罪低龄化预警，即一部分未成年人在18岁之前就已经劣迹斑斑。

这些情况对少年司法从业者提出一系列现实挑战，如服务的有效性、采用何种价值观以及伦理道德问题等。在实践中，他们遭遇的主要困境是：联合国儿童权利委员会和儿童立法中的义务和责任被低估，同时带来的问题是少年司法中最重要的原则如何在少年司法体系中运用（在任何涉及未成年人的决策与司法程序中，未成年人的安全与福利保障应被摆在首位）。

少年司法模型多种多样，其中很少有令人百分之百满意和足够折中的模型。各国应对未成年人需求与危机的方法不同，脱离各地历史发展，很难理解与比较。司法与福利制度之间的鸿沟巨大，很少有国家能适应，这导致了少年司法在预防、早期干预、分流、社会干预、制裁、惩罚等方面的差异。不少签署了联合国《儿童权利公约》的西方国家倍感压力，试图找到折中方案，平衡司法和福利这两套水火不容的体系。与此同时，这些国家意识到，制定决策时，全局意识、文化多样性与社区参与都很重要。

尽管大陆法系国家与普通法国家之间存在根本性不同，但各国未成年人福利与司法从业者所面临的困难却如出一辙。在所有国家的立法中都提供了一系列措施，允许从业者们对未成年人进行干预、限制，直至出于福利或者纠正行为障碍的考虑而将其带离家庭。

在很多国家，在问题孩子和家庭进入刑事司法程序前，政府就已经与他们进行了大量接触，回应他们的疑惑，提供法律援助服务。对一些不断犯错的未成年人，很多国家予以特别关注，对他们提供"关照"。当预防性福利措施不足时，有可能造成各方之间的利益冲突，而主要服务提供者有责任确保未成年人的最大利益，保障他们的需求，同时维护公共利益。通常情况下，未被满足的未成年人可能迅速从需要关照的福利体系"滑向"刑事司法体系，人们将他们当作"罪犯"，他们被重新贴上标签，仿佛他们一进入司法程序，就变成了"前未成年人"一般。

对于服务提供者，我们并没有一套完整的评价机制，即当服务者的工作缺乏成效而导致未成年人并没有积极改变时，我们没有让其负责的机制。我们尽管对严重和持续的犯罪无法宽恕或原谅，但很少将服务失败归入影响决策的重要因素。特别是在刑事程序中，我们有一种倾向，即将"服务失败"归结为个人责任感的缺失或未成年人家庭教育的失败。

在苏格兰的16~17岁未成年人，如果他们通过刑事法庭进入未成年人犯罪机构（Young Offender Institutions，YOI），那么他们之中，有50%~70%曾经得到过公共关怀。长期跟踪研究显示，多达9%的未成年人在19岁时被定罪（McAra and McVie，2007）。他们在刑事诉讼中很容易被视为独立的、具有完全刑事行为能力的人。这往往成为服务提供者自我开脱的借口，儿童法与联合国《儿童权利公约》所倡导的"共担责任"的原则，也无法得到响应／实现。

对大多数国家和从业者而言，他们面临的主要困难是如何提高未成年人的参与度，这一原则是联合国《儿童权利公约》对各国司法程序与决策的明确要求。近十年来，在英国司法制度中，未成年人在司法程序中的地位有较大提升。尽管如此，仍存在不足，特别是在关于参与性决策的"最适宜论坛"（the most appropriate forum）和对抗性刑事法院的适当性的辩论方面，无论这些法院是不是为未成年人或其他特殊群体专设。因为"儿童"与"青少年"的定义因国而异，各国对未成年人是否具有完全刑事责任能力的年龄界定也不同，刑事诉讼程序中的最佳解决方式也不同。

尽管卷入犯罪的青少年通常需要社会福利提供实质性服务，以满足其需求，但在所有司法管辖区内，并没有完整的比较性数据可用于研究；我们在司法系统和社会福利都需要的情况下，如何将两者结合起来，并使其效果最好是需要解决的问题。我们可以确定，在处理"问题孩子"的事情上，西方国家并未达成一致。然而，实践中的改变和趋势证明，采用恢复性实践、补偿和受害者调解等方式，可以更好地利用刑事诉讼的分流体系。在新西兰已经采用了恢复性实践与家庭会议的方式，以减少进入法庭的未成年人数量。与此同时，恢复性条款已经作为法院分流处置的形式，瓦解了正式的刑事司法程序。

少年司法从业者在实际中必须遵从自己所在司法管辖区的规定。同时，在每天与罪错未成年人及受害未成年人打交道的过程中，从业者还面临着如何与其他职业与机构合作的问题。如果我们希望实践由已有证据所指引，并且期待实践卓有成效，那么从业者就有义务以专业原则和职业伦理为实践基础，尽管这可能会使他们与其所在的机构的关系变得紧张（Hill et al., 2006）。一旦服务效果甚微，需求无法得到满足，从业者应考虑是否应该以及是否能充当"吹哨人"，以挑战系统中的不足。

三　国际指导：实践基准

许多国家及地区声称，他们正在寻找更新颖、有效的方法，帮助问题青少年，但这些国家和地区却没有明确地参照一套共同的标准或原则，以衡量所采取方法的适合性。英国境内，各司法管辖区所设的服务标准和原则因地而异，很少参考现有的国际标准，这些原则和标准应该反映在实践中。全英国少年司法从业者面临着巨大的挑战及道德困境，其根源在于人们在以下两个问题上缺乏共识：其一是少年司法系统应该是什么，其二是少年司法意图取得什么样的成果。

《欧洲人权公约》（European Convention on Human Rights，ECHR）全称为《欧洲保护人权和基本自由公约》。该公约于1950年11月4日由欧洲理事会通过，旨在保护人权和基本自由，并为少年司法实践制定了标准。1953年9月3日该公约生效。欧洲理事会所有成员国都是该公约的缔约国，新加入的成员国也应尽早签署该公约。英国是该公约的原始缔约国，1959年批准了该公约，但直到1998年该公约才被纳入英国立法，随后才被英国所有司法管辖区采用。

四　联合国《儿童权利公约》及其相关国际文书和指南

联合国《儿童权利公约》第3条要求"关于儿童的一切行动，不论是由公私社会福利机构、法院、行政当局或立法机构执行，均应以儿童的最大利益为首要考虑"。在各种各样的实践中，我们看见的表达方式多是将儿童利益视为考虑因素"之一"，而非"首要"因素。这样表述造成的后果是：在未成年人涉及刑事犯罪抑或是少年累犯时，公共利益会凌驾于儿童利益之上。

自1998年《欧洲人权公约》被纳入英国国内法以来，为遵守欧洲法院的裁决精神，英国的司法实践已悄然发生很多改变。在Bulger案（Venables v. Crown）中，欧洲法院发现在《欧洲人权公约》中就罪错未成年人方面的指引不多，于是借鉴了联合国《儿童权利公约》的原则，作为其审判的标准。实际上，欧洲法院认为，履行《欧洲人权公约》离不开联合国《儿童权利公约》原则的运用。然而，在英国，没有一个司法管辖区能完全将联合国《儿童权利公约》纳入其法律，在实践中的做法也离其作为缔约国应当履行义务的"精神"甚远。

联合国《儿童权利公约》序言提到其他国际条约的重要性，并强调联合国《儿童权利公约》所制定的框架具有动态性，其应该在最新的理论与循证实践的基础上进一步发展。在未成年人福利和少年司法实践方面，一系列联合国的大力宣传至关重要。

联合国关于青少年福利和少年司法领域的重要指引

▶ 1985 年《联合国少年司法最低限度标准规则》(《北京规则》)
▶ 1990 年《联合国预防少年犯罪准则》(《利雅得规则》)
▶ 1990 年《联合国保护被剥夺自由少年规则》(《哈瓦那规则》)
▶ 1990 年《联合国非拘禁措施最低限度标准规则》(《东京规则》)
▶ 1997 年《刑事司法系统中儿童问题行动指南》(《维也纳规则》)

《北京规则》制定了司法行政化标准，特别强调儿童权利，并关注青少年福祉。该规则建议，刑事责任年龄应基于未成年人的心智发育成熟度，而不应设定得太低。这些标准强调，对未成年人犯罪要采取社会教育措施，而不是惩罚性的（刑事）措施。规则 11 要求，在未成年人同意的情况下，将未成年人从刑事司法程序中分流出来。这些标准的重点是尽可能避免让未成年人卷入任何司法程序，减少未成年人与刑事犯罪相关联的可能性，从而降低由于交叉感染等效应而人为增加他们未来犯罪的可能性。与此同时，该规则强调，少年司法制度中要重视未成年人的表达权，除非其罪行十分严重，否则剥夺其自由只能作为最后的手段。

如果约翰 10 岁或者 15 岁，你对他的看法会有所不同吗？

《利雅得规则》强调以儿童为中心的早期干预，注重未成年人的社会化及其应承担的社会责任，提出人们要采取非犯罪化的态度对待未成年人，通过多学科方法加强预防犯罪。《利雅得规则》关注"可能或不可能触犯法律的未成年人"和"被遗弃、忽视、虐待、药物滥用、处于社会边缘地带的未成年人"（Marshall，2007，第 7 页）。该规则推行"渐进式普遍主义"，认为困境儿童与触法的未成年人之间有较高的重合度，故满足未成年人的需求，帮助未成年人建立起"人力资本"是避免犯罪升级，减少风险的优先考虑项。

《哈瓦那规则》强调检察官的独立性，检察官应该发挥促进 18 岁以下未成年人分流出刑事司法程序方面的作用。从现有的实践来看，这似乎并不是英国检察官独立关注的问题。《东京规则》旨在提高社区参与度，以及社区在应对犯罪方面可以采取的措施。这一规则回应了人们对促进未成年人"社会资本"方面的论战。《维也纳规则》强调了联合国《儿童权利公约》框架内儿童权利的不可分割性和依存性。第 11 条准则特别鼓励发展以儿童为导向的少年司法系统。第 15 条准则明确支持犯罪系统的预防和分流与及时处理潜在犯罪诱因的重要性：

> ……少年司法及预防未成年人犯罪的一个显著原则是，要在根本上解决问题，才能带来长期的改变……
>
> （第 41 条准则）

联合国儿童权利委员会规定"由于未成年人身心发育皆不成熟，因此需要特别照顾与保障，包括得到适当的法律保护"。这是世界上认可度最广的人权条约。然而，包括英国在内的许多国家对此持保留态度。尽管如此，国际法要求所有这些保留都不能损害公约的精神或原则。尽管这些重要标准和实践原则始终存在，但是联合国《儿童权利公约》所设定的原则很难在少年司法政策制定者和决策者的心中占据重要地位，因为在刑事司法程序实践中，英国将 18 岁以下未成年人依旧关押在拘留所中。

联合国儿童权利委员会规定青少年福利和少年司法的主要原则

▶ 第 1 条建议，18 岁以下儿童和青少年应被视为未成年人，除非当地大多数成年人的年龄较低。

▶ 第 2 条倡导不歧视原则，所有未成年人无一例外地享受所有权利。

▶ 第 3 条第 1 款要求在决策中考虑未成年人的"最大利益"："不论是公共或私营社会福利机构、法院、行政当局或立法机构，在涉及未成年人时，都应将儿童利益最大化放在首位"。

▶ 第 12 条规定，在所有可能影响未成年人的决策中，人们应该倾听未成年的声音，这是未成年人的权利。

虽然在英国的儿童立法中反映了这些关键原则，但实际上，在多数情况下，在刑事司法实践中这些原则并没有得到贯彻。

联合国儿童权利委员会密切监督联合国《儿童权利公约》的实施情况，并在 2007~2008 年度第三次报告了英国的实践情况。鉴于之前的会晤，这次报告英国少年司法从业者饶有趣味。英国政府代表在 1995 年第一次与委员会会面。联合国工作人员用"不合作和傲慢"来形容英国代表团。联合国委员会对英国的表现发布了关切清单和批评意见，提供了一套如何更好地履行其义务、保护儿童权利的综合性建议。2002 年，在重新审视这些问题时，联合国委员会认为英国代表团这次"更加合作"；英国代表团承认，英国过去的表现并不完美，正在采取切实行动以落实儿童权利。英国政府致力于在未来取得长足进步。尽管英国已采取了重大措施，但总体而言，联合国委员会对英国的某些做法仍然不太满意；由于 1995 年报告中的大多数建议没有得到落实，委员们对此也表示失望。联合国委员会认为，作为大国，英国的表现有失水准，即英国的少年司法缺乏以儿童为中心和以权利为基础的处置措施。对未成年人的长期拘留不断增加，人们十分关注这样的"惩罚性氛围"（Harvey，2002）。

英国代表团则认为，目前英国刑事责任年龄虽然较低，但是这样可以开展早期干预，同时让未成年人承认其自己的责任。与此同时，代表团坚持认为，1989 年《儿童法》虽然为 18 岁以下儿童提供了保护和服务保障，但对被拘留的未成年人却并不适用。虽然从技术上讲，这项立法只涉及英格兰和威尔士，但对于英国代表团来说，这一"政策立场"适用于所有英国的司法辖区。2002 年 11 月 29 日，在对内政部的司法审查中，霍华德刑法改革联盟获胜，高等法院在该裁决中认为，1989 年《儿童法》应当适用于被拘留的未成年人，这一决定具有里程碑的意义。高等法院的法官 Munby 先生认为，"霍华德联盟发挥了非常有益的作用，将拘留中的未成年人拉进公众视野，足以让每个公民的内心感到震动"（R. v. Secretary of State，2002 年 11 月 29 日；Case No CO/1806/2002，第 175 段）。

2007 年 7 月，霍华德联盟就一名女性未成年犯罪嫌疑人 J 的案件维持上诉法院的裁决，J 在 15 岁时犯下罪行，被刑事拘留。三位法官认为，根据 1989 年《儿童法案》第 20 条，地方当局要为她提供必要的照顾。因为地方当局对拘留中的未成年人，同样负有照管义务。实际上，地方当局对离开监护权的儿童和对有需要的儿童负有同样的责任。该判决强调，"全国各地的地方当局未能为进入和离开拘留所的弱势儿童提供适当的评估和照顾计划，特别是在未成年人回到可能导致他们犯罪和被监禁的危险境地时"（霍华德刑事改革联盟，新闻稿，2007 年 7 月 26 日）。这些年轻人有权得到全程照顾和善后支持，以确保他们的个人和社会融合，远离犯罪。这需要稳定的政策指引，需要刑事司法、少年司法、儿童服务、住房、教育和就业、休闲和保健等各部门的联合协议和资源共享。

英国实践对联合国《儿童权利公约》所设立的标准不置可否，但英国的国内法却明确采纳《欧洲人权公约》的内容。人权委员会的一份报告（EC，2005）表扬了英国社会强烈的个人自由意识。

然而，该报告也指出，在欧洲有一种趋势越来越明显，即人权过度限制了有效的司法行政和对公共利益的保护，英国也没有幸免于这一趋势。报告的第四节（第 81~98 段）内容有关少年司法，包括情节不太严重的犯罪和反社会行为。报告指出，最近打击未成年人犯罪的多项措施是积极的，但给公众更多的印象是"未成年人犯罪者过快地被卷入刑事司法系统，未成年人罪犯容易被拘留"，人们更加关注替代性措施，期待早期干预更具有效性（EC，2005，第 81 段）。

报告进一步评述，虽然英国制定了详尽的政策，但在减少未成年人拘留数量上，各项政策似乎影响甚微。对此，有人建议，"一系列法令旨在减少城市公害，但是对未成年人实施的积极举措却可能因此而遭到破坏，造成的结果是将所有人置于刑事犯罪的范围之内，这其中面临惩罚的首当其冲是年轻人"（EC，2005，第 83 段）。报告指出，在西欧国家中，英国是少年拘禁率最高的国家之一，这些未成年人往往拥有不幸的童年，缺乏适当的心理护理和教育措施，他们被释放后再犯率居高不下。有评论认为，英国有对困境儿童问题的治理决心，但"年轻人出狱时，除了犯罪技巧显著提高外，还应该获得其他东西"，由此得出的结论是，英国对未成年人的预防性干预措施很少（EC，2005，第 94 段）。

报告承认，对反社会行为采取积极措施至关重要。但结论认为，"很难避免人们产生这样的印象，即反社会行为令有可能被吹捧为治疗城市公害的灵丹妙药"（EC，2005，第 113 段），"这有可能让人们对未成年人有距离感，加剧其污名化的风险，从而使他们的错误行为更加根深蒂固"（EC，2005，第 119 段）。最后，报告指出，"在我看来，不分青红皂白，批评未成年人，让他们蒙羞，不仅在效果上会适得其反，而且也是对《欧洲人权公约》第 8 条的违反"（EC，2005，第 120 段）。

> 约翰违反了法律，他应因此而受到惩罚吗？
> 他是尽人皆知的麻烦制造者、问题青少年，你还坚持上面的观点吗？

五　在英国的融合实践

在 21 世纪上半叶，英国国内形势风起云涌，少年司法从业者在复杂的环境下工作。尽管在不同地区，少年司法的原则和结构存在极大差异，仍有评论员认为，所有少年司法从业者面临着类似的压力，需要解决共同的实践问题，而融合是英国所有司法辖区的共同主题（Bottoms and Dignan，2004）。

在少年司法领域，英国致力于未成年人的犯罪预防，以之取代报复性惩罚。所有地区都注重多学科联合应对的方式，但是学科之间整合的方法各具特色。各地普遍重视以下几个方面：一是减少再犯率；二是提升降低犯罪率的有效性；三是注重需求－风险评估的标准化；四是日益关注犯罪行为对受害者造成的伤害。苏格兰以福利为基础的司法体系，明确承诺对16 岁以下（较小程度上可以扩大到 18 岁以下）的未成年人坚持"未成年人利益至高无上"的原则。这一原则具体反映在以下两个方面：一是苏格兰司法体系对有需要的儿童与犯罪儿童一视同仁；二是将判定法律事实的法院职能与力图做出最佳反应的儿童听证会之决定相分离。英格兰和威尔士地区，司法部门强调少年犯的个人责任、父母监护不当的责任，同时也注重对受害者进行赔偿，所以将负有照料和保护责任的家庭法院与少年法院分开，强化了少年法院的矫正原则。

在少年司法制度中，年龄因素是最重要的入罪、出罪标准。在实践中，大多数司法管辖区都有双重或平行路径，如果是重刑犯和惯犯，行为人的年龄超过最低准入门槛（刑事责任年龄）但低于通常准出的，将被"转处"到成年人的刑事诉讼程序中。有很多理由可能让司法人员最后选择放弃"转处"，比如象征性地训诫未成年人，能够威慑他们。出于对公众的保护，以及考虑到诉讼中的惩罚和制裁对未成年人而言显得严酷，在检察官的压力下，如何平衡联合国《儿童权利公约》的原则和《哈瓦那规则》，并没有完全对英国的公众监督开放。

人们一方面对未成年人犯下的让人无法接受的罪行及其"后果"予以谴责，另一方面又为了他们及其社区的最佳利益而对未成年人积极伸出援手，这两种做法之间不可避免地存在紧张关系。在实践中，尽管有可替代的应对措施，但英国的少年法庭仍倾向于以"迷你"成人的刑事法庭方式运作。苏格兰为 16 岁和 17 岁的青少年重新设立少年法庭，显然是刑事司法简易程序的一部分，只是在口头上支持联合国《儿童权利公约》的原则，这加快了 16 岁左右的青少年迅速退出非刑事诉讼程序的能力。这种"新的"少年司法理念（Goldson，2002a）在英国各地都有不同程度的体现。这一理念反映出在既有的司法和刑事结构内部，力图实现"未成年人利益至高无上"的原则，是相当艰苦的过程，两者之间的结合充满纠结与挣扎。由于受到政治环境的影响，少年司法系统不断震荡，社会性措施、保护性措施经常与惩罚性回应和制裁"混合交织"。因此，很少有实务工作者能在妥协中获取满足感。

六　少年司法：未来的指引

人们日益关注未成年人服务，改善其生活环境，这些服务的对象为贫困儿童、困境儿童以及多重困境儿童，这其中也包含违法犯罪的未成年人，这些都在最近的政策发展中有所体现。这些新政策强调在整合的框架内提供多学科的儿童服务，进一步朝着联合国儿童权利委员会提出的原则迈进。"每个孩子都很重要"（Every Child Matters，ECM）（HM Treasury，2003）和"正确对待每一个孩子"（Getting it Right for Every Child，GIRFEC）（Scottish Executive，2004）等法规都关注地方当局负有的对未成年人的照料与为其提供福利的职责。许多儿童曾遭受过虐待或被忽视，需要对其提供照料。当他们脱离照料或被解除强制措施时，通常只有十五六岁，对这些未成年人而言，缺乏教育是其面临的最大问题。他们很少得到来自家庭和社会网络的充分支持，他们也没有做好充足准备，过上稳定而独立的生活。各国积极制定不同政策，意图改善问题青少年的未来，这也显示了这些国家的雄心壮志。

随着儿童照管的原则和政策再次被确立，政府对有需要的和困境未成年人负有照顾的责任，这其中也包括违法犯罪的青少年。人们认识到，需要采取更好的整合方法提供服务，改变官僚主义作风，使从业人员有更多的自由，为儿童和家庭提供优质（能实现目标）服务，并让各机构对其所提供的服务及其结果承担更多责任。这些政策强调，要将强制性措施作为最后手段。实务工作者所提供的公众服务应当循序渐进，为父母提供信息和指导，指导他们积极参与子女的成长，此外，应向父母和家庭提供有针对性的服务和专家支持，对纵容未成年人逃学、包庇其反社会行为或犯罪的父母进行指导。

在英国，不同司法辖区遵循的未成年人法律法规不同，由此各地未成年人的地位也有差异。在苏格兰，所有因违法犯罪而接受强制措施的未成年人都被视为"需要被照顾"的孩子。霍华德联盟领导下的司法审查（见上文）阐明，无论决策途径如何，英国儿童立法的原则应适用于所有未成年人。实务工作对联合国儿童权利委员会的原则和循证方法的理解程度，会影响决策路径，而这进而又将决定实务人员全面地为违法未成年人提供服务的程度。

建立有效的早期干预制度，既可以减弱对逆境少年进一步的污名化，也可以弱化其反社会犯罪特征，而这需要（跨）专业文化与公共服务方面的重大变革，突出服务的敏感性，能在事态变得严重之前觉察到困难和问题。从业者们需要采取不同的工作方式，通过主流制度渠道，在关键的"节点"提供有效的预防性服务，以便在恰当的时间精准地提供其所需要的服务。

如果不同的专业机构提供的服务都触及同一个未成年人，那么在服务的过程中，我们希望在这一个案中，有一个专业人员作为主导。这一个案成功与否，取决于不同机构、不同学科之间的协同程度，也取决于他们的支持程度。在必要情况下，无论主导者的学科背景是什么，他们都要代表未成年人"吹哨"，让其他机构意识到没有提供有效的服务。而如果不制定有效的战略性社区规划，以确保一整套规定的有力实施，就不可能实现有效的服务，如一个机构提供的儿童服务可能会被警察、少年司法或反社会行为的做法等破坏。政策的重点包括：

- 减少官僚主义，确保有效规划、信息共享和联合工作安排，改善交付效果；
- 建立服务质量改进战略，旨在支持未成年人综合服务计划，建立评估和信息共享系统，并支持未成年人协调行动计划；
- 出台具体的预防性教育方案；
- 表率性地提供各种主流服务（如托儿所、学校、家庭中心、基层医疗服务和少年宫）；
- 强制性措施作为万不得已情况下的最后选择；
- 为面临特殊困难的未成年人提供针对性的结构化方案；
- 建立综合的未成年人服务审查系统，不断改进其所提供的未成年人服务。

无论在世界范围内，还是在不同国家，少年司法行业实务工作者面临的境况正悄然发生改变。按照联合国儿童权利委员会的指导原则和未成年人服务的政策，人们会提供更加有意义的、以循证为导向的服务，而这会使人们对问题青少年更加充满信心。这种新的局面，比以往任何时候都更需要精力充沛的从业人员，他们能将理论与实践紧密结合起来，能将罪错少年首先作为未成年人来看待，能够走进他们的内心，懂得与他们打交道的艺术，也具备儿童和家庭服务方面的专业知识。实务工作者一专多能，提供更加有效的服务，避免将犯罪的青少年投入正式的司法体系，因为这被证明效果会适得其反。

七　实践范式

联合国儿童权利委员会要求少年司法系统，原则上要有一系列不同的实践模式（多模式）。政策制定者推动跨学科、多学科和跨领域实践的概念的发展，并将这些作为未来的发展方向。该实践机制能结合共同的价值观与不同观点，链接不同学科背景的从业者，进行有意义的规划活动，然而，这一实践机制在所有司法管辖区都很难实现。跨学科实践的实证数据表明，我们尚未找到有效的、创新的解决方案。许多学科都在探索同样的问题，但大多数未能意识到，他们所生产的知识与经验很大部分都是"各行其道"。

不同的观点影响实践。资金提供者最关心的是（最佳价值）资源使用的有效性和高效性，以及如何恰当地将少年司法实践与提供的其他服务结合起来。政府往往关心如何获得适当的服务以及如何分担和控制费用，改善服务结果。从业者个人关注过程和工作环境的满意程度、职业成就、技能的运用和薪酬高低与否等问题，都会对最终的结果产生影响。专家和社会组织则更关注干预服务的可靠性、评估手段是否使用适当、支持服务的有效性，以及在计划和干预系统中从业者和服务对象所发挥的关键作用。从案主或"消费者"的角度来看，他们主要关注以下方面：对流程的满意度、问题解决或澄清、预测或不确定性的透明评估、明确的干预顺序、强度和持续时间以及如何获得综合服务等。

多重问题的整合需要在文化层面转变观念，承认文化是关键要素，但是文化因素往往被低估。大多数评论员认为，必须建立一套综合的理论和评价体系，才能在此基础上发展多种方法和技术。然而，在统一的范式中将理论和实践整合起来，需要由一整套内容组成（包括假设、概念、价值观和实践），它的建立并不能一蹴而就。当跨越学科和方法，从一个范式转移到另一个范式时，需要的不仅仅是方法和技术。范式的转变意味着在翻译、解释和价值观上，不可避免地存在差异。

尽管少年司法强调跨学科实践，试图将社会学、教育学、健康和行为科学纳入服务范围，但是案主－专业的关系和跨学科方法，在很大程度上保留了其基于学科的隶属关系。从业者们对跨学科服务提供方法的兴趣日益浓厚，要求在概念化、设计、分析和解释阶段，通过更好的综合实践方法，开展更多的整合实践。

我们需要通过制定一个反应更灵敏或统一的实践范式，澄清跨界实践中所涉及的理论和实践问题，而这并不是一个新的范式。40 年前，波茨和麦克威廉斯（Bottoms and McWilliams，1979）试图探索一种非治疗的缓刑实践模式。这一模式基于对实践有效性的研究，以及近期对成年人犯罪中止方面的研究，从而进一步发展起来。表1-1总结了非治疗、修复之间所隐含的实践结构比较以及中止模式。虽然由于未成年人对自我效能、自我指导和个人责任水平的期望不同，而且这些框架也不是专门为违法未成年人制定的，但概念发展和人们由此而开展的辩论却异曲同工。

波茨和麦克威廉斯颇具影响力的"非治疗"模式，试图将着眼于纠正的"治疗"和准医疗模式实践，转向基于帮助和互动模式的实践。雷纳对其进行了修订，以便更具体地关注犯罪及其后果的经验数据（Raynor，1985）。雷纳和范斯通研究了从1994年起主导缓刑实践的所谓"什么有效"（Raynor and Vanstone，1994）。20世纪90年代中期，人们试图为早期实践范式的进一步发展建立经验和伦理案例。此外，还有一些评论员（例如McNeill，2006）认识到研究对实践的潜在影响。

表1-1　四种模式下的监督实践

"非治疗"模式	修复模式	"什么有效"模式	中止模式
治疗是有效的	帮助保持并减少持续性的伤害	干预可以减少再犯并保护公共利益	帮助结束并减少再犯，减少伤害，对加害者和受害者都有益处
诊断成为共享的评估信息	明确的对话和谈判为随后的变化提供机会	由专业的风险和需求评估作为结构化管理工具	明确交流和谈判，评估风险、需求、优势和资源，并提供良好的发展机会
由将服务对象需求和依赖性作为行动基础，转变为以案主的协作为行动基础	见面时与案主共同确定相关任务和可能有效的方面	法律命令是必要的因素，不管案主是否同意，强制性介入结构化计划和案件管理流程	使用和开发罪犯的人力资本和社会资本，共同确定任务，清除风险、需求和阻止犯罪的障碍

资料来源：Adapted from Bottoms and McWilliams（1979）；Raynor（1985）；Raynor and Vanstone（1994）；McNeill（2006）。

八　通过社会教育，满足需求，开展行动

成年人司法案件的规则指引同样适用于少年司法领域。专业社工作为案主、受害者之间的调解者，在社区中保护未成年人权利，帮助未成年人养成健全的人格，更好地融入社会，同时，专业社工积极参与，遵守规

则，有效行动，这些都是专业人员的关键"素养"。表 1-2 再次聚焦既有的社会福利和社会教育实践，借助这一方法帮助罪错少年，使其与其他孩子一样茁壮成长。

如果我们干预的预期结果旨在制止犯罪或中断犯罪，那么我们需要采取循证的方法，深入理解实践中成年人和未成年人如何停止犯罪。有效实践要基于社会结构、服务机构与个体身份三者之间的联系。实践的特点是适应干预，以满足未成年人需求，减少其犯罪风险，（特别是）帮助青少年发挥自身优势，培养抗逆力。少年司法从业者无论采取什么形式，都要在个性化基础上，依托青少年的家庭背景和社会网络，帮助青少年建立个人资源（人力资本），使其成为社会资源（社会资本）的受益者。

表 1-2　少年司法的社会教育或整合模式

少年司法从业者提供帮助，采取干预措施，使青少年获取、维持个人资本和社会资本，发展抗逆力，培育积极的自我认同，在家人的支持下减少或停止犯罪，降低危害，与受害者和解
在结构化评估工具和统筹规划的协助指导下，对青少年及其家庭的社会发展需求、风险、优势和资源进行专业评估，与青少年沟通对话，判定他们弃恶从善的可能性
在未成年人自愿参与的基础上与其共同协商，确定任务，如未成年人不愿意参加，可将强制性参与作为兜底手段，使用结构化方法、关系和案例管理流程，开发青少年的人力资本和社会资本，促进个人和社会融合，控制改变中的风险和障碍；通过社区资源维护青少年的积极改变

这需要实务工作者提供更多的服务，而不仅仅作为社会教育的技术管理者、聚焦犯罪的项目管理者以及执行强制性命令中的纪律管理者。该模式高度重视协作，让年轻人及其家庭或"感兴趣的社区"共同参与，共同设计干预措施，并实现这些目标。干预措施应同样有益于年轻人，使他们能够更好地实现自我，进行社会融合，这对他们走向成熟、融入社会和彻底远离犯罪至关重要。

英国少年司法一直致力于在立法框架下，制定统一的概念，完善实践框架，找到令人满意的方案，以帮助罪错青少年及其家庭。联合国儿童权利委员会制定了标准和原则，任何少年司法制度应将之作为运作和评价标准。社会教育原则是少年司法在实践中的基本原则，也是长期以来欧洲的社会传统，反映了社会福利和社会凝聚力。在欧洲，社会教育原则有效地支持社会工作实践，这一点在英美国家却有所缺失。在英国的语境里，"教育学"或"教育者"一词，主要用于教学科学，认为教育一般在学校开展，是教授与学习，而照顾（care）则发生在家庭范围内（Petrie，2001）。这种认知显然淡化了主流福利体系的作用，并将矛头指向并未享受到这些福利的问题家庭与儿童（Parton，1996）。这种焦点的转变使大众从关注罪错少年需求和他们如何融入社会，转向关注强调个人责任、惩罚和社区安全。

社会和教育的视角分别植根于教育学和社会科学，在联合国儿童权利委员会原则的指引下，社会与教育理论的融合能为少年司法实践提供更优的理论框架（Hämäläinen，2003）。尽管社会教育的话语权不足，但其已经逐渐进入儿童政策的话语体系（Moss and Petrie，2002；Cameron，2004；Petrie，2004）。这种方法有可能将个人融入社会，作为个人发展的一部分，并促进社会功能、包容、参与、身份和能力的发挥，使其成为对社会负有共同责任的社会成员。社会教育为提升儿童和社区的社会福利与社会正义提供了共同的实践语言。

在欧洲的语境中，社会教育是建立在个人主义基础上的，没有从社会层面考虑到人的存在（Smith and Whyte，2008）。这符合生态学理论和社会学习理论。社会教育不过分关注青少年的罪错行为，为在社会福利的综合方案中发展实践方法提供了可能性。这种方法与帮助青少年停止犯罪的研究一致。社会教育提供了一种积极的替代方案，取代基于剥夺福利和／或矫正的实践模式，同时也强化了司法和福利之间的紧张关系。

九　小结

在社会工作和少年司法实践中，行为背后更广泛的社会背景、贫穷和社会分裂等结构性因素的影响已被边缘化，司法从业者的使命是推广社会教育战略，促进社会福祉和社会安全，并为社会问题找到教育解决办法（Hämäläinen，2003）。虽然在实践中，司法常常与青少年及其家庭直接合作，但社会教育原则会泛化为人生不同阶段的社会化问题。社会环境和社会变迁可以通过社会教育来影响大众。社会教育不是一种备选方案，而是对政治行动的补充，以影响社会结构、制度和立法的外部"权力"解决问题。社会教育行动旨在通过影响社会中的人、道德和文化改变社会。

注释

1. 英国于 1990 年 4 月 19 日签署了该公约，并于 1992 年 1 月 15 日在英国各地生效。

2. "分流"通常用于指代针对儿童和青少年的起诉或正式诉讼的替代方案（参见 Goldson，2008，第 147~149 页）。

⊩ 关键问题 ⊩

（1）应当让约翰对自己的行为负全部责任，还是把他看作一个需要帮助的孩子？

（2）如果决定对约翰采取司法措施，该对约翰采用什么样的分流措施呢？

（3）如果可能的话，在刑事法庭上与约翰打交道涉及什么管辖权？在国内和国际上，你会利用什么证据来支持自己的观点？

（4）像约翰这样的青少年，除了犯罪严重程度日渐加深，如果他们想要取得其他成就，司法实践中的挑战是什么？

（5）为什么在英国和欧洲，对待违法青少年的措施要比同等的成人在司法系统中差异更大？

（6）对于司法服务失效，有哪些机制（如果有的话）可用于支持、质疑并且成为司法系统的"吹哨人"？

（7）你认为福利和司法在哪些方面是互相兼容的？

⊩ 练习 ⊩

约翰刚满 16 岁，家庭经济困难，遭遇家庭暴力，父母分居。约翰有轻罪、吸毒和酗酒行为，精神抑郁，远近邻人皆知。最近，他由于犯罪而被警方拘留。在联合国《儿童权利公约》或欧洲人权法院的原则下，约翰面临哪些人权方面的问题？你认为地方当局根据儿童立法应当承担哪些法律责任？

推荐阅读和参考资料

UK Children's Commissioners (2008), *Report to the UN Committee on the Rights of the Child*, www.sccyp.org.uk/.

CRAE (2005), *State of Rights in England, London: Children's Rights Alliance for England*, www.crae.org.uk/cms/dmdocuments/State%20of%20 childrens%20rights%202005. pdf.

Barry M. (2005), *Youth Policy and Social Inclusion: Critical Debates with Young People*, London: Routledge.

第二章

儿童、青年和犯罪

一 引言

对未成年人犯罪，我们用不同程度的词来表达，如"青少年犯罪"、"青少年违法"、"罪错青少年"和"反社会行为"，每个词都有不同的含义和解读。而每个人在从童年发育到成年的漫长过程中，会极大地受到社会发展力推动下的文化因素的影响（Erikson，1995）。而司法制度作为社会规范的工具之一，能够影响青少年经历，帮助未成年人接受和遵循社会规范。

理论对专门从事少年司法服务的实务工作者而言无足轻重。但是少年司法领域的主流理论对我们如何称呼这些孩子、如何在沟通中措辞以及如何理解与回应他们的行为，都会产生或多或少的影响。在我们开展的实践活动中，一个非常关键的术语是"自反性"，其含义是个体行为会受到其所处的社会及物质环境的影响（Pfohl，1985，第294页）。如果我们没有理想的理论和经验框架，那么就要及时发现实践中的文化、政治等重要影响因素。

本章第一部分简要总结重要的理论观点，这些理论观点至今还在影响着人们对少年司法本质的理解。没有任何一种理论可以对所有的未成年人犯罪做出无懈可击的解释，也不存在只有一种理论的犯罪学。马鲁娜（Maruna，2000）认为，很少有犯罪学理论能为少年司法实务人员提供具体帮助，例如司法工作者如何能更好地帮助罪错少年不再犯罪或中止犯罪，如何能够让未成年人更好地融入社会。价值观对青少年犯罪的干预和有效性方面至关重要。与此同时，富有批判性的犯罪学评论既可以指导实践，同时，也可以对犯罪矫正、行政化和官僚化等方面进行有价值的反思（Pfohl，1985，第294页）。

----- 案例思考：向成年艰难过渡 •-------------------------------------

史蒂文今年 16 岁，被指控参与两起入室盗窃和一起斗殴案。他有酗酒行为，这让他的母亲及其伴侣感到头痛。最近他又开始吸毒，真是雪上加霜。在他的整个童年后期，尤其是在学校阶段，史蒂文的人际关系糟糕。如今他辍学在家，是无业游民。他白天蒙头大睡，晚上和朋友们鬼混，这些朋友大多都有犯罪前科。

二　犯罪理论

（一）生物遗传学理论

尽管生物遗传学理论颇具争议，却依然是很重要的理论流派（Lahey et al.，2003）。早期的研究人员在撰写著述中认为，容易犯罪的是特定的一类人，这些人与其他人群不同，是"天生的犯罪人"，他们具有明显的遗传或生物学特征的犯罪倾向（Emsley，1997；Garland，1997）。当代的研究进一步从生物化学、进化心理学和神经心理学等不同学科的角度重新定义上述理念，其基本信念是，个体人格与犯罪之间存在内在的联系，人类性格只能通过几个基本方面来表达，而这在很大程度上是由基因决定的。研究较为稳定地显示，在亲子关系质量和孩子的心理调整方面，有一部分是由基因决定的（Deater-Deckard and O'Connor，2000）。

近些年人们通过行为遗传学方法来检验遗传因素是如何参与个体的心理社会适应和心理社会风险，并在这个过程中起到调节作用。一些研究者（SCAR，1992）认为，除非父母实施虐待，否则大部分儿童成长中的差异取决于遗传因素；这意味着，只要父母的教育方式"足够好"，儿童发展能力的差异轨迹将主要由先天性的遗传因素决定。基因驱动的气质特征影响亲子关系以及父母的教养方式。而犯罪的未成年人，是因为他们的认知发育不足，推理能力"有限"，对父母和其他权威，他们无法或者不善于做出条件性反应。尽管目前尚无定论，但对领养儿童的研究表明，犯罪与亲生父母的遗传更相关，与养父母的相关性较小；这一结果进一步支持如下结论，即与社会经验相比，犯罪与生物学因素的关联性更强（Rowe，2002）。

（二）社会经济学和生态学理论：控制、混乱、紧张与反馈

青少年犯罪反映了社会的不平等、不公正和社会贫困，而在这样的社会环境中，很少有其他替代方案能够解决问题。现代理论家在物质匮乏与犯罪关系之间已经探索了很长时间。我们也不能简单地认为贫困就会"导致"犯罪，这一观点将导致：只有穷人才会犯罪，或者大部分穷人都会犯罪的结果。实践数据表明，事实并非如此。自第二次世界大战以来，随着失业率下降、生活水平提高和自由度提高，西方世界的犯罪活动也在增加（Wilson and Hernstein，1985）。20世纪90年代，经济困境与未成年人犯罪报道锐减并存。但也有证据表明，大部分有刑事犯罪行为的年轻人都很贫穷，处于弱势地位，被社会排斥。

> 像史蒂文这样有犯罪行为的年轻人，你认为在其背景特征和需求中，最引人注目的是什么？

芝加哥犯罪学派（Chicago School of Criminology）研究20世纪二三十年代工业化和城市化对行为的影响，之后，人们直接或间接地从该学派的工作中发展出各种生态学理论。滕尼斯（Tonnies，1912）提出的社会关系性质之观点，被许多人借鉴。该观点认为，社会关系包括了家庭和邻里的纽带，与人们的"团结"感息息相关（gemeinschaft/ "community"），更依赖工具性目标来维持群体（gesellschaft/ "society"）。这些研究的重要结果是，在群体中，一旦社会关系上的规模和数量开始增长，非正式的社会纽带就趋于被削弱。

社会控制理论表明，人们之所以会犯罪，是因为他们与传统秩序的联结断裂。人们越自由，经济越繁荣，日常活动中，发生犯罪的可能性就越大，特别是在缺乏正式和非正式社会控制的社区中（Brantingham and Brantingham，1991；Hudson，1997）。家庭控制、社区认同和邻里监督，这几方面做得越好，社会中的犯罪行为就越少。当文化纽带破裂时，非正式的社会控制就会被犯罪控制的行政机构和政府机构所取代，而这种取代往往是无效的（Christie，1993）。

当代学者对社会纽带这一概念进行了分解，认为其包含强制性、教育性和规范性因素。戈特弗烈森和赫胥（Gottfredson and Hirschi，1990）声称，强制性措施（刑事制裁），只有在规范性控制（社会或自我控制）充分发挥作用的情况下才会奏效，也就是说，制裁往往对那些"最不需要"它们的人最有效。因为在人的一生中，都会有社会控制或自我控制，而且这种控制会持续，所以早期干预可以预防犯罪。一些理论家认为，社会纽带的力量可能有助于解释为什么大多数年轻人不会再犯罪（Sampson and Laub，1993）。青少年时期的犯罪率会更高；因为在这一时期，青少年脱离了曾将他们束缚在"社会结构"中的童年关系，而又尚未建立起成年人所拥有的依恋关系，因此，这时的青少年与社会其他成员之间的融合是松散的。

社会解组理论强调社会地理和犯罪的物理及空间边界的重要性，这一理论认为，不仅是物理环境重要，同时，在居民无法实施和表达其意愿时，社区中社会组织也具有重要价值（Bottoms，1994）。社会解组的特征是人口流动率高，随之而来的是社会网络中断，社区内部联系薄弱，无法建立共同的非犯罪价值观，无法维持社会控制。在这样的社会环境中，年轻人判断事务的标准相互冲突，价值观相互矛盾，很少或根本没有人去协助解决青少年的问题（Rock，1997）。

有人认为，这一根本原因并不是缺乏根深蒂固的社会联结，因为很多贫困地区可能也有紧密的社会联结，而是由于缺乏足够的资源，这导致社会控制无法建立（Wilson，1987）。这就对社会控制与社区联结之间的直接关系提出疑问，并提出需要通过"集体效能"，将社会凝聚力与控制期望联系起来，以此来维持秩序。其他人则认为，积极的邻里关系能产生优良的社会风气或社会"生态"，使所有社区成员受益并减少犯罪行为（Sampson，2004）。还有人认为，如果社会环境比较紊乱，那么哪怕轻小的症状也会被放大，对问题的忽视将导致问题升级，进而加剧城市治理的困难，例如故意破坏、花园维修管理不善和乱扔垃圾（"破窗理论"），这会导致当地居民将不再关心他们的社区，不觉得自己能够改变和掌控所处的环境，这反过来将引发更严重的犯罪行为（Wilson and Kelling，1982）。

为了更好地理解犯罪维度，环境犯罪学家提出了地点和时间的概念。以前，该理论将重点放在土地用途、交通模式和街道设计上；近年来，他们将更多的重点放在了加害人及受害者的日常活动和行动上（Brantingham and Brantingham，1991）。专家开发了社会"地图"，允许人们检测社区中的犯罪模式；随着现代技术的不断发展，可允许多维"地理地图"来识别犯罪的"热点"和"社会地点"。

社会反应理论将犯罪与污名化和标签化相联系，试图理解为什么有些人似乎被"锁定"在犯罪中（Matsueda and Braithwaite，2000）。警察或社会工作者的监督，对越轨行为予以公开，确定并放大了越轨行为；因为这一举动增强了服务对象被标签化，让他们除了继续越轨，别无选择。最近，越来越多的人反对粗暴、简单地运用标签理论，认为这是刑事司法系统对某些人刻意的污名化。嫌疑人在被抓获、羞辱和惩罚过程中，对自己的看法会随之改变，并逐步确定自我认知，这反过来强化了他们继续犯罪的行为模式。这支持了如下观点：学校、社区和社团（例如帮派）中的社会网络巩固了犯罪，司法系统对犯罪的回应强化并巩固了犯罪行为，正式程序和刑事程序尤其如此。

社会紧张理论认为犯罪是"既定文化目标"与实现目标的"制度化可行手段"之间的割裂（Merton，1957）。"失范"（由于缺乏社会、规范及／或道德规范的混乱／崩溃导致的越轨行为）的概念是借用早期社会学家涂尔干的理论。困在社会底层的人想达到某种目标，但是他们被剥夺了实现这些目标的合法机会（Cloward and Ohlin，1960）。合法的愿望无法通过社会可接受的手段来实现，这导致处于较低社会阶层的人去犯罪。科恩（Cohen，1985）认为，在学校里，儿童学到的主流价值观是中产阶级价值观。来自贫困家庭的孩子无法通过竞争达到一定的社会地位，而评价的规则是不利于他们的，他们无法按照不利于他们的规则做充分准备。他们只能通过越轨的亚文化来做出回应。而国家和地方层面的研究催生了生态学理论和差异机会理论。

在越轨行为背后，通常是什么样的社区特征？未成年人对社区观念如何，两者关系又怎样？对这些问题，目前依旧缺乏明确的理论性指导，无法说明背后的确切机制。尽管如此，在恢复性实践的理念下，生态学对建立社会资本和社会融合都有积极影响。在当代政策构建中，邻里和社区是不断出现的主题，无论在城镇还是乡村的代际发展中，社区身份和社区归属感对反社会行为、青少年犯罪都有积极意义。

（三）心理动力学、理性选择和社会学习理论

心理动力学理论表明，任何阻碍儿童健康成长的行为都会导致他们的情绪障碍，这一模式是反社会和犯罪行为的根源（Hollins，2002）。弗洛伊德的认知发展理论并不是为了解决犯罪问题的，其没有关注犯罪行为，但的确对一系列问题大有裨益，包括早期儿童理论、人们对反社会行为的理解、个性差异概念、本能冲动和控制机制以及亲子互动等方面。孩子们学会区分感觉的好坏，进而让他们对好或坏形成了内在的固有印象，这些固有印象最初是从他们的父母那里获得的。在这个过程中，孩子们有了自我发展意识。这些理论提出，未成年人的青春期、成熟期、个体化和自我情感发展的过程，无论对"罪犯"还是"非罪犯"，这些方面都是相同的，只不过每个人的经历有所差异。他们主张，对一个人今后生活影响巨大的不是童年的某个重大事件，而是家庭关系的质量和养育方式，而这些往往都不是不可逆转的。

> 青春期的哪些经历能帮助你成长，甚至改变你的自己身份认同？

理性选择理论（Rational Choice Theory，RCT）及其相关理论意在说明共享、合作或社会规范是如何出现的。这一理论认为，某个行动者最初只关心他或她自己和他或她的福利，以此为出发点，理性选择理论对个体的社会行动和行动的结构性后果进行分析，搭建两者关系的桥梁。人们认为，理性选择理论为社会系统和社会本身做出了唯一的概况解释，也是迈向统一社会理论的坚实基础（Coleman，1988）。这一理论认为，在某种程度上，罪犯从他们的犯罪行为中获益，他们认为自己是积极的决策者，能对犯罪进行"成本－收益"分析。同时，该理论还指出，违法犯罪行为做出时需要进行决策，做出不同的选择，这些受到时间、信息和认知能力的限制，这导致他们的行为是"有限"理性，而不是"正常"理性。前提是，影响决策的因素在犯罪的不同阶段和不同罪行之间有很大的差异。康沃尔和克拉克（Cornish and Clarke，1998）强调了在分析决策和选择时，必须针对具体罪行，并对涉及犯罪的各个阶段分别做出决定。

　　日常活动理论（Routine Activity Theory，RAT）是情境犯罪预防理论的代表之一，这一理论从各个方面发展了环境犯罪学，并使其与认知行为理论相联系（Felson，1998）。发展日常活动理论是为了解释掠夺性犯罪，并从社会规模层面审视技术和组织的变化。该理论认为，掠夺性犯罪的发生需要三种因素出现在同一时空中，即有合适的目标（相对于受害者而言），缺乏有能力且能防止犯罪发生的"守护者"（有人在，而不是警察）和有犯罪动机的加害者。以上三要素被称为问题分析三角（problem analysis triangle，PAT）（见图2-1）。

图2-1　问题分析三角

　　很多违法行为都是以团伙的形式出现的，有亲社会行为的青少年通常不喜欢与有过违法犯罪行为的年轻人交往。亚文化犯罪理论认为，犯罪在特定的社会群体中发生得最频繁。有特殊困难的个体，尤其是在家里和学校都面临困境的未成年人，往往会寻求（加入）可以获得地位和自尊的群体，来代替不接纳他的群体。萨瑟兰的差别交往理论（Sutherland and Cressey，1970）试图解释这一现象，并将犯罪行为视为人们习得的行为方式之一，即个体的成长条件和环境，可以增加其参与亲社会或犯罪活动的机会，也可以减少这一概率。犯罪只是青少年日常生活习惯的一种反映；证据表明，如果家庭成员犯罪，或者亲密的朋友有反社会行为，那么这两个方面都会加强青少年犯罪的可能性（Rutter et al.，1998）。

　　近年来，生命历程理论（Life Course Theories）（Loeber and LeBlanc，1990）备受关注，已对实践思维产生了很大影响，这一理论试图解释各种复杂犯罪职业的生成路径。这些研究聚焦一个人在生命中不同发展阶段，如何产生各种问题，问题如何发展，问题如何得到解决等，并提出了重要的见解，认为每个阶段都有不同的相关风险因素。其中，对实践思维产生最重要影响的是莫菲特（Moffitt，1993）和帕特森（Patterson，1996）的观点，他们将犯罪的青少年群体进一步划分为"早发型"或"生命之初"群体与"晚发型"或"仅青春期"群体。虽然这两种"类型"在青少年时期很难区分其犯罪模式，但据说他们在早期犯罪时与成人行为上有所不同。

青少年或晚发型群体的特点是过渡性；他们在青春期后期开始参与不太严重的犯罪，到了成年阶段，他们基本不再犯罪。而那些持续犯罪的一小撮人，经常会卷入严重的犯罪，他们面临的困境在生命之初就已产生，与那些仅在青春期犯罪的青少年群体相比，这一群体即使到了成年阶段，也会继续犯罪。这并不是说，早发型性犯罪必然将青少年"锁定"在不断犯罪的循环之中，而是表明，早发型犯罪具有一系列对个体发展和行为产生不利影响的其他特征（Smith，2002）。通过对仅在青春期犯罪的群体进行研究，人们发现，持续犯罪者可能具有一些同源因素，但这些因素的影响程度要小得多。这两种类型之间的区别可能并不非常清晰。

　　……"早发型"犯罪的群体很早就开始有反社会行为，而且反社会行为在整个生命过程中持续存在，但这些行为的表现形式、人们感知的方式以及社会对其产生的反应，在生命周期的不同阶段是不断变化的。相比之下，晚发型犯罪群体的反社会行为在青春期伊始迅速增多，在18岁左右达到高峰，然后快速回落。

（Smith，2002）

对从业者来说，这项工作的价值在于它试图确定发展因素，更好地解释犯罪的不同途径。研究涉及广泛而独特的不同群体，而不是简单的两组群体（Ayers et al.，1999）。

根据我们对史蒂文的了解，你认为他有可能成为惯犯吗？
如果有的话，惯犯在哪些方面与其他人不同？

批判性犯罪学家认为，在罪犯身上寻找"风险因素"，确定他们的"罪犯类型"，这些做法在根本上是错误的，并发出警告，如果持续关注个体，只从个体进行分析，这种做法有可能导致"病理化"。我们需要用发展的观点，强调社会结构因素的重要性，否则可能会误导人们将实践的注意力只放到个人层面上的因素所产生的影响，而没有看到犯罪、犯罪性和犯罪化是受到更加广泛的宏观因素支配的，比如经济、结构、文化和政治力量。当我们看到了宏观背景后，就会发现对个体的"整个生命过程中预测犯罪是异常困难的"（Laub and Sampson，2003，第 290 页）。研究建议，我们要避免使用"风险因素范式"，因为研究人员发现即使风险特征相似的男孩子，他们的人生也不是千篇一律的，而是各有各的生活。在实践中，我们几乎不可能预测哪些具有类似特征的儿童会成为罪犯，而哪些不会，因此我们提供的服务应该是渐进式的、分阶段的。

社会学习理论赞同上文讨论的诸多原则。参与犯罪被视为一系列复杂学习经验的产物，包括生活的变化、后天形成的态度和行为（Bandura，1977）。社会教育和认知行为理论强调了思维、感觉和行动之间的相互联系，这是理解社会背景下青少年犯罪的关键。这三者相互关联，依次有三个维度，即强度（经历的"强度"）、频率（发生的频率）和持续时间（自首次发生以来的时间间隔）。

认知发展可以在三个层面上进行定义。

1. 前习惯期：道德规则没有得到充分理解，对社会规则的遵从往往与恐惧、惩罚和奖励联系在一起。

2. 习惯期：遵守社会的规则和期望，因为它保留了社会关系。

3. 后习惯期的或有原则的道德行为：意识到需要一个涉及规则和文化规范的社会契约。

（Kohlberg，1981）

行为、认知、其他个人因素和环境事件被认为是犯罪的决定因素，或犯罪的原因。虽然犯罪的青少年与不犯罪的青少年没有本质的区别，但他们更有可能通过一系列的技巧来为自己的罪行辩解，以消除他们的罪恶感，如否认自己的责任或否认有受害者的存在。

赫胥（Hirschi，1969）的社会联系理论包括四个关键因素。其中有三个侧重于青少年与他们所处的社会环境（包括家庭和学校）间的关系；第四个是态度。这些要素有如下四点。

1. 依恋：对他人意见的敏感度。
2. 承诺：社会回报与一致性。
3. 参与：参与常规活动的程度。
4. 信念：传统规范内部化的程度。

在这四个要素上得分高的青少年越轨的可能性很低，因为他们的行为受到传统环境的密切约束，积极遵守社会规则中的道德制约。无论是横向还是纵向研究，都为社会学习理论提供了实证支持，表明与越轨同伴者联系越紧密的青少年，违法犯罪的可能性越大。

（四）种族

多数犯罪学家不认为种族是导致犯罪的因素之一；相反，种族因素所反映出的是其背后的环境和社会经济因素，如不同族裔的儿童抚养条件不同（Smith，1997）。有证据表明，在刑事司法程序的各个阶段，都存在对少数族裔的偏见。然而，这只能部分解释不同族裔犯罪率的差异，特别是我们对英美两国的白人和非白人犯罪的研究证明了这一观点。刑事司法系统所处理的少数族裔群体的比例过高，这可能说明了对黑人或少数族裔的歧视，可能是贫穷和不良社区环境与犯罪相关联所致。在处于社会和经济劣势的人群中，少数族裔背景的人同样占了多数。

> 你会假设史蒂文来自哪个种族？
> 如果你确切知道史蒂文是黑人、白人或亚裔人，你对该案例会有不同的看法吗？

（五）性别

大多数理论并没有将性别因素考虑在内，直到最近才开始重视这一因素（Heidensohn，2002）。一般来说，与女性相比，男性犯罪更频繁、更严重，人们对犯罪理论的观点也大多是建立在男性犯罪基础之上的。犯罪学方面的女性主义理论在传统犯罪学理论下得到发展，这一理论认为人们会曲解性别，对不同的性别有刻板印象。人们往往将女性犯罪归结于其性别，或者就是由于个人困难而被视为"不正常"，而被过多干预。女性主义理论对社会角色、性别认同和生物性别特征提出了重要的批判性问题。这些问题跨越了传统学科界限，强调女性在社会中的重要性，她们是社会行动的参与者，该理论承认生物学性别与社会性别之间存在差异。人们对不同性别有不同的角色期望；这种期待受到可接受行为与态度的影响，通过正式和非正式机制，强有力地进行社会控制。

在过去的 50 年中，很多国家不同性别之间犯罪率的差异逐渐缩小，同时因为年龄、种族和犯罪的严重性而存在差异。人们将男性的犯罪归因于同辈群体的影响，或在青春期成长中固有的问题。而在女性犯罪理论方面，研究人员通常不从年龄和社会群体的视角来看问题。史密斯等（Smith and McAra，2004，第 6 页）发现，在普通犯罪行为中，对 15 岁左右男孩与女孩，几乎可以适用相同的解释模式。青少年犯罪行为，要么发生在其休闲娱乐活动中，要么与其所进入的社会圈子有关。而研究者发现，严重犯罪与性别之间呈现强相关，不同性别的犯罪动因有独特模式。最近，有一项对女性摆脱犯罪的研究（Rumgay，2004），能够让我们进一步了解女性犯罪问题。对从业者而言，不论是男性还是女性，关键概念是普遍适用的；但由于女性的叙事方式有所不同，所以需要不同的社会服务。

表 2-1 表示犯罪学理论在五个离散但相互联系的层次上运作（McGuire，2000）。

表 2-1 犯罪学理论的层次

第 1 级	宏观解释
第 2 级	基于地方的描述
第 3 级	生活方式、理性选择和日常活动
第 4 级	社会化和群体影响
第 5 级	自我定义

表 2-2 对这一示意表进行了扩展。

表 2-2　犯罪学理论框架

层次	解释重点	目标	阐述性理论
1	社会	将犯罪视为一种社会现象	冲突、压力、控制；女权主义
2	地方－社区	说明犯罪的地域差异	生态学
3	近似的社会群体	通过家庭、学校和同伴群体了解角色社会化和社会影响	亚文化、差异交往、社会学习
4	个体犯罪行为	分析并说明犯罪模式和类型	理性选择，日常活动
5	个体犯罪行为	检视个人内部因素	认知性社会学习、中立、心理学

资料来源：McGuire，2000，第 32 页。

在少年司法系统如何对待史蒂文的问题上，哪些理论方法更有益？

以下情况该如何对待青少年：

轻罪和初犯？

顽固的惯犯？

有严重犯罪？

在不同的年龄段？

与性别或"种族"有关的犯罪？

（六）整合理论——社会发展与中断

鉴于犯罪行为的表现形式各异，建立一个包罗万象的万能犯罪理论不仅是痴人说梦，更可能会是一种误导（Gelsthorpe，2003）。社会趋势是建立多因素模型。因此，社会发展理论借鉴了早期的犯罪理论，将结构性因素（如居住条件差和经济贫困）与个体因素（如认知发展）联系起来。

整合理论试图解开上述结构性因素和个体因素之间的相互作用机制，并为实践提供重要方法。法林顿（Farrington，2002）提出，在男性犯罪的整合理论和反社会行为理论中，要充分考虑紧张、控制、社会学习、理性选择和标签理论等因素，以此解释他们的"反社会倾向"发展情况和反社会行为的发生。他认为，犯罪行为与以下四个阶段相关。

1. 激励：动机的不断发展会导致犯罪。
2. 指导：满足这些动机的犯罪行为演化成惯性选择。
3. 抑制：信仰、价值观和社会化抑制犯罪。
4. 决策：情境机会、成本和收益的计算、犯罪不同结果的主观概率以及为犯罪决策提供信息的社会因素。

而未成年人犯罪的后果会加剧其反社会倾向。通常，刑事犯罪带来的污名化和标签化，使青少年无法通过合法手段满足自身需求，反而加剧了犯罪可能性。

"现实主义"犯罪学认为，理解结构性因素与个体因素之间的相互作用，可以帮助我们进一步理解、预防或减少青少年犯罪。杨（Young，1994）指出了"左翼理想主义"、"新行政犯罪学"、"右翼现实主义"和"左翼现实主义"四种交互影响的范式，例如，左翼现实主义一直对早期犯罪学持批判态度，因为该理论对犯罪原因的分析只是一面之词。左翼现实主义反对早期的极端主义理论，或称完全决定论或机械因果关系，这一理论认为只有绝对剥削才会导致犯罪。

左翼现实主义的关键在于综合分析各种对立观点。它强调社会环境的重要性，以及犯罪行为在时间和空间上的发展。所有犯罪都有其空间维度，在不同的社会地理范围内，犯罪行为有所不同。有些犯罪类型发生在国家甚至国际层面，而有些仅发生在某个小城镇。关心青少年犯罪的人必须认识到，犯罪的本质是一种社会现象，同时也应该考虑以下因素：

- 背景原因
- 犯罪的社会和道德背景
- 时间范围
- 时空设定
- 罪案侦察
- 对加害者的回应

• 对受害者的回应

左翼现实主义指出，警察、正式社会控制机构、加害者和受害者，这四者之间的互动，是犯罪的四个界定要素，统称为"犯罪广场"。犯罪率不仅与这四个要素的相互作用有关，同时也与"广场"上各点之间的社会关系有关。因此，犯罪的应对策略应当是"多主体参与"，协调解决"广场"上的所有问题。尽管人们意识到，在解释犯罪根源问题时，现有理论有诸多局限性，但是"现实主义"者依然探寻尝试在现有情况下如何应对犯罪问题。无论左翼现实主义还是右翼现实主义，都没有低估社会干预的价值；即使在减少犯罪方面，两派取得的成效不尽如人意，但仍很重视寻求乌托邦式或理想式的方法解决犯罪问题。两者都强调，要从密切监测的干预和评估研究中汲取经验，这样有利于降低减少犯罪战略的成本。

像芝加哥学派一样的早期理论，强调社会凝聚力和社会资本同现实主义理论一样重要。早期理论旨在解释人们如何以及为什么通过实现更好的个人和社会融合来减少和停止犯罪，这为中止和整合实践理论的发展提供了平台。虽然现在已经开展了大量有效干预的研究，但个体和社会之间如何融合，为什么融合，这些问题依然是一个"黑箱"，关注者寥寥（Lin，2000）。

马鲁娜（Maruna，2001）重视与犯罪中止相关的三个开阔的理论视角，这些视角很好地结合了少年司法的实践。这些视角均来自前面讨论的理论：成熟变化理论、社会纽带理论和叙事理论。成熟变化理论关注年龄和某类犯罪行为之间的既定联系。年龄－犯罪曲线仍然是犯罪学中最强有力但人们理解甚少的实证观察（Moffitt，1993）。社会纽带理论主张，个体在成年早期与家庭、教育或就业计划的联系有助于解释其一生中犯罪行为的变化轨迹。这些纽带关系成为他们"正直发展"的理由。如果这些纽带缺失，对已经犯罪的人来说就算再次犯罪也不会有多大损失。叙事理论属于定性研究，有着悠久的历史；这个理论强调个人自我认同感、个人和社会的"关联性"或整合中个体主观感知变化的重要性，这又反映在变化的动机、对他人的关注和对未来的考虑上。

这些理论基于实证发现，强调个人生活中的"客观"变化及其对变化意义的"主观"评价的重要性（Farrall，2002）。他们支持采取更全面的措施来减少犯罪，认为阻止犯罪的"关键因素"包括：帮助个体走向成熟、改变与生活变化相关的社会联系、围绕关键事件以及其转变来建构个人主观叙事结构。当然，事件及其变化本身并不重要，重要的是这一切对未成年人意味着什么。

综合实践理论通过尝试认识到，阻止犯罪不是一个事件或干预项目的直接结果，而是发展过程中的一部分。这一过程必然"聚焦犯罪"，旨在减少和终止犯罪；但它不是以任何简单的方式或完全"以犯罪为主导"，而是需要采取措施，阻止犯罪，尤其是避免在较长一段时间内因个人不成熟以及因社会发展不适而引发的犯罪。借鉴综合理论能够避免少年司法从业者过度夸大人们认知的重要性，认知在个体"内在"的变化并不总是导致不再犯罪（Laub and Sampson，2003）。旨在减少犯罪的实践也要注重个体抗逆力，并维持个人与社会的融合。

三　青少年犯罪的本质

人们在青少年犯罪实践和经验数据基础上发现少年司法的理论和策略，而这些理论和策略对实践又具有重要的指导价值。格雷厄姆和玻林（Graham and Bowling，1995）发现，在英格兰 14~24 岁的年轻人中，55% 的男性和 31% 的女性承认在他们一生中至少犯过 23 项罪行中的一项。大多数人只承认一两次犯罪，小部分人的犯罪数量完全不成比例（3% 的年轻人要承担 26% 的犯罪行为），大家最普遍承认的犯罪包括不诚实行为尤其是偷窃和隐瞒赃物。此后，大量研究都得出类似结论。

安德森等（Anderson et al.，1994）发现，在不同经济社会地位的社区中，承认犯罪的年轻人在地理、社会经济或阶层背景方面没有重大差异，并由此得出结论。

> 无论如何……都不能把"犯罪"看作特定或部分年轻人的专利。相反，无论未成年人来自哪里、去哪里上学，破坏规则和轻微犯罪似乎是他们生活中的正常现象。
>
> （Anderson et al.，1994，第 164 页）

爱丁堡大学曾经对 12~13 岁未成年人开展了青少年转介和犯罪研究（Smith et al., 2001）也证实了相似的情况。一半以上的受访者承认，在过去 12 个月内有两种甚至多种的违法行为；12% 或 13% 的受访者对半数违法行为做了详细描述，其中绝大多数是与同伴群体在一起时发生的。另外，一个很明显的趋势是，与其他人相比，接受过公共福利的未成年人的犯罪率和受害率更高。该研究得出结论，曾经是不是受害者是预测犯罪的关键指标之一（Smith et al., 2001）。青少年犯罪和家庭控制、人际关系以及社会活动密切相关，特别是，违法犯罪行为与未成年人父母的低监管水平、对学校的态度及与老师的关系尤为关键。

杰米森（Jamieson et al., 1999）对三个青年群体停止犯罪和持续犯罪问题进行探索，这三个群体年龄段分别是：14~15 岁（大部分人在这个年龄加入违法犯罪群体）、18~19 岁（大部分人在这个年龄犯罪）以及 22~25 岁（大部分人在这个年龄不再犯罪）。这项研究对 75 名"停止犯罪者"（43 名男性和 32 名女性）和 109 名仍在犯罪或近期曾犯罪者（59 名男性和 50 名女性）进行访谈。在最低年龄组中，未成年人停止犯罪是因为他们认识到犯罪的实际或潜在后果，他们越发感到犯罪是毫无意义或错误的。对中间年龄组的年轻人来说，行为的改变与他们不断成熟有关，比如找到工作、进入大学读书或进入一段伴侣关系或离开家庭。对年龄最大的群体，"特别年轻女性，中止犯罪的动力来自承担家庭责任，或者他们有意识地改变生活方式"（McIvor et al., 2000，第 9 页）。

性别差异和停止犯罪也呈现相关性。与男性相比，女性更倾向基于道德理由而非功利主义的原因而停止犯罪，并更强调在此过程中人际关系的重要性。对一些年轻女性来说，父母责任似乎与她们不再犯罪的决定有关，而年轻男性则强调其个人选择。尽管如此，与性别相比，年龄及与之相关的转变是更重要的决定因素。在持续犯罪者眼中，女孩和年轻女性更倾向"被视为"反对者，这可能反映了社会对女性犯罪的不接受。

三种风险因素能很好地解释年轻男性无法停止犯罪：以前高频犯罪、与犯罪同伴持续接触、酗酒和吸毒。对于 16~25 岁的男性来说，只有两个因素与他们不再犯罪呈正相关：一是他们认为自己的学习成绩高于平均水平，二是继续住在家里且很少与有不良行为的同龄人在一起。其他研究表明，关于继续犯罪和停止犯罪的决定通常与社交需要有关，类似于童年时的友谊和成年后的哥们义气。由于年龄和社会环境，出身于社会底层的年轻人很难有机会在主流社会中获得一定的地位，因为他们的年龄和社会环境，无法使其通过合法手段持久地获得社会资本，他们获得社会认可的能力也十分有限（Barry，2006，第328~329页）。

朗姆盖（Rumgay，2004）认为，女性能够抵制犯罪是因为她们在"准备好改变"时，能够建立亲社会的身份认同，随后在不利环境下通过弹性的"生存战略"来维持这种认同。"准备好改变"的概念受到社会和心理的共同驱动，是一个比传统改变动机驱动下的实践概念更完整的概念。总体来说，年轻男性为改变做好准备的速度要比女性来得慢。格雷厄姆和玻林（Graham and Bowling，1995）指出，14~25岁的年轻女性从青春期到成年的过渡与停止犯罪之间存在明显的关联性。相比之下，年轻男性实现独立的可能性较小，而那些离开家、建立伴侣关系并有孩子的人也不比那些没成家的人好到哪去。

相比之下，2000年的一项研究结果（Flood-Page et al.，2000）对这一结论进行了修订，认为即使改变的过程确实发生，但对男性来说，需要更长的时间才能产生效果。例如，一个人有亲密关系，或存在雇佣关系，这些关系会对其承担的责任产生影响，这在25岁及以上的男性中尤为明显。年轻男性比女性需要更长的时间来调动个人和社会资源进行变革，这一判断也得到了经验丰富从业者的认可。这对服务提供和社会网络支持具有重要的实践意义，即如何维持和支持年轻男性的变化特别是进入20多岁的男性，同时避免他们在十八九岁时因刑事司法措施而带来的破坏性后果。

近年来，英国政策和实践的焦点是持续犯罪的年轻人。由于人们对持续犯罪的界定不明确，所以无法对高风险人群进行清晰的类型划分，这使得人们的争论常常无的放矢。在英国的一项重要研究（Hagel and Newburn，1994）中，研究者选取了531名10~16岁且至少有过三次被逮捕经历的人（84%为男性，16%为女性），他们应用了三种持续犯罪的定义（见下文），确定那些持续犯罪年轻人的共同特征。

• 高居榜首10%以内的年轻人在前一年因犯罪被抓捕次数最多。

- 所有已知或被指控在三个月的时间里犯下 10 起或更多的罪行。
- 所有 12~14 岁犯过三次或以上可判处监禁的罪行。

在 12~14 岁年龄组中，只有三名未成年人满足定义组的所有共同特征，并被视为惯犯和重罪犯。研究人员得出结论，"如果对持续犯罪采用两种定义将无法识别出同一个体"（Hagel and Newburn，1994，第 121 页）。那些被认为最常犯罪的人并不是短期内多次犯罪者，也不是最严重的犯罪者。

有证据表明，任何单一的定义，如果应用得过于严苛，都可能在确定干预目标时遗漏同样重要的未成年群体，并有可能将轻罪犯引到非必要的正式司法系统的"覆盖范围"内。当我们审视这些未成年人亚群体时，发现其共同特征不是他们都有罪错行为，而是他们都处于不利的个人和社会环境之中。几乎没有犯罪专业化的证据；罪行差别很大。犯罪模式不是连续的，多数倾向于在短时间内爆发性活动，然后戛然而止。最常见的犯罪行为是交通违法、在商店内盗窃和偷盗汽车。暴力性犯罪和其他严重的暴力犯罪在年轻人中非常罕见。

该组织报告中的数据表明，虽然这些年轻人参与了许多未被发现或未报告的犯罪，但其中许多都是轻微犯罪。这三个群体中的绝大多数年轻人都接受过社会服务，他们的家庭中充斥着家庭关系破裂、酗酒和吸毒问题，家庭成员对犯罪行为习以为常。大多数人都接受过社会福利体系的服务。许多年轻人最初逃学，然后被学校开除，永久离开教育体系。他们大多与教育、就业或培训无缘。很多人的家庭严重破裂，酒精成瘾、吸毒成性。他们很少单独犯罪，通常会与在公共医疗机构或当地其他地方遇到的人一起作案。

实证研究得出的一致结论是，经常陷入困境的年轻人通常有一系列相互关联的问题，这些问题将他们与那些偶尔一两次陷入困境的人区分开来（Schumacher and Kurz，2000）。由于是非犯罪行为，他们是社会工作服务机构的常客，许多人都接受过地方当局的照顾（Hagel and Newburn，1994）。

四　家庭、学校和社区

所有纵向研究都证实，青少年犯罪和家庭生活的支离破碎息息相关（Juby and Farrington，2001）。不利的家庭因素包括：父母监管不力、态度粗暴、规则朝令夕改、父母冲突和父母对孩子的不接纳，这些都是导致青少年犯罪的重要预测因素；父母离异和早期分离（包括永久的和暂时的）以及家庭其他成员犯罪也会使青少年走向犯罪（Farrington，1996）。自 20世纪 80 年代英国开展这些调查以来，家庭结构发生了重大变化，过高的离婚率导致大量儿童生活不稳定，无法过上圆满的家庭生活。目前，多达五分之一的家庭是单亲家庭，八分之一的孩子在重组家庭中长大（NCH Scotland，2002）。

研究结果表明，与亲生父母生活在一起的孩子比生活在单亲或重组家庭的孩子的犯罪可能性更低（Graham and Bowling，1995）。然而，养育方式和亲子依恋程度比家庭结构更重要，包括父母的监督和参与程度、家庭破裂和父母对犯罪的态度。虽然人们普遍了解养育方式，但人们对父母的做法和不同类型家庭之间的差异知之不多。如果父母对孩子如何交朋友、如何使用金钱、就寝时间和行为等问题看管较多，那么这些家庭中子女被卷入违法犯罪行为的可能性要小很多（Laybourn，1986）。

研究报告称，父母和家庭其他成员犯罪是子女卷入持续性犯罪的重要因素。研究发现，在 18~23 岁的男性中，其父亲是罪犯的男性实施严重或暴力犯罪行为的可能性是父亲为非罪犯男性的近四倍（Baker and Mednick，1984）。子女在 10 岁前，如果父母被捕，子女犯严重或暴力罪行的可能性比父母不犯罪的高出一倍（Farrington，1989）。虽然已有证据不能表明父母犯罪的孩子必然会成为罪犯，但父母的犯罪行为可能会影响家庭的社会控制和父母监督方式，进而影响青少年犯罪（Osborn and West，1978）。

长期以来，在违法青少年不利因素中，教育一直被视为其中最重要的组成部分。英国和北美的研究都发现，在校园成绩差和从小在学校被视为"捣蛋鬼"是犯罪的主要风险因素（Farrington，1996）。未成年人对学校不满和其犯罪之间有紧密的联系，但我们尚不清楚是由于他们不喜欢学校而可能去犯罪，还是只是犯罪的未成年人不喜欢学校（Graham，1998）。学校教育本身的特征，如与教师的关系、奖励和制裁以及学生支持系统，在维持或减少不良行为方面发挥了作用。很少有人知道这些行为会在哪个年龄阶段为之后的犯罪埋下伏笔（Rutter et al.，1998）。

有证据表明，与"其他"罪犯勾搭在一起，可能导致犯罪行为（Sutherland

and Cressey，1970）。研究表明，童年时期被视为反社会的未成年人在13~14 岁时很少有朋友，而他们在接下来的两年里存在犯罪风险（Poulin et al.，1999）。物质滥用通常与朋辈群体相关，如果 12~17 岁的人吸毒，很可能是对这一群体严重或持续犯罪的预测因素（Flood-Page et al.，2000）。还有证据表明，"重度"或"过度"饮酒的年轻人更易卷入暴力犯罪（Honess et al.，2000）。他们相互影响的机制，以及他们如何获得支持走向犯罪路径的网络，仍存争论。积极的社会交往很可能是阻止犯罪的一个重要因素。

犯罪青年居住的社区类型是一个重要指标，他们的家人通常住在政府提供的社会公益性住房中。人们对犯罪模式、社区构成和非正式社会控制机制进行研究，数据表明，不同社区犯罪率差异巨大的原因，在于社区功能和社区结构的差异（Sampson et al.，1997）。社区根据共同价值观进行自我管理的能力，或社区通过非正式方法控制其社会环境的能力，已有相关文献相对较少。

五　风险和弹性

对一部分儿童和青少年而言，早期犯罪或反社会活动，以及其他多种不利因素都是其将来可能犯罪的预警信号（Rutter et al.，1998）。有证据表明，犯罪如持续到青春期晚期和成年，特别是暴力行为，与其早期就违法犯罪密切相关（Farrington，1996）。然而，由于儿童往往不会犯下特别严重或暴力的罪行，而且他们通常没有形成长期的犯罪行为模式，因此他们只能通过主流家庭、学校和社区服务，获得对这种行为的有限关注（见第五章）。

面临更严重或更暴力行为风险的儿童，在其早年常会有暴力活动的行为"标记"，包括：

- 欺负其他孩子或被欺凌
- 表现出攻击性行为，或者时而咄咄逼人时而沉默寡言
- 逃学旷课
- 14 岁前被捕
- 与罪犯或暴力行为者为伍

· 滥用酒精或其他药物

· 有反社会行为，如纵火和虐待动物

（Loeber and Farrington，1998）

并非所有面临多重风险因素的儿童和青少年都会成为罪犯，就像并非所有犯罪的儿童和年轻人都在社会经济困境的环境中成长一样。人们根本不可能根据儿童在幼年时所面临的风险程度，来准确预测哪些儿童可能成为犯罪者。出于这个原因，有人认为预防或减少犯罪的计划应该成为更广泛的主流计划的一部分，以解决诸如学业失败、药物滥用和社会问题等困难（Graham，1998，第8页）。

许多孩子在面对多重逆境时都有惊人的韧性，生活中有些方面可以保护他们，以抵御风险。研究表明，许多儿童在严重的危险经历中幸存下来，而并没有成为严重的破坏者（Kirby and Fraser，1998）。个人特征，例如坚韧不拔或积极向上，与家庭成员、教师和其他认可其能力的成年人建立良好的关系，以及与同龄人的亲密友谊，都被认为是可以降低风险或改变儿童应对风险方式的保护性因素。

有针对性的早期干预是有价值的，主流社会应该开展此类工作，这一观点得到了证据支持。正式的"预防犯罪"标签是否有帮助依然存在疑问，因为存在大量确定的实践风险，早期工作不应该是少年司法或反社会行为从业者的主要职责，尽管早期干预能够提供专业援助。

六　结论

青少年犯罪，尤其是持续且严重的青少年犯罪，是英国最突出的社会问题之一，引起了媒体、政治家和社会公众的广泛关注。研究证据表明，持续犯罪的青少年往往是多重问题交织在一起的，包括毒品滥用、精神健康以及学校和家庭困难，他们往往是社会处境最不利的人。

实务者要将犯罪当成一种社会现象，了解其所处的社会环境，理解犯罪的未成年人，在实践政策中强调减少再次犯罪和中止犯罪。然而，众所周知，简单的再定罪或犯罪转介数据是不可靠的衡量标准，因为它们仅仅衡量系统对所报告犯罪的反应（Mair and May，1997）。如果我们过于专注阻止犯罪，那么在这一视角下，儿童或青少年主要被视为犯罪者角色，这是有风险的。

有证据清楚地表明，旨在预防和减少持续犯罪的干预措施需要多方协同，也需要多个能够应对广泛需求和风险的机构开展合作，面对困难，需要它们良好的协调反应（Liddle and Solanki，2002，第6页）。对从业者来说，最重要的是挑战主导地位的政治观点、整合资源，特别是支持个性化的实践解决方案；因为管理个体对不利环境的反应相对容易，且投入的费用更少，而修复其所在的环境难度很大（Gray，2007）。英国的政治氛围强调个人责任，好像以某种方式减少再犯罪以及个人和社会融合是年轻人唯一的个人和道德责任，而很少考虑结构性障碍和分担责任的更广泛的社会正义要求。

┤▏关键问题 ▏├

（1）你如何定义中止犯罪？什么激发这一动机？

（2）从经验来看，你了解哪些中止犯罪的类型？

（3）在少年司法中，聚焦中止犯罪的实践中有什么局限性？

（4）你认为男性和女性中止犯罪的原因一样吗？是否有证据或经验？那年龄差异呢？

（5）有哪些有理论支持的犯罪预防或干预方法？

（6）有哪些证据可以证明少年司法体系是适得其反的？

┤▏练习 ▏├

选择一个你熟悉的案例，本章中的哪些因素有助于理解这个年轻人的犯罪行为？找到有助于他们个人发展、更好地融入社会和远离犯罪的实践方法。

推荐阅读和参考资料

Garland D. and Sparks D.(eds.) (2000),*Criminology and Social Theory*,

Oxford: Oxford University Press.

Gottfredson M. and Hirschi T. (1990), *A General Theory of Crime*, Palo Alto, CA: Stanford University Press.

Mednick S., Moffit T. and Stack S. (eds.) (1987), *The Causes of Crime: New Biological Approaches*, Cambridge: Cambridge University Press.

Saunders B. (2005), *Youth Crime and Youth Culture in the Inner City*, London: Routledge.

Maguire, M., Morgam, R. and Reiner, R. (eds.) (2007), The oxford Handbook of Criminology (4th edn), Oxford: Oxford University Press.

第三章

有效实践的指导原则

一 介绍

尽管青少年司法在英国已经变得高度政治化，但对政治家、公众和其他人来说，关注旨在减少青少年犯罪的公共服务的有效性之证据本身是合理的。然而，对"什么在发挥着作用？"的政治强调似乎常常被用于解决复杂的社会问题，好像这样就可以通过相对简单的干预措施取得良好的结果。在现实中，有效性的议题——"什么在发挥着作用？"——是需要解决和探索的问题，而不是可以以任何常规方式应用于儿童和年轻人个体的公式。

在一个颇具惩罚性的环境中，研究的结果使人们恢复了一些信心，即精心指导的社会干预可以对犯罪的年轻人产生直接和积极的影响。现有证据表明，跨专业学科的协作和合作的重要性、良好的战略和综合供应也十分必要（Morris，2008）。本章将审视从研究中得出的有效实践的指导原则。它们为从业人员提供了一个框架和背景，指导他们与年轻人及其家庭以及其他相关专业人员和服务提供者特别是与儿童、青少年、健康和教育提供者的合作规划及实施计划中的干预措施。

> **案例思考：16 岁前不断违法** ●
>
> 艾莉还有几个月就满 16 岁了。她已经受到法令的限制，并被指控犯有多起罪行。从艾莉 10 岁起，社会工作服务机构的人就认识她了。当时，她的父母遇到了困难，并且存在未经证实的家庭暴力报告。艾莉在小学时的困难主要与行为问题和被欺负有关。她在中学出勤率很低，在学校因打人和恃强凌弱而名声在外，因此她曾多次被学校开除。艾莉一直在犯一些轻罪，包括从学校和商店偷窃，破坏社区公共财物。

二　有效实践

在这种背景下，有效的实践是以减少或停止再犯为假设目标进行讨论的，通常也被称为犯罪中止（desistance）；但有效实践既不是一个直接的措施，也不是与犯罪儿童和年轻人一起处理问题时唯一考虑的因素。围绕个人成熟、社会发展以及更广泛的社会和社区环境中的其他目标也同样重要，因为"社会环境与他人的关系既是干预的对象，也是实现改变的媒介"（Farrall，2002，第 212 页），并可以随着时间的推移而维持下去（McCulloch，2005）。犯罪学的评论很少为从业人员提供详细的指导，说明如何最好地帮助青少年个体停止犯罪，或如何创造社会环境，实现个人学习，并促进个人与社会的融合。从业者必须将研究与经验、参与和动机的技巧结合起来，以找到方向（Schon，1987）。价值观和原则对人类服务干预的性质仍然至关重要。与此同时，批判性的犯罪学评论可以为过度猖獗的矫正倾向提供有价值的反思，这些倾向往往与过于强调结构化的程序化方法或专业的过程解决方案有关。

青少年的犯罪行为不能简单地被当作脱离社会背景或脱离儿童福利、教育、健康、社会和娱乐提供的个人犯罪行为来处理。现有的研究发现了一系列与青少年犯罪密切相关的因素，主要有四个干预领域。

- 个人特征，包括冲动、自我控制、反社会态度、继续与犯罪同伴接触、酗酒和使用管制药物。
- 家庭因素，包括父母监管不力、父母教养方式不当、家庭纪律不一致、管教严厉、家庭犯罪等。
- 学校因素，包括逃学、成绩差、不满和攻击行为。
- 社区因素，包括社区混乱、设施差、吸毒和酗酒。

任何关于有效实践的讨论都必须基于对社会科学本质的现实理解，以及对人类服务干预测量范围的限制。许多因素是不可预测的，特别是社会环境，它会随着时间和空间的变化而变化。特别是对儿童和年轻人的干预，其效果往往因人而异。相同的实践方法可能在不同的情况下以不同的方式发挥作用，有时甚至根本不起作用（Pawson and Tilley，1997）。

一项有效的监督计划的核心是旨在为年轻人提供习得知识、技能和能力的方法，以适应新的思维、情感和行为方式。有效的改变需要对年轻人进行"生产性投资"，作为"人力资本"的一种形式，使"在没有它的情况下无法实现的某些目标"成为可能（Coleman，1994，第302页）。并非所有触犯法律的年轻人都有同样的需求。他们中有的能够从家庭或更广泛的社会网络中得到加强的能力；有的则除了国家通过公共照顾提供的资源，其他个人和社会资源非常有限。虽然结构良好的社会干预可以在增强认知和社会技能方面建立个人的人力资本，但就其本身而言，这些不太可能产生必要的"社会资本"；这些社会资本存在于社会关系中，并提供必要的机会，促进或产生社会参与和包容，对保持犯罪中止至关重要。

三　循证实践

循证实践（evidence-based practice，EBP）是指，在实践决策中最佳研究证据、专业知识和服务对象价值的整合。循证实践可以被看作一种系统性的决策方法的尝试，它强调：

- 提出可回答的实践问题；
- 批判性地评估和解释相关证据；
- 在询问服务对象时应用最佳证据；
- 评估干预。

"证据"这个词有多重含义。虽然不同的"权重"通常被归因于不同种类的科学证据，随机对照试验的定量数据通常被视为黄金标准（参见坎贝尔合作公司的系统评论，请登录www.campbellcollaboration.org），但在社会科学中还有许多"可观的"数据来源。这包括对从业人员来说很重要的解释性数据，例如服务对象的故事或叙述，以及其他定性数据，这些数据"填补"了定量证据提供的指导性细节。

从业人员在实践决策中所掌握的知识、技能、价值和经验与传统的实证证据相比是"一种不同的证据"（Epstein，1999，第834页），但从业人员在与服务对象的互动和服务对象叙述中产生的信息对实践来说是同样有效和有价值的证据。事实上，一些评论人士会批评：传统科学可能不是实现社会意义的最佳途径。这一批评的中心原则是，现实的知识是通过语言与人类叙事和话语的社会构建的（Heineman-Pieper，1985；Witkin，1991）。从业人员在许多方面是叙事话语的专家，他们允许个人说话，并帮助个人"使其社会世界有意义"。他们使用的信息来自与服务对象的互动以及外界。

过度强调社会建构主义是危险的，从业人员可能会过度依赖自身的解释技能，而在实践中不重视任何研究证据。反过来，这又会导致干预服务领域出现所谓的专业"骗术"，这些所谓的"幻想"或偏爱使用的干预方法既不是基于对犯罪的现有认识，也不是基于有可能帮助个人向积极方向改变行为的证据（Latessa et al.，2002）。一个明显的例子是，有证据表明，非结构性咨询可能会适得其反（Andrews et al.，1990），然而与大量的从业者接触可能比与年轻人及其家庭进行非结构性谈话好不了多少。此外，尽管非结构化心理动力学方法存在局限性，但联合研究表明，结构化心理治疗方法与其他方法结合已显示出积极的效果（Fortune and Reid，1998）。

越来越多的地方政府建议，只有那些显示出有效性的干预措施才应该得到财政支持，政客们也说"起作用的才是最重要的"。但这过于简单化，对使用证据的承诺并不意味着从业人员可以或应该仅仅利用系统回顾或元分析的数据做出实践决策。如果是这样的话，他们一般不会做出实践决策。在英国，社会工作的随机对照试验研究仍然非常罕见，大多数与实践相关的研究是比较研究或准实验设计（quasi-experiment design，QED）或定性和解释性研究。此外，同样重要的是，还应帮助从业人员找出可以从各种形式的证据（包括他们自己的实践）中获得的指导和方向（McNeece and Thyer，2004，第12页）。

尽管大量的系统性回顾已经确定了大量有效的实践方法和大量经过测试的干预知识，但仍有许多我们几乎不了解的系统性方法。在没有足够的科学证据为实践提供指导的情况下，循证事件的相关案例可以令人感到振奋。有充足的证据表明，应使用以行动为导向的社会学习方法，特别是认知－行为方法，这是社会学习方法的关键特征。然而，很少有与生态学方法相关的试验，生态学方法将解决不利条件的策略与个人改变的策略结合起来，即使权力问题往往难以得到解决。与此同时，司法领域也很少有研究去解决如何在不被进一步排斥的情况下，最好地帮助社区为其中有困难的年轻人承担责任的问题。

在复杂社会问题的实践世界中，数据可以提供一些帮助或指引；似乎合理的做法是设法利用现有的最佳资源，并让各机构努力使从业人员能够使用这些资源。尽管如此，在最好的情况下，实践决策将继续受到实践智慧和价值观的影响；而在最坏的情况下，它将受到习惯和偏见的严重影响。

无论指导实践的证据来源是什么，对于那些接受服务的人或那些在年轻人的生活中做出重要决定的人来说，他们都希望从业人员能够清楚和明确地说明应对特定类型的困难提供什么样的典型服务才是合理的；他们希望从业人员能够说明提供的服务所基于的证据、知识或经验（如果有的话）；以及预期的合理结果。研究表明，服务对象或"使用服务的人"可能对实践方法产生的影响认识有限，与他们同意接受服务时所想的结果不一致，而这可能导致出现糟糕的结果（Mayer and Timms，1970）。因此，越来越多基于道德、专业和经济的要求被提出，在为服务使用者、照料者、其他相关人士和社区规划，提供服务、共享信息，以及评估结果时更加重视透明度和利用现有研究。

从业人员使用证据大致有两种方法。

一是遵循科学模式开展专业活动。这种"科学即方法"形式包括使用标准化评估工具（如 ASSET 量表）或心理测量工具。科学模式包括使用测试、系统观察、就个人需要和风险对行动做出判断、监督整个方案的执行进度，并在关键时刻特别是干预前后评估结果和变化。这种从业人员表现得更像一个社会科学家，他们用个案方法处理手头的案例。

二是利用科学知识来指导实践活动。在这种"科学即知识"的方法中，实践者应用基于研究的知识和证据来提高对年轻人的理解（评估方面的知识），并帮助他们解决问题（干预方面的知识）。然而，必须谨慎地看待证据，因为研究可能会产生关于干预的"功效"的知识——它在特定的定义或接近理想的条件下发挥作用，但这些理想条件在现实世界中出现的频率是一个有争议的问题。社会工作者通常与长期经历多重困难的人打交道，他们往往缺乏社会支持，也缺乏参与以改变为导向的活动的动机。

实践中现实的问题是：

在给定的情况下，什么方法可能是有效的？

在某些时候、某些情况下，对某些人来说什么是有效的？

在道德上，哪些行为既不会造成伤害，又可能证明对个人或社会有益？

这些方法并不相互排斥。让科学成为知识的最有效方式是从业人员在他们的专业活动中更加严格，确保干预的完整性，并做到他们所说的他们打算做的事情，通过拥有清晰、明确和可衡量的目标，以实现这些目标的透明方法和资源，以及至少在案例审查时"衡量"与评估产出和结果。

你可以使用什么实践方法来帮助艾莉更好地理解她的违法行为及其对他人的影响，使她习得技能并开始改变她的行为？

就循证实践而言，"没有灵丹妙药"，对于需要帮助或处于危险中的年轻人提出的复杂问题，也没有明确的答案。然而，在实践中尝试使用不同类型的证据有充分的理由，包括如下几个方面。

道德准则（ethics）：进行一项无效或可能造成伤害的干预没有任何专业的意义。使用良好的证据可以帮助确定哪些干预措施或方法可能是有效的。

授权（empowerment）：从业人员向他们的客户解释，他们所倡导的道路是基于坚实的证据，建立一个更开放的工作服务关系是可能的。使用服务的人如果知道他们可以选择的方案以及了解支持这些不同方案的有力证据，可能会对他们的项目或服务感到更有参与感和积极性，或者他们也有理由向政府人士提出意见。

经济（economy）：由于公众期望的不断增长以及公共资源的有限性，将公共资金用于可能奏效的干预措施是重要的。

信任（credence）：使用证据可以加强和支持从业人员的决策，为他们关于服务需求的争论提供可信度。

可信性（credibility）：评估实践并证明其有效性可以提高服务的可信性。

四　什么在发挥着作用

认知行为和社会学习方法通常被认为在有效的个人改变中发挥着核心作用。但许多问题仍未得到解答，许多想法也有待通过地方创新进行检验。鉴于在许多司法辖区还有大量的年轻人进入少年司法系统，对干预措施的评估数量仍然相对较少。大多数系统性的评估已经在北美进行，可能不容易被"转译"到英国的实践中。例如，Fortune 和 Reid（1998）对一系列领域中的社会工作实践进行了系统的回顾，在至少一个主要变量上，绝大多数项目（88%）都有积极的结果。许多类型的方法都有帮助，但行为和认知方面的方法似乎比其他方法更有效；行动导向、社会学习和认知行为疗法、生活技能和家庭工作在广泛的实践中被证明是最有效的。

此外，新出现的原则和调查结果往往是为进入正式刑事程序的成年人和年纪较轻的成年人拟订的，需要检验这些原则和调查结果在转介、非刑事程序以及刑事程序中是否适用于儿童和青少年。

20 世纪 60 年代至 70 年代的研究结果表明，干预服务对再犯罪的影响是不确定的。其中一组评估人员强调研究缺乏统计学上的意义，并提出在改变犯罪行为方面"什么都不起作用"的观点（Martinson，1974）。Martinson（1974，第 25 页）对一份篇幅更大的合著研究报告进行了总结，对 1945 年至 1967 年间进行的 231 项干预项目的评估进行了评估，并得出结论，"除了少数和孤立的例外，迄今为止报道的干预工作对再犯矫正没有明显的效果"。他从这篇综述中得出的主要负面结论受到了其他研究人员的质疑（Palmer，1974；1992）。Gendreau 和 Ross 认为，对结论的广泛概括忽略了许多积极的成功实例。他们认为，这并不是说干预项目没有减少再犯的潜力，而只是说，从研究中不可能得出明确的结论，因为研究方法经常是不充分的，而且很少有研究对其有效性进行明确的解释。

这些进行研究的干预措施，其实施效果往往很差，因此不能合理地期望它们产生什么积极影响。这一结论对于今天的实践者来说是一个挑战。而 Martinson（1979）本人后来也拒绝接受"什么都不能发挥作用"的结论和口号。尽管如此，这场辩论还是使专业人员、公众和政府部门丧失了信心，人们再不相信对犯罪人员进行建设性工作可以减少他们再犯的风险。虽然很少有干预方案能得到充分的评估，从而产生科学证据得出坚定的结论，但已有足够的证据可以提供指导，证明哪些可能有效、哪些不太可能有效以及哪些在发挥作用方面是有希望的（Sherman et al.，1997）。20 世纪 90 年代完成的文献综述和元分析一直在提供有希望的证据，表明社会干预项目可以有效地帮助那些犯罪的年轻人改变他们的行为（Lipsey，1992）。

元分析是一种编码、分析和总结研究中定量结果的技术，它的使用使小规模研究得以汇总，以得出具有统计学意义的结果。元分析可以用于回顾、整合和解释现有的研究主题，如干预的影响、改变的评估、风险变量与随后行为之间的关系，以及测量工具的信度和效度。当然，元分析的结果其质量只与获得数据的个体研究的质量有关。有人担心，一些最具影响力的元分析研究可能夸大了有效性，而不是在简单强调发挥了作用的措施（Smith，2005）。过度依赖再犯数据，将其作为关键的结果来衡量干预的有效性可能存在局限性。

对元分析更进一步的批评是，这类研究往往没有考虑到在介入过程的早期阶段，机构把关控制所引起的潜在选择效应，以及个体被引入正式系统并从一个阶段移动到另一个阶段的更广泛的（以及积累的）影响。许多研究探讨了系统接触（而不是个案项目）对年轻人的长期（最严重）影响（McAra and McVie，2007）。早期的元分析只引用发表在经过编辑的期刊上的研究，这些研究包括再次逮捕、再次定罪、再次监禁或将非法行为作为结果的自我报告，以及干预后随访时和对照组的比较。由于认识到存在偏见的风险，往往只有成功的研究才倾向于进行发表，因此最近的评估研究纳入了更多的"灰色"文献。

尽管使用元分析回顾现有的研究存在一些局限性，但它依然为实践者和政策制定者提供了有希望的线索并指明了积极的方向，以帮助年轻人减少他们的犯罪行为。我们对现有文献综述进行回顾发现，自 20 世纪 50 年代以来，有 47%~86% 良好把控的评估研究报告了干预对再犯有积极影响（Andrews et al.，1990）。Andrews 等报道的积极结果证据的阈值分别为：75%（Kirby，1954）、59%（Bailey，1966）、50%（Logan，1972）、48%（Palmer1974 年对 Martinson 回顾研究的重新审视）、86%（Gendreau and Ross，1979）和 47%（Lab and Whitehead，1988）。他们的结论是，"这种结果模式强烈支持了这样一种观点，即在某些情况下，一些服务项目至少与一些罪犯的矫正是契合的"（Andrews et al.，1990，第 374 页）。

Garrett（1985）调查了 1960 年至 1983 年间进行的 111 项实验研究，其中涉及超过 13000 名罪犯。她发现，干预对包括再犯罪在内的各种结果都有显著的总体积极影响——"改变在有的情况下是适度的，在有的情况下是显著的，但绝大多数是朝着积极方向发展的"（1985，第 293 页）。最有效的方法是认知行为、生活技能和家庭治疗。Palmer（1992）同样报告了各种各样的干预方法带来的许多积极结果，包括如下几个方面：

- 几种类型的分流体系包括各种结构性的干预措施；
- 青少年及其家庭参与的行为和技能培训；
- 家庭危机干预策略；
- 同伴法或导师法；
- 朋辈群体管理项目；
- 青少年咨询，包括一系列以认知为导向的方法；
- 以职业性为导向的心理治疗；
- 角色扮演训练、家长训练、解决人际关系问题训练及反犯罪模式训练。

Gendreau 和 Ross 对 1971 年至 1981 年间的研究进行了一系列详细的文献回顾，之后还进一步回顾了 1981 年至 1987 年间发表的 300 多项研究（Gendreau and Ross，1987）。他们提供的证据表明，"在相当数量的对照研究中，再犯率下降了 80%"（1987，第 350 页）。一个重大文献回顾的项目发现，与所有类别的少年犯罪有关的结果大体相似，教育成就、反社会态度和伙伴与少年关联性更强（见表 3-1）。

表 3-1　与少年犯罪有关的因素

所有类型犯罪		少年犯罪	
低阶级社会背景	0.06	低阶级社会背景	0.05
个人贫困	0.08	个人贫困	0.07
教育/职业成就	0.12	父母/家庭因素	0.07
父母/家庭因素	0.18	糟糕的亲子关系	0.20
脾气/行为/性格	0.21	教育/职业成就	0.28
反社会态度/关系	0.22	脾气/行为/性格	0.38
		反社会态度/关系	0.48

资料来源：Andrews and Bonta，1998，第 42~43 页。

Andrews 和 Bonta（1998）认为，风险/需求因素集（见表 3-1）在不同类型的主体（不同生理性别、心理性别、年龄和"种族"）和不同的方法变量（比如自我报告和犯罪记录；纵向与横向设计）的使用中都是非常稳健的。他们得出结论，犯罪行为的"四大"需求风险预测因素是：反社会态度（包括价值观、信仰、合理化、认知状态）、反社会伙伴（包括父母、兄弟姐妹、朋辈群体等）、反社会行为历史（包括早期干预、习惯、犯罪能力）和反社会人格。此外，研究人员还增加了另外四个预测因素（家庭和婚姻状况、学校和工作、娱乐、药物滥用）以建立"八大"因素（Gendreau et al.，1996）。Andrews 等（1998）总结了他们基于经验的"八大"因素，即从业人员在专业关系中的有效实践、反犯罪模型、差异化执行、问题解决、结构化的学习技能、倡导、认知重组、积极的权力使用。

> 在艾莉的生活中，哪些背景特征、个人特质以及与犯罪有关的问题和需求是明显的？

这些文献回顾突出了一贯的实践特点，除认为应该利用这些证据来指导旨在帮助年轻人减少犯罪的服务的设计、提供和评估之外，很难做出别的选择。另一项重大回顾项目（Lipsey，1992）基于的是 1970 年至 1988 年间发表的 397 项实验研究结果，其中涉及约 4 万名年轻人。据报道，65% 的实验在减少再犯方面能显示出积极的效果。干预的类型很重要。以行为、技能为导向的方法，特别是各种方法的组合（"多模式的"）可以显示最佳的效果。与对照组相比，威慑或"震惊"的方法通常与负面结果有关。当所有类型的计划和结果一起使用时，再犯率平均比对照组低 9%~12%。在"多模式"、行为和技能导向的方法中，再犯率比对照组低 20%~32%。元分析回顾的详细批判性分析是复杂的，其内容超出了本章的范围。考虑到所进行的研究的数量，平均效应量可能不会显得很大，但是平均效应大小掩盖了结果的巨大差异，许多研究表明，再犯率大大降低，并为正确的干预服务和实践的价值提供了有希望的证据。最近的大多数文献回顾证实了早期的一些发现，并强调了对年轻人的积极影响，特别是社区监督，包括对直接受害者的赔偿、善后照顾和监测（Lipsey and Cullen，2007）。

没有一种单一的方法可以帮助一个人改变其行为，而对于哪种方法可能对个人或特定类型的犯罪最有效的知识仍然有限。少年司法实践的本质是探索性的。在应用有效干预方法研究的原则和发现时，每一项工作都需要接受某种持续性的评估。尽管如此，有关干预方案内容的研究也表现出了一些明显的趋势，即干预方案在减少犯罪方面的有效性有高有低。

五　什么没有发挥作用

元分析可以区分出获得积极结果的方法和有明显消极影响的方法。有些方法似乎不太适用于涉罪的年轻人。一些定义宽泛和非结构化的咨询或支持模式的治疗方法似乎是无效的，在某些情况下还会产生反效果。Lipsey（1995）发现，非结构化的面对面咨询与再犯罪的增加有关系。同样，经常采用心理疗法或集体疗法的长期方案也被发现是无效的。这些发现得到了当代社会工作有效性文献回顾的支持。例如，Sheldon（1994，第 226 页）在强调社会工作其他领域的咨询方法已经产生了积极的成果的同时，也承认"没有过度的悲观……很少看到接受干预的罪犯与对照组相比大量放弃犯罪行为，并在两年后还能保持这些成绩"（1994，第 226 页）。在过去，非结构性的"谈话"（talking）是监督的主流，虽然这种方法能提供一些支持，有助于建立工作关系，满足某些监测要求，但它不太可能帮助年轻人凭借自身的能力去改变行为。

必须强调的是，这些研究结果并不表明"谈话"或反思的方法没有任何作用，事实上恰恰相反。其他研究结果表明，结构良好、以人为中心的咨询和计划可能是有效的，特别是对严重犯罪的罪犯来说（Lipsey，1999）。咨询方法如果是"多模式"方法的一部分，就会产生更积极的效果。Russell（1990）发现，如果评估结果很好，那是因为其中采用了更有条理的办法，例如，采取以任务为中心或基于行为的方法进行干预。Andrews 等（1990，第 379 页）将"不合适的"服务总结为如下几个方面：

- 根据需求／响应系统，为低风险和／或不匹配的服务对象提供服务；
- 非指导性关系、依赖性的和／或非结构化的心理动力咨询；
- 所有的环境和群体方法都强调群体内部的交流，而没有一个明确的计划来控制亲犯罪模式的形成和巩固；
- 非指导性或针对性差的学术和职业提升方法；
- 带有直接恐吓性质的项目。

在考虑有效性的证据时，对犯罪的儿童和青少年的惩罚问题不能被忽视。这是一个实践人员经常回避的主题，他们会发现自己似乎陷入了或"支持"或"反对"惩罚的二分立场。通常，社会会认为对不法行为的惩罚在道德上是合理的，是道德上的必要，因为它具有交际价值，而且很可能是有效的。但是，从来没有人能够证明惩罚（施加痛苦）本身能够改变或导致受到惩罚的儿童或青少年发生持久的积极变化，也没有人能够证明惩罚能阻止年轻人犯罪。与所有的人类服务实践一样，现实是复杂的，最好从有效性证据的角度来处理，而不是从道德上的适当性角度来处理。

惩罚哲学的发展试图以一种更直接的方式来探讨这个问题。刑法哲学家 Duff（2001；2003）认为，惩罚的概念不应该仅仅是"惩罚性的"，也就是说，不应该仅仅关注作为惩罚形式的施加痛苦。相反，有一些形式的"建设性惩罚"不仅仅是造成痛苦，而且这些惩罚是面对犯罪的影响和后果不可避免的结果的，例如，作为赔偿或恢复过程的一部分（Duff，2003），这是年轻人在提高个人和社会诚信的过程中强加给自己的一种义务。从这个角度来看，惩罚（甚至包括施加痛苦）和制裁的作用都可以被视为一种沟通：鼓励、支持改变和治疗。

当然，有证据表明惩罚可以促进改变。然而，成功的往往是那些之前没有受过惩罚的受试者，他们的反应是持久的、即时的、被奖励强化的，并在一种积极的关系中改变。一般来说，有效惩罚的前提条件在本书所讨论的当事人中很少有人具备，通过正式的国家惩罚来复制它们几乎是不可能的。也许在这样的辩论中，实践人员必须为纪律、制裁、控制、后果、遵守和恢复等实际概念找到"意义"，使它们成为道德上有意义且有关系的实践，特别是在强制措施已经采取的情况下。Bottoms（2001）确定了一些重要的实践原则，这些原则是权威督导应具备的品质特征。

服从理论强调，一个人可能会因为不同的原因而在不同方面服从监督，包括：

- 工具主义（对个人得失的计算）；
- 规范（发觉道义上的责任）；
- 基于约束；
- 与习惯相关的服从。

（Bottoms，2001）

代表：提供机会让年轻人表达自己的观点，并让他们的观点得到被考虑的机会；协商和连接其他服务。

一致性：随着时间的推移对所有人一视同仁，设定现实的期望，将个人偏见最小化。

准确性：通过公开问题的本质和使用可靠的信息来做出高质量的决策。

可纠正性：审查并在必要的时候愿意修改决定。

道德：尊重他人。

一些年轻人可能会遵守监督要求的技术要素，但不进行个人改变。对另一些人来说，服从可能是其进行改变的真正标志，但也可能不会长期持续下去。Nellis 的服从类型（2004，第 239~240 页）确定了不同的机制，包括基于激励的、基于信任的（建立工作中的盟友关系和责任感）、基于威胁的、基于监督的和基于丧失能力的服从。

在传统的刑事司法范式中，沟通性或建设性的惩罚很少是容易实现的，从业人员必须意识到，为了服从性采取过度惩罚的做法很可能适得其反，并引起抵抗、怨恨和避免痛苦的策略，而这些不一定与积极或持续的变化有关。

六　应该用什么来指导实践

干预方案内容方面的研究出现了一些令人鼓舞的趋势，即这些干预内容在减少犯罪方面的有效性有高有低。特别是在行为和认知或社会教育方面的小组工作实践，以及与家庭有关的工作和教育提供方面的发展显示出令人鼓舞的证据，即开展有效的实践可以改变服务对象的态度，提高其自尊和自我效能，使其获得支持做出更好决定、抵制犯罪压力和进行自我管理的技能（Gendreau and Ross，1987；Andrews et al.，1990；Lipsey，1995）。

对"什么在发挥着作用"原则的批评不仅因为它将元分析作为一种方法具有局限性，而且与其研究结果的使用有关，尤其是因为对专业结构性项目本身在减少犯罪方面的价值过于乐观。即使是最好、最严格的元分析研究也只是声称平均再犯率可以适度降低——平均降低 10% 左右（Lipsey，1992）。Lösel（转引自 Smith，2005，第 187 页）在一篇引用了 500 多项评估结果的综述中表示，与对照组相比，平均效应量相当于平均减少约 5%。这并没有阻止政策制定者为减少持续犯罪的人数而给少年司法机构制定不切实际的目标。同样，还有一种相当天真的观点认为，在一个司法辖区看来有效的措施可以成功地或简单地移植到其他司法辖区，而不需要考虑这些司法辖区在文化和社会背景方面的差异（Muncie and Goldson，2007）。有系统的评估表明，最好结构的小组工作项目可以在改变年轻人未来的行为方面产生重要但微不足道的效果。一些评论人士认为，英国的少年司法系统即使连微不足道的好处也无法产生，因为专业项目本身的效力无法很好地衡量整个系统的有效性。在 20 世纪 70 年代，结构性的社会教育方案在中期干预时期的价值也同样受到损害。只有一小部分年轻人在受到任意系统处理之后，并且只有在与一系列不同机构进行长期的互动之后，才会接触到这类方案，这些机构往往没有得到充分的协调，难以确保某一部分的行动不会破坏另一部分的行动。

> 为什么结构性计划不太可能对"什么在发挥着作用"提出的再犯率产生重大影响？

尽管承认在应用这些"证据"时需要谨慎，但从业者可以相信，有些东西似乎确实有效，但不是对所有人都有效，而且不会以任何机械或过度纠正的方式应用这些新兴的原则。实践者是科学证据应用和人类服务艺术之间的关键环节。从社会学习的角度来看，这些共同的发现构成了一种社会教育活动的"课程"，重点关注的是青少年生活中与犯罪和其他发展相关的方面。目标应该是加强年轻人的力量，并使那些缺乏力量的人具备开始改变其行为所需的知识、理解能力、态度和技能。

现有证据表明，要想有效，干预必须集中精力、前后一致，同时适应年轻人的积极和消极特征，以及问题行为，尤其是冒犯行为和其他相关问题。最成功的方法可能为重要的家庭成员或积极的社会网络参与在监督过程中的计划和决策提供空间。对年轻人的有效干预很可能结合以个人、家庭和社会网络、朋辈群体和学校为重点的方法（"多模式"），并通过家庭或网络会议等媒介保持改变。并非所有的方法都只以犯罪为重点，尽管这些方法可能是帮助年轻人了解其行为及其对受害者、社区、家庭和最终对他们自己造成的后果的一个基本因素。

据统计，以项目为基础的干预，即有结构、有计划的办法，特别是注重行为改变和技能发展的办法，比没有结构的办法更有效。这种基于项目的干预可能涉及使用零散的"预先包装"项目，例如"终止冒犯"（Ending Offending）、"改变目标"（Targets for Change）、"原因和康复"（Reason and Rehabilitation）、"STOP"、"STAC"或者由个人或机构设计的项目。但重要的是，每一个项目的执行方式必须满足个人的需要。项目成果应通过良好的个案管理和监督实践，融入年轻人生活的其他方面。

有证据表明，在以下情况下，效果可能是最好的：

▶ 关注犯罪行为的性质和后果；

▶ 强调问题解决和行为改变，认知发展，个人或社会技能；

▶ 多种多样的干预方法；

▶ 使用正面的权威；

▶ 强调社区融合。

应该认识到改变过程有不同阶段，每一个阶段可能需要不同的方法、技术和策略。Prochaska 和 Di Clemente（1982）的改变模型（见表 3-2），虽然是通过对成瘾的研究发展起来的，但对任何社会学习过程都是有价值的实践帮助。它确定了若干变化阶段，每个阶段都相互关联，有些阶段更适合使用社交技能和认知方法，而有些阶段则更适合使用反思方法。

表 3-2　Prochaska 和 Di Clemente（1982）的改变模型

无打算	自我防卫、否认、推卸责任、沮丧、无意识
打算	决定改变、权衡利弊、开始改变的过程
行动	预演
维持	维持并内化新的行为
（再）终止	回归一些或所有旧的行为，放弃或重新尝试

七　有效实践的指导原则

Andrews 等（1990）使用元分析回顾了 150 项研究的结果，得出的结论是，适当的干预平均能 "降低约 50% 的累犯率（事实上，平均降低率为 53.06%，SD=26.49）"（1990，第 385 页）。他们和其他学者共同提出，针对犯罪行为的最有效的干预形式很可能符合一系列广泛的实践原则。这些指导原则可与儿童照料和发展原则一起合理地应用于少年司法实践，并为从业人员设计 "定制" 监管方案提供循证标准。

第一项指导原则是，做出努力，酌情使所提供的服务水平与评估的需要和风险水平相匹配（风险原则）。这一原则符合儿童立法的伦理（没有联合国《儿童权利公约》和《欧洲人权公约》的命令/最低限度干预原则）；干预服务应该侵入性极小，最大限度的干预是给最危险的犯罪行为准备的。优先组应是那些被评估（无论是根据犯罪史还是犯罪标准进行衡量）为中度至高度风险的再犯罪犯。

出于更实际的原因，干预的重点应该是那些有足够再犯风险的年轻人，这样任何犯罪行为的减少都是有意义的。为再犯风险低的人提供密集服务，可能会浪费稀缺的资源，并可能把他们引入不必要的正式系统，这样对他们是不利的（法网扩张）。如果再犯罪的风险很高，可能需要更密集的干预；低风险犯罪行为需要较低的干预水平，过程要循序渐进，以避免滥用干预，因为这往往会适得其反。

第二项指导原则是，干预的优先事项应是减轻那些被判定为维持和促使犯罪的因素（犯罪需要原则）。换句话说，干预应该围绕犯罪进行。犯罪的原因是复杂的、多方面的，凭借从业人员的力量不容易使年轻人做出改变或帮助他们做出改变。如年龄、性别、犯罪史、早期家庭因素、学校教育和犯罪同伙这些犯罪预测因素，目前在犯罪学文献中几乎没有异议。然而，关于哪些因素更容易（动态的）改变，以及何时向积极的方向改变可能减少再犯，一直存在很多争论。在现实中，这些因人而异。重要的犯罪支持因素与犯罪行为之间可能有也可能没有因果关系，但对于从业人员来说，这些因素往往被视为促成风险问题和犯罪的连接或"中介"。

研究中确定的最有希望的可变（动态的）中期干预目标包括反社会态度、习惯性犯罪的思想和情感模式、个人控制问题、犯罪同伴关系、家庭犯罪、有问题的家教方式和家庭情感、教育和休闲活动。重要的是要区分"导致犯罪"的需要与其他个人和社会需要，这些需要与犯罪倾向是没有直接关系的。虽然优先需要很可能是那些直接与犯罪有关的需要，但在以儿童为中心的干预方法中，许多与犯罪无关的其他需要，将被优先考虑。

第三项指导原则与学习模式有关（回应性原则）。年轻人会通过不同的方式改变和学习，毫无疑问，有证据认为将课程和从业技能的传授与年轻人的特点及其需求相匹配是十分重要的。回应性的一个关键因素是年轻人和从业人员之间关系的性质，以及如何利用它来树立权威和建立积极的社会关系，并支持激励、参与和合作。

　　一般来说，年轻人可能对积极的学习方法而不是说教的学习方法反响更好。有文献证明，学习模式框架可以作为干预措施，在帮助个人发展和培养社交中的参与感方面发挥建设性作用（Honey and Mumford，2000）。然而，将干预与学习模式相"匹配"的概念，与"什么在发挥着作用"一样，在实践中并不是直截了当的（Annison，2006）。教育研究发现，很少有证据表明，将一个人与特定的学习模式相匹配，就能提高其学习成绩，也就是说，知识的获得并不能提高成绩（Coffield et al.，2004）。但是，可以看到，学习模式框架有可能就年轻人如何最好地学习以及如何提高他们自己的学习展开真正的对话。在这方面，Coffield 等（2004）提出，元认知（meta-cognition；也就是说，意识到自己的思想和学习过程）的所有优势都可以通过鼓励学习者了解自己和他人的学习来获得，这是发展自我效能和对生活的控制感的一个关键方面。

　　虽然回应性和学习模式的概念可以在一定程度上概括风险与关键服务和方法的需求的匹配情况，但多样性的问题特别是性别、种族和年龄方面的问题仍然很重要（Shaw and Hannah-Moffat，2004）。对成年女性罪犯进行干预的证据表明，一般的回应性因素似乎是适合的，但可能有一些特定的回应性因素需要进一步认识和处理（Dowden and Andrews，1999）。在这方面，很少有文献能帮助从业人员为年轻女性提供干预。然而，正如前面所讨论的，应该利用从业人员在叙事方面的专业知识引出女性和不同文化背景下的人可能存在的不同的"声音"和"故事"，以便了解他们的需求/风险，以及如何采用核心方法来帮助他们进行有效的改变。因此，尽管女性犯罪行为在很多情境方面看起来与男性相似，但其叙事意义和回应方式可能有所不同。从业者的技术很可能在回应性的条件下发挥其最大的作用。最成功的结构化项目一般但不完全是由行为或社会学习原则指导的，它包括认知部分，重点是挑战反社会行为具有的态度、价值观和信念，提供亲社会的模式、练习、角色扮演、资源和详细的指导及解释。改变理论认为，"最终的有效性取决于个体对改变过程的积极参与"（Chapman and Hough，1998，para 4.15）。

第四项指导原则是，社区内进行的项目似乎比机构内进行的项目进展得更好（以社区为基础原则）。这并不意味着机构不能进行建设性或有效的干预。但是，一些有记录的例外，如治疗社区以外，回归社区的"冲击"效应往往会导致机构干预产生不良结果（Mendel，2000）。在社区中取得的成果同样需要长期保持，但相比机构而言其更有可能是可持续的。

第五项原则强调，采用有效的干预措施有助于人们认识到犯罪年轻人所经历的各种问题，有效的干预措施往往是那些采用以技能为导向的一系列方法（多样性），来源于行为、认知或认知行为（程序原则）。现有的实践证据表明，最有效的方案是采用人际交往技能培训方法；行为干预方法，包括社会建模、逐步实践、角色扮演和角色转换；认知技能培训方法；在解决问题的框架内进行结构性的个人咨询的方法；将指导与个人咨询联系在一起的方法，即个人咨询将年轻人和督导在关键的背景变量上紧密匹配。

第六项原则表明，有效的干预措施会受到高效员工的强烈影响，这些员工富有同理心、乐观、热情、富有创造力和想象力，并会通过与服务对象的优质互动来利用自己的个人影响力（关系原则）。其中的关键技能或"核心"实践包括移情、关怀、建立模式、积极强化和有效反对，以及在合适的环境中提供结构化的学习，以便发展解决问题的技能，并提供恢复的机会（Andrews et al.，2001）。

第七项原则至关重要，但很难实现。它依赖于在有效的机构战略和业务系统的支持下，将所有其他原则纳入一个清晰明了的实践方法中。明确的目标性、理论的基础性和在计划监督中使用的方法与其整体效果之间有很强的关系。这通常被称为项目完整性（项目完整性原则）。

证据表明，最有效的干预措施具有明确的目标和目的；以一种有意义的、透明的和可衡量的方式将所使用的方法与所陈述的目标联系起来；由经过特定方法培训的、操作熟练的工作人员执行；有充足的资源和充分的管理；项目发起者参与项目的所有管理阶段；项目从一开始就受到监督和某种形式的评估。简而言之，有效的管理和计划，以确保打算要做的事情能按照计划执行。即使出于最好的动机，也可能出现项目完整性问题，例如，当从业人员试图使某些内容尤其是文化背景适应个别年轻人的学习模式和速度时就可能影响完整性。从业人员可能需要改变节奏或某些东西以达到预期的目标，确保回应性，但不应改变目标和项目本身。执行不力的项目，往往是由培训不足的从业人员执行的，参与者在项目中只会花费很少的时间，很难期望他从中获得什么知识和技能，或减少再犯。

> 你认为与艾莉和她的家人建立合作关系的关键因素是什么？
>
> 如果她不到 13 岁，这些会有什么不同？

项目的完整性可能因为各种原因受到破坏：

- 项目偏移——项目的目的和目标随着时间的推移而无系统地改变；
- 项目逆转——在这种情况下，目标受到从业人员的直接破坏，例如，他们未能模仿积极的行为，或不按照理论框架运作，或根本不相信项目是值得的；
- 项目未遵守——修改项目的内容或目标时，没有参考理论原则或工作的最初目标。

（Hollins，2001）

Andrews 等（1990，第 384 页）把所有这些核心原则都使用在了对年轻人和成年人的干预研究上，他们得出结论，再次犯罪影响变化的主要来源是干预服务在多大程度上遵从了风险、需求和响应度（RNR）这三个首要原则。Gendreau 和 Ross（1987）的研究显示，几乎所有成功的干预项目都有一个共同的特征，即把思考、感觉和行动联系起来（一种认知行为方法）。

RNR 方法已经成为风险评估和风险管理范式的核心，在英美国家的罪犯工作方面占主导地位。但是，考虑到英国和美国在年轻人权利和年轻人司法实践方面的糟糕历史，这似乎足以让从业人员彻底拒绝使用 RNR 方法。对 RNR 的批评正在大量出现，这些批评提供了一个更好的视角来看待这些基于经验的指导原则的优势和局限性，这可以指导从业人员努力帮助年轻人发展积极的自我意识，以实现他们自己对于"美好生活"的雄心（Ward and

Maruna，2007）。过于狭隘地关注风险和导致犯罪的需求会使犯罪行为脱离情境，这样可能会低估青少年的发展需求，忽视青少年个人的整体性。

最终，只有回答"这些原则是否加强了帮助年轻人社会和福利发展方法的效果，以帮助他们远离犯罪并实现个人和社会融合"这一问题，才能更好地衡量有效性原则的价值。有证据表明，只有在认识到社会和文化背景在为年轻人提供社会教育机会方面的重要性的价值框架内，这些原则才会发挥重要作用。但针对减少再犯的实践来说，使用有效性原则是必要的，但不是充分的。

除了关注环境、行为和技能外，所有有效的方法都包括一些可以对人的思维产生影响的技术，这些有效的方法可以提高批判性推理能力和解决问题的能力，有助于发展对社会规则和义务的不同解释，并理解他人的思想和感受。Ross、Fabiano 和 Ewles 设计了一个认知模型，它提供了一个有用的"清单"，帮助识别最可能受益于认知行为实践的特征。

可能从认知行为实践中受益的特征

▶ 缺乏自制力或冲动：行动前不停下来进行思考。

▶ 认知风格：感觉无力控制所发生的事情。

▶ 具体和抽象思维：抽象推理能力差；主要在理解规则的原因或理解他人的想法和感受方面有困难。

▶ 观念僵化：僵化、教条、一成不变的态度和观念。

▶ 人际认知问题解决：欠缺解决问题所需的发达思维能力；不善于考虑替代方案或行为后果。

▶ 以自我为中心：主要从自我的角度看世界，很少考虑或关心他人。

▶ 价值观：不太关心什么是正确的或可以接受的，只关心什么会影响自己。

▶ 批判性推理：思维往往不理性和不合逻辑；缺乏建设性的自我批评。

实际上，大多数参与犯罪的年轻人都有优点和缺点，以及各种适应力强的品质；从多种意义上讲，他们中的很多人都是经历过困难的。重要的

是，干预的运作方式应该帮助年轻人实现他们的个人优势和社会资源最大化，帮助他们获得和／或利用他们的认知能力，即他们将自己的思维、感觉和行为联系起来的能力。

Ross 等（1998）对旨在提高年轻人认知能力的项目进行审查后发现，那些基于理论原则的项目比那些没有特定理论基础的项目平均有效五倍。那些包含认知成分的项目的效果是没有包含认知成分的项目效果的两倍多（1988，第138页）。有证据表明，这类有结构性的项目可以提供一种强有力的手段，只要有技能的从业人员能够解决关系和回应性问题，就能在进行其他（儿童和家庭）发展规定的同时帮助年轻人。但是，语言是重要的，Ross 等（1988）担心，在显然是社会教育和发展的领域，干预却越来越多地使用"治疗"概念。Izzo 和 Ross（1990）在一项小规模评估中强调，许多年轻人需要：

> ……学习如何分析人际关系问题；了解他人的价值观、行为和感受；认识到他们自己的行为是如何影响他人的，以及为什么其他人会做出这样的反应；并发展出另一种亲社会的方式来应对人际冲突。
>
> （Izzo and Ross，1990，第141页）

有什么证据可以证明，像艾莉这样卷入犯罪的年轻人的态度、行为和所处环境，可以因为受到正式的监督而变得更好？

八 结论

这些与《北京规则》和联合国《儿童权利公约》所提倡的社会教育方法相一致的有效性原则，为寻求有意义的和综合性的少年司法实践提供了更强的动力。少年司法从业人员需要一套有效的实践技能，类似于在欧洲社会教育学思想或本书第一章讨论的社会教育方法中发现的技能（Smith and Whyte，2008）。理想的社会教育是通过学习者的积极参与进行的。"手"（技能和行动）、"心"（情感和生理成熟）和"脑"（认知、智力和道德能力）三个关键的要素，体现了传统和整体的社会教育观念（Silber，

1965）。这些都越来越多地与社会正义和改善社会状况的观念联系在一起
（Petrie，2004）。在德国的传统中，社会教育的概念涉及更多的结构维度，
其帮助穷人的教育行动表现出明显的平等主义和改革主义基础（infed.org，
2005）。在这个意义上，社会教育从根本上与社会和个人的发展（人力资
本）、社会资本的产生和"社区"的发展联系在一起。

　　虽然社会教育学一般关注儿童和青少年的直接实践，但它的原则也可
以应用于更广泛的问题，即在生命过程的不同阶段的社会融合都可以适用，
社会教育学的重点既强调"社会"也强调个人。这种方法基于一种信念，
即你可以通过教育实践影响社会环境和社会变化。它的基础是反对个人主
义的教育方法，因为这种方法不考虑人类存在的社会层面。

　　这种方法将社会帮助的重点扩大到个人改变和成长的目标之外，还包
括个人融入社会和促进社会功能、包容、参与，以及作为社会成员的共同
责任的身份。面对十年来对人类服务采取的专家技术论和管理方法，这些
语言、概念和技能使从业人员感到乐观。社会教育或教育学方法中隐含的
价值基础，与社会工作者对社会正义和社会变革的关注一致，与在学习或
"养育"的规范性概念中寻求社会问题的解决方案一致，而不是关注缺陷、
病情和犯罪。

　　社会教育 / 教育学被定义为"一种角度，包括旨在通过育儿和教育实
践促进人类福利的社会行动；通过为人们提供管理自己生活的手段，并改
变他们所处的环境，来预防或缓解社会问题"（Cannan et al.，1992，第
73 页）。它提供了一个综合概念和实践框架的思路，在研究证据的指导
下，可以从其中开发出跨专业学科的最佳实践模式，以提升个人的社会
幸福感和社区安全。

╢ 关键问题 ╟

　　1. 你怎么解释艾莉反复犯罪的问题？

　　2. 在有效实践的方向性原则指导下，小组工作或个案工作分别有什
么优势、劣势，会遇到哪些挑战和冲突？

　　3. 系统全面的实践方法如何利用有效实践的原则？

┤ 练习 ├

　　用一个你熟悉的案例，完成下面的表格，为家庭和其他关系、朋辈群体、学校和广义上的社会社区建立现实的目标。

	优势	局限	行动目标	方法
家庭				
学校				
朋辈群体				
社区				

推荐阅读和参考资料

Cann J., Falshaw L. and Friendship C. (2005), What Works? Accredited Cognitive Skills Programmes for Young Offenders, *Youth Justice*, Vol. 5, No. 3, pp. 165-79.

McGuire J. and Priestley P. (1995), Reviewing "What Works": Past, Present and Future, in J. McGuire (Eds.), *What Works: Reducing Offending*, Chichester: Wiley.

Harrington R. and Bailey S. (2005), *Mental Health Needs and Effectiveness in Provision for Young Offenders in Custody and in the Community*, London: YJB.

Hackett S. (2004), *What Works for Children and Young People with Harmful Sexual Behaviours?*, Ilford：Barnardo's.

第四章

评估需求与风险

一　介绍

对于青少年犯罪，司法和福利方法之间最明显的冲突之处莫过于对需求和风险的评估。这种紧张关系反映在对犯罪年轻人的不同观念上。他们同时被视为"脆弱的需要帮助的孩子"、"对他人构成威胁的人"、"需要关注的对象"和"恐惧的来源"（Cross et al.，2003）。尽管政策强调完整儿童个体的福利需求是最重要的，但陷入困境的这些年轻人的需求往往被低估，并因持续不断的犯罪行为不断被削弱。

少年司法的实践发展不可避免地反映了公众和政策对风险和危险的日益关注（Kemshall，2003；Webb，2006）。越来越多的人期望对被认为是"严重"或"危险"的这一小群人进行更密集的风险管理。把需求"转化"为危险，把"处于危险中的"儿童转化为"危险的"儿童和青少年罪犯实在是太容易了，但这对青少年或社会并没有好处（Newburn，2002）。本章将探讨社会工作评估的性质，以及在制定整体行动计划时，如何采用统一的方法来处理需求和风险；在大多数情况下，青少年最佳利益和社会最佳利益所追求的目标应是相容的。

> **案例思考：评估需求与风险** •
>
> 詹姆斯是一个 15 岁半的白人少年。你必须准备一份评估报告，对詹姆斯违章驾驶、无证驾驶和无保险驾驶的行为进行评估。他以前有过两次类似的转介／定罪经历，目前正在接受强制监督。在访谈中，詹姆斯对自己的违规行为没有表现出多少懊悔，也似乎没有意识到可能对他人造成的危险，而他保证自己今后不再非法驾驶的说法也没有多少说服力。他都是和别人一起犯罪的。詹姆斯几乎没有朋友，目前被学校拒之门外。

二　什么是评估

在经典（Siporin，1975）的和近期（Parker and Bradley，2003；Crisp et al.，2006）的文献中，有许多关于社会工作评估的文献，还有许多专注于在特定背景下评估需求和风险的专家汇编（Kemshall and Pritchard，1997a、1997b；Barry，2007）。评估被描述为：

> ……一个持续的过程，服务对象参与其中，其目的是了解人们与其所处环境的关系；它是规划如何维持、改善或改变个人、环境或两者的基础。

> （Coulshed and Orme，1998，第21页）

通常，社会工作认为评估涉及一系列关键阶段，即先做准备，然后收集信息，再对信息进行解释，之后建立一个概述或综合性观点，最后形成一个使干预变得足够灵活并能适应不断调整的方法。大多数评估都会围绕着开始、中间和结束的关键阶段，形成一个相对一致的概念框架。

评估的关键阶段

1.准备：明确转介来源和原因；决定时间地点和对象；任务的目的和范围；可能相关的数据；这项任务的难点。

2.数据收集：见主要的"受访者"并与之互动；发现事实和感受；可能要处理的隔阂；在以批判的心态处理任务时，参与和最大限度的选择要得到保障。

3.衡量数据：根据当前的社会学和心理学理论、研究结果和本地的经验数据，思考"这是个问题吗？""问题有多严重，针对谁？"，"需要外部援助吗？以什么为基础——自愿还是强制？"

4.分析数据：生成一个分析框架来解释年轻人在他们的社会背景下的需求；评估家庭教养能力；弄清楚该罪行意味着什么；将儿童和家庭的理解和感受与专业人士的理解和感受区分开来，以便形成可能的想法，作为制订计划的基础。

5.使用分析结果：决定为决策提供信息的最佳方式；尽可能与服务对象的家人一起了解正在发生的事情、问题、优势和困难，以及对孩子的影响。

（Milner and O'Byrne，2002，第6页）

当代的社工专家们已经认识到多学科和家庭／社会网络对评估和规划以及多样性问题的重要性。他们警告说，不要过度关注问题，应该多考虑需求和风险。他们还认为评估和干预的主要目的是协助发生改变（Crisp et al.，2006）。他们较少处理比较极端的情况，在这种情况下，监测或监视本身也可能是合法的目标。然而，只有在非常极端的情况下，少年司法实践中的"社会治安"目标才与有意义的改变目标相割裂。

在现实中，进行评估是出于一系列不同原因的，重要的是要明确评估（通常有多个）的目的，因为这将影响评估的内容、对各种因素的强调、随后对收集到的信息的分析以及计划和采取的行动。

三 什么是风险

风险是当代西方社会广泛使用的一个术语。对风险的关注已经渗透到少年司法领域和对青少年的普遍回应中，这导致了"青少年问题化"的加重（Kemshall，2007）。尽管"风险"是一个复杂和多方面的概念，但在其更传统的用法中，"风险"是一个中性术语，具有潜在的积极和消极含义，意味着获得或失去的机会（Parton，1996）。然而，在21世纪的英国，风险越来越多地与危险或伤害的概念联系在一起。

风险的一个典型定义是，在规定的一段时间内发生不良事件或有害行为的概率（Warner，1992；Kemshall，1996，pv）。这一定义包括与任何犯罪行为风险评估有关的两个关键概念：一是对发生犯罪的可能性的计算，二是可能对潜在受害者的影响的计算，两者都规定了明确的时间范围。良好的风险评估会考虑到这些令人担忧的行为（它们在时间、空间和社会关系上的意义）、这些行为可能造成的潜在损害或伤害、这些行为发生的可能性，以及在什么情况下可能发生。

　　另一种风险的定义是"一种情况或事件，其中的某些人类价值（包括人类自身）处于危险之中，结果是不确定的"（Jaeger et al.，2001，第17页）。这强调了自然环境和个人环境的不确定性，以及对理想和不理想风险的认识，并且这些风险无法变成非常准确的预见性措施。对于从事青少年犯罪工作的从业人员来说，他们面临的挑战是在评估中找到正确的组合和平衡：既要确定风险的消极方面，也要确定帮助减少有害后果的积极因素，包括能力、抗逆力和机会这些因素（Brearley et al.，1982，第82页）。在育儿领域，专业人士倾向于关注孩子受到的"重大伤害"，而不是孩子造成的"重大伤害"，所谓的"重大"取决于个人的年龄和处境以及当前的社会规范。

　　对于犯罪的儿童和青少年来说，风险往往与危险的概念联系在一起，尽管关于健康青少年发展的传统论述将冒险活动和从错误中学习作为成熟的一个基本特征。对年轻人来说，冒险可能是令人愉快的，或者是对无聊的一种回应。但事实上，许多年轻人面临着一系列社会、文化和经济"风险"，虽然这使当代生活特别具有挑战性，但其中许多风险超出了他们可控制的影响范围和能力（Furlong and Cartmel，1997）。

　　在青少年犯罪的实践中，风险往往被定义为"再次犯罪的风险"和"受到伤害的风险"。前者涉及政府对青少年犯罪的关注，尤其是再犯率和一小部分"顽固"罪犯的认定，青少年犯罪的高比例与它们不无关系。从这个意义上说，"风险"和"持久性"被混为一谈，并且持久性和严重度之间的区别并不总是能进行很好的区分。

　　从业人员在管理他们的工作量时经常面临不确定性。然而，现在有一种倾向是把风险和不确定性视为概念上的同义词。风险管理是指，"一种由组织设计的程序，以尽量减少在提供福利或司法服务时可能产生的负面结果"（Gurney，2000，第300页）。虽然人们普遍认为评估和管理风险不是一门精确的科学，但刑事和少年司法政策中倾向于使用这类语言体系，仿佛风险可以以某种方式被准确预测并被"管理"掉——这意味着规避风险比以建设性管理风险的方式满足需求更重要。风险管理可以用来产生一种舒适的客观错觉，改变与从业人员的关系，减少直接与人打交道的时间（Webb，2006）。

如何才能最好地识别、满足和减少詹姆斯的需求和风险？

Gurney（2000）的定义表明，机构内部管理风险的责任往往集中在风险规避上，而对帮助年轻人承担管理他们所面临的和对他人构成的风险的责任往往承担不足。规避风险的做法会增加从业人员和决策者的焦虑，促使他们在年轻人的生活中发现新的风险领域，从而使用更多的控制性的做法而不是一些容易的方法，并带来进一步的风险。风险的语言体系可能会掩盖年轻人面临的社会和个人问题；风险评估可能看起来科学、准确和有效，但实际上只会让一个组织在应对犯罪时失去信任（Horsefield，2003，第 376 页）。

对风险更多的强调如果与公共服务中存在的"责备文化"相结合，就会使人们关注公开的社会管制，强调避免风险，而忽视社会融合这种作为社区福利和安全的一种有效形式。这与那些乐于承担风险、乐于改变和学习的组织形成了鲜明对比——"学习型组织与'责备型组织'或低信任文化是连续统一体的两端"（ADSW，2005，第 12 页）。

不应将未成年人作为干预措施和控制措施的被动接受者来对待，这些干预措施和控制措施基于的是对成年罪犯的做法。在介入和执行方面，风险管理应是适当和公平的，应以良好的评估确定风险和需求因素、以家庭和年轻人的观点和优先事项为指导，同时考虑到服务对象的成熟程度、学习能力和社会技能以及向他们提供的社会支持。试图管理危害风险的举措也带来了重要的问题，即在提供有意义的帮助的同时，可能需要考虑一些经充分解释的限制性条件。

四　评估需求和再犯预测

需求和风险评估的目的是考量是否有证据表明年轻人有可能再次犯罪，以及如何预防或减少这种行为，同时考虑证据表明的可能发生的伤害程度。所有这些都是为了计划干预措施，以最好地协助、预防和减少再犯及其产生的后果，并促进个人和社区的福祉。将干预服务与对需要和风险的回应相匹配是向决策者提供建议的一个基本要素，特别是如何以最佳方式制定强制性措施，并确保服务提供者以及年轻人及其家庭能对干预服务负责。

有一种倾向是把风险定位于年轻人自身，而不是他们所属或希望所属的关系和环境。专业评估可能会在无意中使年轻人坐实"问题饱和"的身份，而这一过程会适得其反。Ungar（2004）认为，评估应该有助于积极自我认同的构建。他强调，一个具有积极的身份意识和能力的年轻人更有可能在困难或令人生畏的环境中表现出抗逆力。

在现实中，从业人员经常面对年轻人，由于一系列原因，他们很少能够有完全行为能力，或拥有完全的权力，或能控制影响他们行为的许多情境因素。虽然这不能成为他们出现犯罪行为的借口，但可以作为理解这些行为的基础。

> 贫困、失业和邻里关系可能会对詹姆斯的犯罪行为产生什么影响？
> 如何通过为年轻人提供当地主流服务和改变更广泛的社会政策来缓解这些问题？

尽管存在缺陷，但需求和风险评估是实践的一个重要方面。它可以支持基于现实假设的建设性行动，即支持根据现有的帮助和机会有可能发生积极的变化。从业人员必须保持一种批判的态度，并将风险管理视为具有风险特征的变更管理，而不是作为监督和帮助时唯一或始终最重要的方面（Franklin，1998）。

预测风险的类型和方法有很多，如技术性的、心理学上的、社会学中的、人类学的和地理学的（Jaeger et al.，2001），这些方法都有很大的局限性。尽管如此，当风险被设想为计算概率时，它往往被表述为客观事实，以及"专家"科学和技术方法的基础。从在社区人口中越来越多地使用心理测量可以看出这一点，因为这些测试往往不是为他们设计和使用的。由此可见，从业人员可能会把自己伪装成"专家"，而不是评估过程中的领导者和参与者。评估应考虑到所具有的象征意义和社会指标，不应使年轻人脱离其社会世界，或将特定的"危险"行为与相关风险和活动的社会背景分开。许多评论者指出，在许多有关风险的文献中，服务对象的观点经常被忽略，而在现实中，服务对象应该被视为在影响自身问题上的具有贡献的"专家"（Stalker，2003）。这是一个合理的实践假设，为了有效，服务对象应该密切参与需求和风险评估，即使在原则上，往往是其他人决定是否可以接受某种风险。

人们普遍认为，没有一种成熟的社会风险模型会同时考虑个人因素与环境因素和社会网络（Gurney，2000）。人们很难认为贫穷和不利条件、住房条件差和健康状况不佳同不可接受的行为一样有害，引入这些因素会被视为在某种程度上为犯罪行为开罪。试图在正式评估中提出更好的综合性需要和风险公式的想法，本身也认为考察和强调那些被视为支持和维持犯罪行为的需要和风险因素是有价值的（犯罪因素）。这是指导计划处理优先社会因素（动态需求与风险）的一个重要方面；这些因素如果可以改变，可能有助于减少犯罪。研究中，这些最常见因素包括：

- 改变反社会的态度和感受；
- 减少与反社会的同伴交往；
- 促进家庭感情／沟通；
- 树立积极的社会榜样；
- 提高自我控制、自我管理和解决问题的能力；
- 用更有利于社会的方法取代说谎、偷窃和攻击行为；
- 减少化学物质的滥用；
- 改变与犯罪行为相关的奖励和成本分配，使非犯罪行为受到年轻人青睐；
- 确保罪犯能够认识到危险的情况，并有具体和精心排练的计划来处理这些情况；
- 正视阻碍有效服务成果的个人和环境因素。

（Andrews et al.，2001）

未来产生暴力犯罪的可能性往往与暴力史、药物滥用和精神健康问题有关（Limandri and Sheridan，1995）。但是，这些特征本身并不是很好的预测指标。重要的是要试着理解它们与其他个人特征和环境因素的相互作用，比如休闲活动和同伴交往。如果周六晚上和朋友喝酒，那么就容易发生"危险"。这些因素必须被视为"犯罪方程式"的一部分，是一种存在于时间、物理空间和社会关系中的社会现象（见第二章）。

从业人员必须与决策者和其他人沟通，让他们知道风险评估是多么容易出错（Quinsey et al., 1998）。在青少年犯罪的背景下，评估工作会进一步复杂化，因为生活过渡本身就具有复杂性，还会受到社区、同伴交往、社会网络、家庭和学校经历的影响，但是所有这些都是正常青少年过渡的大熔炉的重要组成部分。过分强调个体化的"风险"因素可能会掩盖这样一个事实，即评估的对象首先是年轻人，无论是作为社会实体还是法律实体。他们往往缺乏能力和自我效能，至少无法靠自己或在没有帮助的情况下改变影响到他们的环境、社会和家庭条件，而这些条件限制了他们的机会和选择。

五　风险评估方法

为了有效地评估和管理风险，"可靠"（在可能的范围内）的风险评估方法是必要的。风险评估和预测有两种基本方法：临床评估和精算评估。

临床评估本质上是一种诊断评估，部分来源于医学和心理健康模型（Monahan，1981）。这是一项个人评估，由执业人员根据详细的面谈和观察而做出，目的是收集有关过去曾导致不良行为的性格、行为、社会及环境因素的资料。这是在日常报告或监督计划的准备中使用的"专业判断"，在有关评估的社会工作文献中有很好的记录（Higham，2006）。但基于职业判断的预测尤其会受到不可靠性的困扰，部分原因是它严重依赖自我报告数据和个人判断（Quinsey et al., 1998）。可以理解的是，从业人员非常重视基于案例的信息，而不是统计信息，他们做出的判断很可能偏向于个别事件的发生频率（而不是概率）。在一篇连贯的叙述中，专业判断虽然只是任何评价的重要组成部分，但可以从字面上推断出因素之间根本不存在的因果联系。

精算评估起源于保险实务，是基于概率的统计计算。从大量案例中，识别出统计上与风险相关的关键因素，然后根据统计概率进行回顾性验证。这些因素通常被称为静态风险因素，因为它们在很大程度上是不可改变的，并根植于历史和人口因素。评估是基于在类似情况下或具有类似特征的其他人的行为来预测一个人可能的行为的（Farrington and Tarling，1985）。质量、一致性、可靠性和准确性仍然是风险评估中的主要实践问题，并反映在"临床"和"精算"方法相对更优的辩论中。在过去二十年中，衡量和应用风险和需求评估的技术得到了发展，但少年司法工作者却往往继续依靠"直觉"做出可能改变个人生活的决定（Sarri et al.，2001）。

过去几十年，在评估技术稳步发展的过程中，评论人士开始用"代"这一术语来描述评估工具（Bonta，2002）。

第一代评估工具是基于"临床"方法的——依靠专业知识、技能、判断和执行评估的个体从业者的直觉。第二代工具涉及更多的标准化评估，使用精算评估而不是主观判断。通常，这些工具侧重于静态的（不可改变的）风险因素，如第一次被捕的年龄和第一次酗酒或滥用药物的年龄。从统计上来看，这些数据似乎很有说服力，但它们对规划干预没有帮助，而且在提供服务转介以解决已发现的问题方面几乎毫无用处。

第二代工具往往会产生不一致的决定，可能导致不平等，特别是在处理涉及犯罪的年轻人方面。

第三代工具倾向于将静态和动态的风险与需要因素纳入一个更全面的框架，以便更好地指导决策，包括协助决定监督和安置决策的服务种类和水平（Bonta，2002）。此外，需求和风险评估还可以为机构提供关于服务需求与使用的水平和类型的重要综合信息，以及关于服务差距和未满足需求的信息。

第四代工具正在出现，以为其他工具提供补充。这一代措施包括一系列针对满足教育、家庭和同伴关系、药物滥用、性伤害行为和暴力等领域特殊或具体需要的专业工具，以及与心理健康有关的心理测量学（Ferguson，2002）。

六　动态需求风险因素的使用

动态风险因素被广泛地描述为那些随着时间变化的因素，或可以通过干预改变的因素（Quinsey et al.，1998）。虽然人们普遍认为，动态风险因素并不优于静态精算预测，但动态因素在制定干预计划方面的作用现在已得到很好的证明。根据需要和风险评估的动态变量确定权重可能会出现实际问题（Raynor，1997）。犯罪史仍然是再犯的最佳统计预测指标；有多重问题的人依然更有"风险"。动态变量比犯罪史更难衡量，而且往往有不同的来源（包括自我报告数据），评估人员可以对其进行广泛的解释。Hagel（1998）指出，尽管"多重指标可能比单个因素更成功的共识正在形成"（1998，第56页），但动态因素适用于单个案例，而且因素重叠的问题仍然存在。对于许多因素，如药物滥用或武器的使用和获得，虽然一贯与再犯有关，但研究证据仍然"不明"和"不足"（Hagel，1998，第57页）。

个人因素如一般性情或气质，以及认知因素，如缺乏自我控制、冲动、缺乏对受害者的同情心以及高度的敌意和攻击性，已被列为暴力和更严重行为的动态指标（Blackburn，1994）。虽然这些因素在指示潜在的干预重点方面很重要，但它们不能超越过去的经历和罪行而作为预测因素，因此必须谨慎使用。从业人员面临的挑战是，如何区分严重性和持续性，以及如何将这些与维持和支持犯罪的需求水平以及更广泛的社会需求联系起来。

尽管如此，有足够的数据和经验支持区分年轻人，即把他们分为具有"高""中""低"再犯罪风险的人，而不管其局限性（见 Webb，2006）。大多数参与犯罪的年轻人大致可被分为三类：轻微犯罪的人、有与犯罪行为相关的有多重困难的人、严重犯罪的人和惯犯。这种分类的价值不在于预测再犯的准确性，而在于规划干预目的的需求和风险分析。这样可以确保对那些被认为有"中""高"风险的人提供最大的帮助。

> 对于那些被判定为有低、中、高再犯风险的人，分别需要什么样的规定？

七　结合需求评估和风险评估

尽管有越来越多的证据支持第三代和第四代成人和未成年人使用的评估工具，但少年司法的发展很难跟上评估技术的变化。关键是需要用有效的标准化工具取代"旧方法"的评估（Dembo and Walters，2003），同时不丧失传统实践方法的价值。一些文献敦促人们保持谨慎，因为要求实施标准化工具的政治压力导致人们急于采用"新方法"，而使用方式只是工具"从货架上取下来"，并在司法管辖区强制实施，并没有充分准备或注意工作人员接受和同化的需要，或处理与结果可转移等相关的潜在问题（Jones et al.，2001）。结果可能会导致许多挑战，包括从业人员丧失判断力和"所有权"、难以获得高质量的信息、资源限制、耗时的工作量和工作人员对更改的抵制，以及最终不加批判地将工具用作风险预测器而不是做干预计划的辅助工具（Ferguson，2002）。

　　一般的从业人员不需要是统计专家。但是，对精算评估方法的优缺点有基本的了解是很重要的。虽然精算评估似乎比临床评估在统计学上更准确（Quinsey et al.，1998），但它确实比较难。出现的问题可以归结为如下三点。

- 统计谬误
- 较低的基本比率
- 元分析的局限性

　　精算评估方法将个人档案中相似的部分与过去事件的综合知识进行比较，并试图通过"将一个类别的综合属性归于该类别中的某个人"来降低风险的不确定性（Heyman，1997）。这种系统性的缺陷通常被称为"统计谬误"（Dingwall，1989）。在实际操作方面，虽然从业人员可以在"人口类型地图"上找出个别年轻人的特征，但这并不能保证适用于每个人；而且在一定情况下，人口特征不仅因管辖区而异，也因城镇和邻近地区而异。

　　许多预测研究的评论表明，大多数预测得分集中在40%左右（Grubin and Wingate，1996，第353页），最好的平均得分在75%左右。即使这代表着概率的显著改善，但对于那些做出决定的人来说，它仅仅说明了100人中的40~75人有潜在风险。这种方法在任何情况下都无法可靠地进行风险识别。较低的基线率也造成了准确性方面的问题。"基本比率"是指在整个人口中发生某种行为的已知频率，它为类似情况下的行为的精算预测提供了基础。对于基本比率较低的行为，如年轻人卷入严重暴力行为，不了解相关基本比率的预测可能会导致错误（Rice and Harris，1995）。当将元分析作为建立精算预测的首选方法时，困难可能会进一步加剧，因为人口可能不是来自英国。实践上的挑战是巨大的，例如，一些评论人士认为，30 年的"强有力的研究"仍未产生"预测暴力行为所需的科学知识"（Pollock et al., 1989）。

一般观点认为，结合专业判断，并以适当的精算数据为指导，可以得出最佳选择。以临床为基础的访谈在建立显著的人格和情境因素方面仍有重要作用，如果不干预，那么这些因素会触发或加剧危险行为（Limandri and Sheridan, 1995）。以临床为基础的访谈有助于确定个体和象征意义，这对解释行为和计划干预措施很重要。基于方案评价数据和关于什么可能有效的研究结果的做法，将继续依靠作为精算基础工具的一部分的结构化临床判断，例如依靠结构化的行为评级量表。这些数据，加上主要受访者的叙述性数据，极有可能提高研究对严重和暴力罪犯评估预测的准确性和有效性。

很明显，风险评估是一项非常容易出错的工作，很难找到方法为工作人员、机构和公众提供确定性或准确性非常高的评估结果。与此同时，从业人员需要负责将年轻人对他人和对自己的危险降到最低，并确定需要作为有目的干预的重点。在无法保证准确性的情况下，决定能否经受住随后的公众监督的关键是，对年轻人做出的干预决定的"防御性"——在负面结果发生后，如何对决定进行事后评估，以及这些决定是否可以被认为是"合理的"。防御性的评估是指被判定尽可能准确，并且在案件处理被调查时经得起仔细审查（Robinson, 2003）。

防卫需求和风险评估的最低标准可能包括

▶ 已经采取了一切合理的步骤；

▶ 采用了可靠的评估方法；

▶ 信息已经进行收集和彻底评估；

▶ 决策被记录；

▶ 员工按照机构的政策和程序工作；

▶ 员工与他人交流，并且从中获得他们没有的信息。

（Kemshall, 1998）

防御性可能受到人权立法和原则的制约，因此，重要的是评估应透明、负责，以现有最可靠的工具和经验证据为基础，行动计划应与确定的需要和风险水平相称。在最好的情况下，精算评估工具可以为更透明的专业判断和决策提供一个背景和框架。它可以在联合国《儿童权利公约》原则的范围内协助提升"防御性"，不仅可以提供明确证据证明哪些可能对已确定的需要和风险有效，而且可以同样确定未得到满足的需要或早期转介和分阶段干预的缺失。可辩护性本身并不是道德实践的证据，因为可辩护性也可以指向风险规避。防御性本身并不是道德实践的证据，因为它也可以指向风险规避。风险管理如果过于合理化，可能会出现一些为了避免指责的做法，风险最小化和对损害进行限制将取代对社会正义的关注，这实际上会加强对弱势和困难年轻人的行为管控（Webb，2006）。有效的风险评估需要智慧和分析性的深思熟虑，这与刻板的、不加反思的"打钩"方法明显不同。

八 标准化的评估工具

专业和标准化的需求和风险评估工具，如 ASSET 量表（Baker et al.，2003），在英国各司法管辖区广泛使用，以便协助从业人员进行少年司法领域的循证干预，并将资源进行分类以及把资源集中于那些可以改变的优先问题上。使用动态和标准化工具符合"风险原则"的要求，即干预措施的强度、持续时间和顺序与需求和风险水平相匹配，并以合理和透明的方式分配稀缺资源。

例如，让 18 岁以下的未成年人使用 ASSET 量表，可以提升研究人员对与犯罪相关的情况和关键特征的系统评估。它由与持续性犯罪相关的 12 个研究"领域"组成，每项"得分"为 0~4 分，总共 48 分。

评分越高，与犯罪行为的关联性越强；总分越高，则表示再犯风险越高（Burnett and Appleton，2004）。个人因素的分值为优先的需求和风险提供了一份有用的"地图"。一项涉及超过 3000 个案例的 ASSET 量表评估显示，该量表整体评分预测重新定罪的准确率为 67%；可靠性水平被评为良好（Baker et al.，2003）。到目前为止，还没有数据表明该工具在测量随时间而变化方面的有效性。

表 4-1　ASSET 量表涉及的领域

生活方式
家庭和人际关系
对犯罪的态度
生活安排
教育
改变的动力
情感和心理健康
物质滥用
自我感知
邻里
身体健康

ASSET 量表不提供对他人造成严重伤害的风险统计预测或"准诊断"。相反，它的重点是提供一个清单，以帮助从业人员了解在每个个案中支持犯罪行为产生的广泛因素。它的核心概要中有一节是关于对他人造成严重伤害的指标，这可以帮助从业人员进行筛选，突出可能需要更详细的询问和评估的地方。伤害问题必须通过使用额外的辅助手段来解决。在一项研究少年司法从业人员倾向于评估未成年人可能受伤害的因素的研究中，Baker（2007）发现由理论驱动进行信息收集所获得的证据很少，尽管理论和经验的混合方式会影响判决。

从统计上讲，ASSET 量表的预测率是好的，但在个别情况下仍有很高的误差幅度。所有标准化工具都有优点和缺点。大多数标准化工具平均会产生 25% 的"假阳性"（没有风险但被判断为有风险）和 25% 的"假阴性"（有风险但被判断为没有风险）。虽然从统计上来看，这很厉害，但如果你是 25 人中的一个，这就是一个很大的误差范围（Grubin and Wingate，1996）。除了核心工具外，量表还为年轻人提供了一个自己完成的部分（该部分名为"你觉得怎么样？"），以方便这些年轻人直接参与评估。同样重要的是，让年轻人的家庭也参与进来，并利用诸如网络或家庭问题解决会议等方法提供积极的手段，使年轻人及其周围环境能够对评估和规划产生影响、做出贡献，并在可能的情况下指导评估和规划的进行。一些核心领域（如教育、药物滥用和精神健康领域），可能需要其他学科专家的评估和参与。人们会比较关注结构化工具在评估风险方面容纳和尊重的多样性，如性别和种族差异的能力（Robinson，2003）。也有人批评这些工具纵容了一种"打钩"的心态和对负面风险因素的过度依赖。虽然风险评估工具试图反映广泛的"犯罪"需求，包括社区、教育和就业等社会因素，但"需求"的平衡仍然局限于个人和家庭领域。此外，社会因素往往会被重新定义为个人需求，就好像劣势和排斥在某种程度上是选择的问题而不是结构的问题。动态因素的精确加权也有问题。哪种导致犯罪的需求是最重要的，为什么？这种困难往往会因主观偏见而加剧，因为评估过程严重依赖于可获得和看似权威的关键信息，例如学校报告或以前定罪的细节（Raynor，1997）。即使在有证据的情况下，也会有错过或回避证据的诱惑（Baker，2007）。风险评估工具也可能难以证明"多变量效应"，也就是说，它们无法确定动态因素是如何相互作用的，以及风险因素是如何"相互关联"的（Jones，1996，第67页）。

> 为什么在评估风险和需求时尊重多样性很重要？
>
> 如果詹姆斯是女性、穆斯林或最近的波兰移民，他的情况会有什么不同？

这些都是从业人员在使用作为评估的一部分的标准化措施时需要考虑的问题。面对这些"挑战"，我们可以原谅人们质疑使用标准化工具是否值得。然而，使用标准化工具的局限性并不能成为避免使用它的借口；事实上，情况恰恰相反，即它提供了必需批判性地、严格地和透明地使用它的所有理由。批判性地使用标准化工具的理由是有说服力的，可以提高专业能力和创新水平，但不能减少或取代从业人员的判断。

评估工具的设计人员总是强调，这些工具只能作为实践的辅助工具；实际上，只有在实践人员完成它们时，它们才会发挥作用。标准化方法的真正优势不在于其预测的有效性和可靠性，而在于确定哪些领域的从业人员与犯罪行为的矫正密切相关，作为可以接受或质疑的证据，以及那些确定的"需求和风险"可以在多大程度上有意义地纳入行动计划，这种行动计划是动态的、可修订的，服务提供者和服务对象都要对此负责。

新出现的研究证据使我们知道了是什么维持了变化和停滞，是什么支持了更好的个人和社会融合，继续强调个人积极品质的重要性、支持服务对象社会网络内变化的可用资源的质量，以及从业人员在发展收集和分析信息的工作关系方面的素质和技能。

九　全面综合评估

联合国儿童权利委员会和英国儿童立法应确保一系列普遍的"检查"和评估是到位的。但是，有证据表明，最脆弱和最困难的儿童很少接受全面和综合干预规划的帮助。地域问题和职业差异往往导致同一群脆弱的年轻人接受多重评估和单独规划。最具挑战性的问题往往被"传递"给专门机构，而不是为协调和发展的主流条款做出贡献的那些专门机构。

> 公安、检察院或新闻媒体，以及提供儿童保护、教育、社区和休闲、毒品和心理健康等服务的这些机构，在帮助减少詹姆斯的犯罪行为方面应该发挥什么作用？

未来，在英国制定共同的评估议定书有助于提供更好的整体和综合服务，例如制定英格兰、威尔士和北爱尔兰的儿童和青少年共同评估框架（CAF）或制定苏格兰的单一评估计划（SAP）。这些规定要求地方当局为所有18岁以下"有额外需求"的年轻人（包括那些有犯罪行为的人）提供一个共享的评估框架和单一计划。这些服务将在所有儿童服务和学科中使用，包括卫生、教育、社会工作、青少年工作、休闲和社区，以帮助及早发现需求并进行协调，从而为其提供服务。他们强调，在地方政府和合作伙伴之间，产生一种有目的的企业责任感的重要性，以满足身处逆境的儿童的需求，包括那些涉及犯罪行为的儿童。

这些综合框架应支持早期评估需求和包括早年干预在内的早期干预。虽然这种策略放大了困难的风险，但如果其成功了，以后就很难再出现有多重困难和长期或严重犯罪的年轻人在受到少年司法的关注之前未得到过重大的帮助，却要面临强制性的国家干预的情况了——这仍然是一段很长的路。原则上，共同框架应该可以解决广泛的社会需求，同时满足那些被视为维持和导致犯罪的需求，特别是在教育和就业、休闲活动、同伴交往、心理健康和药物滥用方面的需求。

制定单一或相互关联计划的目的是确保合作和避免不必要的重复。反过来，对共享信息的关注需要清楚地了解谁有权领导并要求所有合作伙伴对其贡献负责，并确保顺序、持续时间和强度得到良好协调。诸如"额外的"需求而不是"有针对性的"需求等术语显示出，普遍服务应满足一般的需求，综合评估应提供一种能够对年轻人的生活产生积极影响的渐进式、分阶段和多学科提供服务的途径。

督导不是一个新概念，为有额外需求的儿童建立单一联系点的想法也不是由多个从业人员支持的。20 世纪 60 年代，苏格兰将所谓的基尔布兰登"一扇门"法纳入法律（Whyte，2004）。在实现预期的"领导"和协调方面较少成功地反映出挑战的艰巨性。缺乏提供计划好的服务途径的战略机制，以及专业的"势力范围"问题，削弱了督导或个案管理人的作用，剥夺了他们有意义的协调权力。要想取得成功，需要协议允许供应"复杂组合"，并最终找到一种方法确定不足之处，并"揭发"未满足的需求。

许多犯罪的年轻人会表现出各种各样的问题，包括创伤、依恋问题、失去和分离、自残风险、易受欺凌或虐待，以及表现出将他人置于危险之中的行为。文献中一直在说的缺课或少课的一个原因是缺乏有效的教育提供。例如，一项研究（YJB，2005a）发现，48% 被卷入犯罪的年轻人的教育需求没有得到满足。药物滥用已成为 12~17 岁男孩严重或持续犯罪的关键预测因素（Flood-Page et al.，2000）。尽管长期的证据和成熟的实践经验表明，"阴郁"或"放纵"的年轻人更有可能被卷入暴力犯罪（Honess et al.，2000），但参与少年司法的年轻人通常只能得到有限的与毒品或酒精相关的干预服务。

十　专家评估

对于涉及严重违法行为的一小部分年轻人来说，对他们可能造成的伤害程度的判断将不可避免地决定行动计划中活动的平衡，即谁应该参与、以什么方式参与。当对自己或他人有任何造成重大风险的迹象时，需要对该严重伤害的风险进行详细检查。严重伤害的定义包括，死亡或伤害，也就是威胁生命和（或）心理创伤，并且预计难以、不完全或不可能康复。实际上，从业人员会察觉到服务对象对刀具或武器的痴迷，或对动物的残忍，或对个人的报复欲望等令人不安的行为。

幸运的是，在英国，卷入严重性犯罪和暴力犯罪的年轻人非常罕见，但从业人员仍然面临着特殊的挑战。目前还没有经过验证的精算工具可以评估年轻人陷入性侵害行为的风险。针对这些年轻人的风险评估工具有很多问题，尤其是因为基本比率非常低（也就是说，一般人群中这种行为的频率），而且很难在精算工具中充分确定这些因素。然而，这类罪行和对"严重损害风险"的评估往往会吸引公众的注意力以及吸引媒体对其进行报道。

许多评估工具只考虑静态风险因素（例如，早期生活经历、永久性残疾等），但稳定和动态风险因素（例如，气质、智力等）也同样重要（Longo，2003）。像 J-SOAP（juvenile sex offender assessment protocol，青少年性犯罪者评估规程）（Righthand et al.，2005）和 ERASOR（estimate of risk of adolescent sexual offence recidivism，青少年性犯罪再犯风险评估）（Worling，2004）这样的评估工具的开发工作正在进行。针对 12 岁以下的男孩（EARL-B）或 12 岁以下的女孩（EARL-G）的早期评估风险列表和针对 12 岁至 18 岁的青少年暴力风险的结构性评估（structured assessment of violence risk in youth，SAVRY）在美国实践中已经很成熟。目前在英国使用的最有用的援助可能是评估、干预和继续计划（assessment，intervention and moving-on project，AIM）框架（Griffin and Beech，2004），这是一个临床调整的精算工具。它让年轻人接受四个方面的评估，即具体的犯罪因素、发展问题、家庭和环境。评估的目的是指出年轻人的需要，以及对他们的特殊情况可能有用的干预等级和类型。要记住的是，那些没有经历过性侵犯的年轻人与那些有性伤害行为的年轻人是相似的，而不是不同的。

为所有学科的评估人员提供指导的那些评论往往可以确定一些核心概念，而这些概念可以在罪错未成年人身上体现出来。这些概念包括确定：

- 所涉伤害的性质；
- 规模；
- 急迫性；
- 频率；
- 伤害发生的可能性；
- 可能发生伤害的情境和条件；
- 所谓的损害与国家干预的性质和后果之间的平衡。

最严重的案例可能跨越多机构公共保护管理（multi-agency public protection arrangements，MAPPAs）的领域，以及其风险管理的三层方法，广泛反映出高、中、低风险。MAPPA 协调员应协助多机构风险管理过程，采用及时和有效的方式锁定正确的人员，以交付稳健和可防御的风险管理计划。这种做法的原则被认为是最好的，甚至对没有犯罪的年轻人也适用。虽然他们不能通过正式的 MAPPA 来管理，但在这种情况下，如果一个年轻人被评估为具有高风险，正确的做法是将情况告知该年轻人户籍地（和／或现在的住址）的 MAPPA 和儿童保护协调员，并通知监督安排。

学界对 MAPPA 数十年的研究表明，履行协议本身不会取得成果。任何情况都有风险，风险不能消除，但可以减少。当查明的风险不能由单一机构管理，而且需要和风险足够复杂或严重，需要协调工作时，就需要开展和实施旨在减少风险的多机构评估和计划。即使在很严重的情况下，作为防止家庭破裂的一系列有意义的服务的一部分，计划的核心依然应该是开展活动，以帮助年轻人和他们的家庭或"导师"，管理变化和风险。在这方面，风险管理的主要目标可概括为：

- 减少危害的可能性和影响；
- 保护和警告受害者（包括潜在受害者）；
- 限制服务对象的危险行为以及减少他接触受害者的机会；

- 减少触发风险的因素和个人压力源；
- 尽可能改变服务对象的危险行为；
- 提高服务对象的自我风险管理技巧和应对策略；
- 监测、监视、执行和控制。

（Kemshall，2002）

越来越多的证据表明，犯下"严重罪行"的儿童和年轻人自己经历过性虐待或身体虐待，有过重大的家庭压力，如目睹家庭暴力，或失去父母等创伤性生活经历。需要强调的是，并非所有遭受虐待和失去亲人的儿童都会成为暴力罪犯，而初犯罪行严重的青少年也不一定会继续犯下这类罪行（Boswell，1997；1999）。

与在成年人中进行的类似研究相比，关于心理健康问题或精神障碍和青少年犯罪普遍程度的研究仍然有限。一些预测表明，司法系统中每五个青少年中至少就有一个有明显但不是很严重的心理健康问题（Burns，1999）。研究非常明显地显示出，参与犯罪的年轻人面临着各种各样的心理健康问题。在一项研究中，31%的人有心理健康问题，18%的人患有抑郁症，10%的人患有焦虑症，9%的人在前一个月有自残行为，9%的人患有创伤后应激障碍，7%的人患有多动症，5%的人报告有类似精神病的症状（YJB，2005b）。被认为与年轻人持续犯罪有关的社会因素的证据同样与心理健康问题有关（Mental Health Foundation，2002）。

但有一个问题是，"心理健康问题"（mental health problem）和"精神疾病"（mental illness）这两个术语的用法和定义各不相同。语言的使用和污名化对社会工作者和家庭来说很重要，因为他们担心会进一步给年轻人贴上精神疾病的标签，增加他们被视为"罪犯"和"被照顾"的污名。使用"心理健康问题"一词并不一定意味着年轻人患有可诊断的重大疾病，但确实假定他们受到不良心理健康状况的影响，并足以使其产生问题（Mental Health Foundation，1999）。

有很多原因可以解释为什么在参与犯罪的年轻人中，有心理健康问题的比例很高。有些是巧合，有些是因为反社会行为经常被诊断为"品行障碍"，还有些是因为有把年轻人的社会问题医疗化的倾向。由于机构和学科的设置，如儿童和青少年心理健康服务中心（child and adolescent mental health services,CAMHS）与社会和教育服务学科之间缺乏凝聚力和协调，它们所提供的服务也存在差距或重复的情况。（Audit Commission，1999）。尽管缺乏足够的实践研究，但也有一些令人鼓舞的迹象表明，社区儿童和青少年心理健康服务方面已经进行了投入，以便与其他服务一起帮助非常脆弱的年轻人（Harrington and Bailey，2004）。

儿童和青少年心理健康服务标准（DH，2004）提出了一个综合服务的愿景，即一个犯罪或进入少年司法系统的年轻人不管其是否被拘留还是处于社区监管状态都应该和其他孩子或年轻人一样，享受相同的医疗服务。标准化评估可以为记录心理健康问题和（或）促使转诊到更专业的机构提供重要依据，但这些工具的设计初衷并不是对心理健康问题的迹象进行筛查。使用 SQIFA（一种心理健康筛查问卷）和 SIFA（一种针对青少年的心理健康访谈表）进行的筛查评估可与其他评估工具一起使用（Grisso et al.，2005；Bailey and Tarbuck，2006）。如果在协助社会工作者或其他专业人员决定何时需要进行专家评估或干预方面没有共同的协议，或者综合计划中没有要求专门工作人员及时做出反应，那么这些协议的影响可能是有限的。

十一　制定行动计划：管理改变和风险

从授权到控制，不同风格的改变和风险管理分布在一个连续统一体上。计划中对特定需求和风险因素的强调，不可避免地意在将负面结果最小化，并将潜在利益最大化。这样做的目的是满足需求、便于管理或处理风险，而不是简单地通过试图计算无法计算的风险来避免风险。如果从业人员想要与服务对象发展相互信任的关系和相互尊重的合作关系，对需求和风险做出良好的判断，并开展创造性、创新性和有效的工作，那么他们就需要得到机构和决策者的支持，以"不确定性专家"的身份开展工作。

标准化的工具鼓励从业人员做出清晰和合理的评估。然而，由于其过于强调清单的完成，以及建立和评价与再次犯罪相关的个人风险因素，忽略了过程中更关键的部分，即明确支持评估的证据并将评估结果转化为实际行动计划。与年轻人一起制定复杂的计划，往往会遇到不情愿的、受到伤害的或者危险的年轻人，因此为了实现多个目标（其中一些目标彼此之间关系紧张），总是会有重大的实践挑战。有效的多学科案例管理（见第九章）不能被简单化，而是需要良好的战略规划系统，以支持和指导从业人员。

有效的改变管理需要通过分阶段和逐步的方式进行监督和提供服务，以确保向最需要的人提供最相关的方法，并需要有效的审查机制，以确保激励、参与、资源供应、服从、监测和评价得到解决。在最严重的情况下，监测可能涉及电子监视。

没有理想或完美的计划框架，生活计划一方面可以实现赋权和自我效能，另一方面可以帮助工作人员在规定的框架内进行监管（Webb，2006）。尽管如此，任何计划都必须明确并解决以前文献中确定的关键问题。行动计划框架（见表4-2）的目的不是要成为行动计划的模板，只是列出计划中应包括的关键要素的概要框架，以便使计划有意义。

一个好的行动计划应该确保实践在确定需求和要处理的风险的优先次序方面是循证的。改变管理应基于行为和环境方面对需求和风险的具体描述，而不是笼统的标签，并与可能实现所确定的改变的条目种类相联系。短期和长期目标很重要，它们可以帮助人们认识到干预措施的顺序、强度和持续时间等关键问题，以确保能采取关键步骤，支持短期改变和长期犯罪中止。在关键领域的积极改变并不能保证犯罪行为会减少，但减少犯罪行为很可能伴随改变而来，甚至在某些情况下在做出改变之前犯罪行为就减少了。

预期改变的时间安排必须切合实际并与目标相关。在建立个人"人力资本"方面，获取知识、理解、态度改变和技能可能是相对短期的成就。在积极的社会团体的支持下，利用这些成就来帮助长期维持改变的机会，很可能需要更长的时间才能实现。"减少"违规行为不太可能意味着在短期或中期就突然"停止"违法行为；因此应向决策者提供短期改变的证据，以避免采取可能会破坏改变过程的干预形式，尤其是拘留的使用，这可能导致行动计划的失败。对于长期存在多重困难的年轻人来说，他们不太可能在几个月甚至几年的时间里，就能通过更好的个人和社会融合改变自己的生活，停止犯罪。

> 为什么社区强制命令可以帮助实现詹姆斯行动计划中设定的目标？

表 4-2 行动计划框架纲要

标准工具和其他问题	SMART 和 SMARTER 的目标	服务和顺序	实施和强度	局限性	措施	持续时间	证据
需要和风险是什么？	你的目标是什么？	为了实现每个目标，需要做哪些工作，顺序是什么？	谁会做什么，多久做一次？	有哪些服务缺口或未满足的需求？	如何衡量每个目标的变化或进展？	工作和评审的投入水平和时间安排是怎样的？	下次审查需要什么证据？

注：SMART= 明确性（specific），可衡量性（measurable），可达成性（achievable），相关性（relevant），时限性（time-limited）（Talbot，1996）；

SMARTER= 明确性（specific），可衡量性（measurable），可达成性（achievable），相关性（relevant），时限性（time-limited），可评估性（evaluated），资源性（resourced）。

十二 结论

几代人以来，有关未成年人犯罪的政策一直强调多学科和整个机构责任的重要性。事实证明，如果没有通过定期和有组织的审查将问责制框架纳入行动规划进程，这是很难做并且几乎不可能实现的。这些措施应该有助于取得进展，让服务提供者对提供的服务负责，并能够发现和报告服务失败、未满足的需求和不足，同时让年轻人和家庭负起责任。我们应将干预措施纳入更广泛的改变和风险管理策略中，以确保监测、监督和采取适当行动，执行制定好的计划并约束不适当的行为。

关于主动承担风险的书面实践记录很少，需要人们了解更多的保护性因素，例如，什么可以保护大多数人免受潜在危险（Parsloe，1999）。在那些提供少年司法服务的大型和分散的公共组织中，机构所发布的导向和政策与该领域的实践现实之间往往存在显著的差异。有效的战略方法应帮助专业人员发挥更大的协同作用，也应支持从业人员和直接合作的服务规划者发挥协同作用。风险是一个无处不在的现象，社会工作需要寻找更好的实践模式，使其在伦理上是有效的，在功能上是负责任的，以避免陷入管理主义（Webb，2006）。虽然风险因素预防模式"易于理解和沟通，并容易被决策者、业界和公众所接受"，但从业人员更应该谨慎行事，因为风险因素预防模式会简单地将犯罪行为个人化，表明风险因素是可以由个人"改变"的，而不是通过社会的努力改变的。事实上，在现实中，绝大多数的"风险因素"似乎都会超出个人的控制。虽然以预防和中止为目的的做法需要个人做出改变，但有效做法的重点应该是发展能力和抗逆力，而不是改变生活环境本身，因为这些能力可以协助年轻人应对和管理他们的生活环境。这些不应仅仅作为个人责任的问题，而应作为社会正义范围内的共同责任（Brown，2005，第101页）。

┤┝ 关键问题 ┤┝

1. 少年司法社工督导的角色和责任是什么？

2. 什么样的需求和风险水平不太可能是少年司法专业机构的优先事项，但可能表明需要其他儿童和家庭服务的帮助？

3. 如果有的话，多机构公共保护管理（MAPPAs）在少年司法实践中有什么作用和目的？

4. 儿童保护结构体系和MAPPAs在哪些方面可能会有重叠？

5. 贫困和邻里对评估需求和风险有什么影响？

6. 反社会行为容易落入哪些陷阱？如何才能避免呢？

┤┝ 练习 ┤┝

用一个你知道的案例或詹姆斯的案例完成行动计划框架纲要（见表4-2）

ABC风险评估模型练习（Kemshall，2002）

你的团队使用了什么风险评估工具？

正式的风险评估有什么优点和缺点，有什么机制？

以本章开头的詹姆斯的案例或者你知道的案例为例，使用下面的ABC风险评估模型来确定该案例中可能的水平和风险的性质。

试着回答下面风险评估表中的问题。

要进行彻底的风险评估，你还需要其他什么信息？你是否有足够的关于过往经历、行为和条件的信息？

为你的报告拟定一段风险评估，包括减少风险的建议干预措施。

ABC 风险评估模型

1. 过往经历（模式）

收集有关以前的定罪和行为史的信息。

这一信息可以解决"是否有可能再次犯罪？"的问题。

所使用的指标通常是精算的。

2. 行为

收集有关行为特征和学习回应的信息。

这些信息可以解决"是否有可能再次犯罪？"以及"为什么会这样？"这些问题。

所使用的指标通常是精算和临床的。

3. 条件

收集有关情境触发因素、压力源、条件和行为环境的信息。

这些信息可以解决"是否有可能再次犯罪？""什么时候，在什么条件下？"这些问题。

所使用的指标通常是临床的。

风险评估计划（Kemshall，1996）

通常预测指标的内容有哪些？如初次转介或定罪时的性别、年龄；以前的罪行数目；严重的罪行记录。

具体风险指标是什么？具体风险是什么？对谁有风险？

风险的后果是什么？谁承受后果？

有什么其他社会需求？

（服务对象、其他人和环境）现有的优势。

评估当前的风险水平：从 1 到 5 打分（1 分风险最低）。

现有的危险是什么？

如何采取行动将危害降到最低？

> 如何采取行动扩大优势？
>
> 有什么其他建议？（包括初步的个案计划，其中可以反映风险、需求和优势；包括已确定的风险水平的证据）

推荐阅读和参考资料

Kemshall H. (2008), Risks, Rights and Justice: Understanding and Responding to Youth Risk, *Youth Justice*, Vol. 8, pp. 21-37.

Haines K. and Case S. (2008), The Rhetoric and Reality of the "Risk Factor Prevention Paradigm" Approach to Preventing and Reducing Youth Offending, *Youth Justice*, Vol. 8, No. 1, pp. 5-20.

Howell J. and Hawkins J. (1998), Prevention of Youth Violence, in M. Tonry, M. Moore (eds.) *Youth Violence*, Chicago, IL: University of Chicago Press.

Guerra N. and Slaby R. (1990), Cognitive Mediators of Aggression in Adolescent Offenders: Intervention, *Developmental Psychology*, Vol. 26, No. 2, pp. 269-77.

第五章

早期干预与恢复性实践

一　介绍

大多数英国司法管辖区都声称，在原则上，他们正在少年司法中寻求一种平衡，这种平衡混合了以"每个儿童都重要"（Every Child Matter，ECM；HM Treasury，2003）和"正确对待每一个儿童"（Get It Right For Every Child，GIRFEC；Scottish Executive，2004）的理念为框架的儿童福利概念，尽管实验性证据并不总是在实践中支持这种平衡。这些目标明确旨在培养儿童成为自信、高效、成功和有责任心的人，并且能够得到安全、抚养、健康、成功、尊重、责任感和包容心，这些词语列举起来简单，但实现起来很难。这种对加强预防、照顾和保护的政策强调，一般是提供更全面、更综合、更协调服务方法的一部分，这种方法同犯罪相关工作一起致力于处理儿童能力和潜力问题、其所处的社会环境问题，以及最重要的是，这二者之间的相互作用问题。

根据联合国《儿童权利公约》的要求，今后几年，司法服务很可能成为预防性的儿童和家庭服务与以犯罪为中心的干预之间的桥梁。少年司法从业人员正面临挑战，他们需要确保每个儿童都真的被重视，即使他们当中有人触犯了法律，并且还要确保这些儿童的观点在以其利益最大化为导向的决策过程中被听取。实践中的挑战是在普遍性服务、针对弱势群体的普遍性服务和专门以犯罪为中心的干预服务中找到平衡，以便使早期干预不会对弱势少年群体产生"法网扩张效应"①（net-widening effect）。

---

① 译者注："即将一些并无犯事，或证据不足，本应无条件释放的青少年当作罪犯，以警司警诫处理，从而留有被训诫的记录，最终扩大了司法人员介入青少年日常生活的程度。"转引自倪钦阳《阐释警司警诫令青少年跟进服务之发展》，载李冠美、吕慧敏主编《展翅上腾——探索先导青少年服务的新路向》，寻道术理书室，2001。

┌───┐

‑‑‑‑‑ **案例思考：初犯少年** ●‑‑‑‑‑‑‑‑‑‑‑‑‑‑‑‑‑‑‑‑‑‑‑‑‑‑‑‑‑‑‑‑‑‑‑‑

　　10 岁的莎拉在商店行窃时被抓。这是她第一次进入警察的视线，之后她被带到了派出所。莎拉和妈妈还有 7 岁的弟弟一起住在政府提供的保障性住房中。6 个月前父亲离家再婚之后莎拉就再也没见过他。但她知道父亲又有了一个孩子。莎拉在学校里一直不安分且孤僻。她似乎不受欢迎，与人相处并不融洽且一直受到霸凌。

　　思考一下在你所在的司法辖区内，可以采取哪些方法处理莎拉的偷盗行为？

└───┘

二　早发性

　　在所有针对触法青少年的处理方法中，早期有效干预的推行，为少年司法从业人员带来了机遇、挑战和风险。早期援助必须考虑到不适当早期干预带来的真实风险，因为早期干预可能会巩固和增加困难。一些评论人士指出，英国司法辖区多年来提供的实践模式主要是带有非正确服务的司法转向（diversion）——这是一种不充分版本的彻底不干预（Prior and Paris，2006）。"彻底不干预"十分重要（Schur，1973），特别是对于轻微罪行来说，让家庭自行解决问题可以避免因不适当干预而造成的更大伤害。

　　但是，在规避风险的社会风气之下，警察和其他公共服务机构都倾向于对轻微罪行采取正式制裁。孩童之间的小冲突可能是童年经历的构成要素。不能用这些经历来预测未来的犯罪行为或反社会行为，但能帮助孩子理解塑造社会行为的规范和惯例。不干预应该在有经验且合理的前提下进行，即家庭问题解决的效果可能是持久的，许多年轻人在这之后可能只需要很少的帮助就能成长并摆脱犯罪。但是，一些人的不愿和不做可能会错失在早期阶段接受建设性和积极帮助的机会，特别是对于那些具有复杂需求的儿童来说。

　　困难在何处以及如何被"拾起"并得到回应将对结果产生影响。在文献资料中，有一些显著的"标记"可以帮助从业人员决定何时不为其提供专业帮助。对一些年轻人来说，早期的问题行为，包括反社会行为和犯罪活动，再加上其他多重不利因素，可能成为以后产生困难的警示信号（Rutter et al.，1998）。早期的犯罪参与或反社会行为可能是前往更严重、更暴力且持续犯罪道路的"方向牌"。一项美国青少年的调查研究显示，12 岁以下有过犯罪行为或参与过反社会行为活动的青少年，其继续犯罪的风险是那些较晚开始犯罪的青少年的 2~3 倍（McGarrell，2001）。但是，孩子们通常不会犯下特别严重和暴力的罪行，并且他们通常还未形成犯罪行为的长期模式，因此当他们需要帮助或关注时，得到的回应往往有限。

表 5-1　15~25 岁犯有暴力或严重罪行青少年在 6~11 岁和
12~14 岁年龄段的影响因素排名

6~11 岁的影响因素	12~14 岁的影响因素
第一等级组	
一般犯罪（0.38） 物质滥用（0.30）	社会关系（0.39） 反社会的同辈群体（0.37）
第二等级组	
性别（男）（0.26） 家庭社会经济地位（0.24） 反社会的父母（0.23）	一般犯罪（0.26）
第三等级组	
侵害（0.21） 种族（0.20）	侵害（0.19） 校内态度/表现（0.19） 心理状态（0.19） 亲子关系（0.19） 性别（男）（0.19） 躯体暴力（0.18）
第四等级组	
心理状态（0.15） 亲子关系（0.15） 社会关系（0.15） 问题行为（0.13） 校内态度/表现（0.13） 身体特征（0.13） 智力（0.12） 其他家庭特征（0.12）	反社会的父母（0.16） 个人犯罪行为（0.14） 问题行为（0.12） 智力（0.11）

续表

6~11 岁的影响因素	12~14 岁的影响因素
第五等级组	
破碎的家庭（0.9） 家庭虐待（0.7） 反社会的同辈群体（0.04）	破碎的家庭（0.10） 家庭社会经济地位（0.10） 家庭虐待（0.09） 其他家庭特征（0.08） 物质滥用（0.06） 种族（0.04）

注：括号中的值是影响因素与结果之间的平均相关性，调整后与来源研究的相关方法学特征相等。

资料来源：Lipsey and Derzon（1998）。

许多研究已经注意到，问题行为往往在儿童的早期就开始了，这些问题往往发生在有性格障碍的幼儿和缺乏经验或脆弱的父母之间。这可能会导致一种早发的恶性循环，即父母无效的监督和纪律要求无意中增强了学龄前儿童的困难。有人认为，早发组不仅不同，而且与青少年早发组相比，儿童组的需求更"可预测"，更容易识别（Patterson and Yoerger，1997）。Patterson（1996）认为，这通常存在于具有喜怒无常风险和高压性养育混合的背景下。Dunedin 的纵向研究发现，在孩子的早期生活中，不良的父母教养方式会使他们出现不良行为的可能性增加 2 倍，而且对于那些脾气暴躁的孩子来说，不良行为的出现是其未来是否犯罪的一个特别重要的预测因素（Henry et al.，1996）。

Patterson 的"强迫模式"（Patterson and Yoerger，1997）追溯了一个发展过程，即从孩子蹒跚学步阶段开始，到学前和小学阶段的转变。例如，它描述了婴儿期持续寻求注意的行为，这些行为反过来导致他在 24 个月大时出现不服从和攻击行为，其结果是，到孩子开始上学时，明显的反社会行为往往已经形成。而在小学，这些获得注意力的"成功"策略往往会发展为说谎、偷窃、作弊和逃学。缺乏吸引老师或同伴的正确的社交技能，可能意味着这些孩子变得孤立，不受欢迎，不能很好地融入集体，并且被其他孩子排斥，这反过来导致他们倾向于与同样被孤立的同伴相处。

许多儿童入学时在教育上已经处于不利地位，有报告称，与反社会行为有关的三个主要危险因素在小学阶段就已然显现。这些问题包括持续的身体攻击行为、打架和欺凌（Farrington，1996），糟糕的学习成绩（Maguin and Loeber，1996），以及对学校投入的参与程度低（Dreyfoos，1990）。

三　反社会行为与保护性社区

英国工党领导的政府承诺将"在一代人的时间内"解决儿童贫困问题，并对此投入大量资金，将其作为一项长期策略。然而，迄今为止这一举措的影响仍然有限。人们对与反社会行为有关的强制性早期干预措施的强调，反映了政治话语从需要帮助的儿童和福利面向的策略向矫正主义、个人责任和惩罚的转变。

在一些地区，对反社会行为矫正的实践似乎落入了以儿童的需要或权利的满足为框架进行运作的陷阱中，这让情况非但没有变好，反而变得更糟（Wain，2007）。除非通过现有的儿童保育系统，否则早期干预措施可能会促使儿童和年轻人进行犯罪。

根据儿童法相关规定，地方当局有责任提供协调一致的规定，这些规定需要能够在综合情况下针对弱势儿童和家庭有效地处理反社会行为。而它的挑战在于，确保对弱势儿童和家庭有约束力的规定同样对包括服务提供者在内的所有方都有约束力，从而使早期干预具有相关性和有效性。

NACRO（2003）提出警告，反社会行为的实施手段可能与英格兰和威尔士年轻人拘留率的上升有关。该报告认为，对青少年犯罪采取强硬态度的明显决心起到了反作用，"对所有犯罪分子逐渐严厉的惩罚与对触法儿童特别低的包容度之间相互关联"（Nacro，2003，第 11 页）。

研究表明，多数监狱服刑人员在儿童早期发展阶段遇到过困难。在一项研究中，与普通人群相比，监狱服刑人员在儿童时期受到照管（care）[1]的可能性要高出 13 倍；经常逃学的可能性要高出 10 倍；失业的可能性要高出 13 倍；家庭成员中犯有刑事罪行的人的可能性高出 2.5 倍；成为一个年轻的父亲的可能性高出 6 倍；艾滋病阳性的可能性高出 15 倍（Social

---

① 译者注：由于父母去世或无法接受适当照顾而由政府组织的照管。

Exclusion Unit，2002）。在基本技能方面，拥有 11 岁儿童的写作水平的占比为 80%，计算水平的占比为 65%，阅读水平的占比为 50%；70% 的人在入狱前曾吸毒；70% 的人至少有两种精神障碍；20% 的男性囚犯曾试图自杀；37% 的女性囚犯曾试图自杀。酒精和药物滥用与犯罪之间有显著的关系。Houchin（2005）发现，截至 2003 年 6 月 30 日晚，在巴林尼监狱一半的囚犯家庭里，只涉及受地方政府监管的 1222 个地区中的 155 个。

理解犯罪作为一种社会现象的本质，以及理解违法人员的发展需求和社会特征是很重要的。对许多年轻人来说，犯罪是令人兴奋和愉快的。犯罪是发生在社会环境中的，它提供了同伴的认可，并增强自尊，尽管是一种消极的性质。研究表明，这些年轻人中的许多人有传统的抱负，因此干预必须提供机会，让他们有机会在社会实现自己的抱负（Loucks et al.，2000）。最有效的早期干预形式将专注在儿童、青少年及其家庭的广泛和关联的社会和福利需要上。其实践必须在适当时采取以犯罪和恢复性为中心的模式。

四　早期预防措施

关键的过渡时间点是很重要的，因为儿童在这时可能更容易走上"歧途"，但也同样容易接受预防性干预（Prior and Paris，2006）。这些时间点具有作为普遍"介入点"的可能性，即通过对（所有）幼儿（5 岁以下）进行健康访问，以及小学（5~8 岁）和中学（11~13 岁）过渡阶段的教育，贯穿整个生命历程，为离开学校（15 岁以上）和步入社会做准备。在这些过渡时间点，儿童和青少年通常要接受某种形式的通用专业评估，这可以在他们被评估为"危险"等级之前，及早进行积极的介入。事实证明，在风险等级较低时提供的干预措施（如简单和短期的干预，提供建议和信息等），可以增加父母的知识并且改善他们的行为。在风险等级较高时，长时间的社会教育或社会认知学习与行为干预一起，结合随访和强化课程的措施已显示出令人鼓舞的结果。

研究显示，六大类犯罪预防方案的结果是积极的（Farrington and Welsh，2003）。这些服务包括使用社会模拟技术直接为父母和幼儿提供家访服务；为 5 岁以下儿童提供日托和学前服务；指导小学阶段儿童的发展工作、亲职培训并提供以学校为基础的教育；为年龄较大的儿童和青少年提供家庭或社区方案，并开展结构性的家庭工作；以及为 15 岁以上的青少年提供多系统干预措施，并纳入和整合许多其他方案。而以技能为基础的亲职培训似乎最有效，以学校为基础的方案似乎效果最差。

提供这些普遍性服务的时间，应在反社会行为因为同伴交往和青春期后期更进一步的学习不良而被巩固之前，这样可以最大限度地减少被污名化的风险。普遍的"介入点"为尽早对儿童进行干预提供了积极的背景，这与针对青少年反社会群体和以犯罪为重点的策略倾向截然不同，后者传达的是"抓住他们，揪出他们"。早期干预的经验让服务方案设计者和从业人员了解到方案完整的重要性。当从业者处于压力之下且没有接受良好的支持性督导帮助时，项目运行偏离预期也就不难理解了。然而，即使花费了大量资源，但只要这些被证实为是有效的、有意或无意间使用的方法，在新的"混合"服务项目中未出现，项目运行的机构就有可能走上歧路。

佩里学前教育方案是针对犯罪和犯罪风险因素进行特别积极的长期干预的典范（Schweinhart and Weikart，1997）。方案是同时针对高风险和低风险等级的父母和儿童，它将早期儿童教育与每周家访结合起来，提供育儿援助和模式。方案成功的核心在于，由训练有素的志愿者或有经验的专业人士（如卫生视察员和社会工作者），提供基于社会模式的家访工作。他们演示如何对幼儿进行养育，有时也会围线基本的儿童养育技巧，对幼儿的父母进行培训。它的政治吸引力在于，据估计，在该项目上每花 1 美元，从长远来看就能节省 7 美元的公共资金——这是每个应用研究人员或实践者都希望实现的关键部分。这些令人鼓舞的发现促进了英国一系列服务的发展，包括"确定起步"（sure start）、"家庭起步"（home start）和"健康起步"（health start）这些项目。

成功的关键因素在于密集的家访和采用的家庭社会模式的方法，这些因素已被证明最可能在项目推出后被"淡忘"，它们通常被机构中心式的方案取代。最近在美国进行的两项独立的、关于早期和学前幼儿机构中心式照管的长期影响的研究报告称，早期的机构中心式的托儿经历与儿童后期问题行为的增加显著相关，而不是减少（Belsky et al.，2007；Loeb et al.，2007）。Loeb 等（2007）声称，孩子进入育托中心的年龄越小，产生负面行为的可能性就越大。除了环境和方法，还有许多因素在起作用；尽管如此，研究结果表明，低风险的负面行为可能是由幼儿（尤其是脆弱的幼儿）在不良回应的家庭背景下争夺注意力而"助长"的。

英国针对弱势家庭的儿童和家庭本身投入了大量资金，因此这些研究得出的结果非常重要。很明显，机构中心式的儿童保育，虽然在认知结果方面有一些潜在的好处，但对脆弱的年龄群体来说它并不一定是一个理想的方案，除非所采用的方法能够满足个别家长和孩子的具体需要。这些证据再次强调，干预不能保证得到良好的结果，除非它是实现所设定的目标的恰当的干预方式。

多层次、预防性的"3P 积极养育项目"（triple-P positive parenting programme）等办法克服了这些意想不到的消极后果。该项目分五个层次为有孩子的父母提供从孩子出生到 16 岁的干预，包括从普遍发布育儿信息到密集的家庭行为干预。"3P 积极养育项目"的不同干预层次已经经过严格的评估，并被认为在减少儿童行为问题方面是成功的，尽管它作为一种人口发展策略的有效性还有待确定（Bunting，2004，第 338、339 页）。

Tunstill 等（2007）在一项基于社区的项目评估中提到，家长们发现"韦伯斯特 - 斯特拉顿父母和儿童项目"同样有帮助和挑战性，他们希望在识字方面得到更多的帮助。家长们很喜欢与其他使用相同服务的家长见面交流，他们有机会与其他有类似情况的家长分享他们的经验和困难，他们也很欣赏由家长主持的非正式会议，这让他们可以与其他家长"闲聊"。当孩子很小，反社会、攻击性或犯罪行为尚未完全发展之前，针对家庭和父母干预的有效性似乎呈指数增长（Webster-Stratton and Hancock，1998）。研究结果强调了对父母进行适当评估的必要性，以便为那些可能难以满足需求的人提供支持和关注。

以学校为基础的项目，如"同理心的根源"（Gordon，2005），旨在发展同理心，将其作为提升沟通技能和情感读写能力的一种方式，并减轻基础教育年龄阶段儿童与社会排斥相关的压力和焦虑。该项目将母亲和年幼的儿童带入教室，在一段时间内，由一名教师指导孩子观察亲子互动。"年幼的儿童是人类发展的实验室"，通过这种方式，儿童可以学习、反思行为和发展，这可能会对他们自己的行为产生影响。"同理心是被领会的（caught），而不是传授的（taught）。"这一项目的口号反映了对经验学习重要性的强调。

必须以非常谨慎的态度来考量这些证据，因为它没有为每个年龄和每个阶段所需的普遍服务、有针对性服务和特殊服务的最佳"组合"提供一个明确的公式，也没有提供方法以避免标签、污名化、净扩大和偏差放大等意想不到的后果。在制定和实施干预措施方面，"性别方法"仍然发展得不够充分。

> 什么样的方法可以有效地帮助莎拉不再出现不良行为？

虽然大多数少年司法专家不可能作为领导人员参与早期干预，但要知道，当儿童和青少年出现在少年司法系统时，其他的服务提供者往往在其更年幼的时候就认识他们了。

父母的有效参与是解决儿童和青少年问题的关键因素，正是在这种情况下，才能体现出对父母使用强制和抚养令的价值。有人认为，在服务对象不打算合作、协作或改变的情况下，试图让他们配合项目中的出席条款，很可能导致服务对象进行"敷衍"（Yatchmenoff，2005）。然而，现有许多研究参与度的文献都是基于专业的评论，而不是经验证据。

> 哪些障碍可能使莎拉的父母不参与你认为会对莎拉有帮助的服务和干预？如何才能克服这些障碍？

服务对象父母的配合有不同的水平等级，包括法律上和技术上的配合，有些不一定有意义和有目的，但配合最终还是需要长期持续的变化。几乎没有公开的数据说明不太可能参与服务的人的特征，也很少或根本没有探讨这一群体对参与服务和干预措施的阻碍和态度的看法。一方面，关于参与的研究强调了一些对家庭来说相对容易克服的障碍。包括服务提供者个人的工作方式和介入时机，例如，如果一个过于热心的工作者试图快速且大量地处理服务对象的家庭问题，有可能会使服务对象的家庭成员面临很大的压力（Pearson and Thurston，2006）。其他阻碍参与的因素包括父母的种族背景、单亲家庭和缺乏家庭支持网络、父母的年龄、孩子的年龄以及反社会行为的严重程度和反社会行为史。

关于社会工作实践的研究也发现，人们存在系统性排斥父亲的倾向，并且对男性和女性角色的评估可能"充斥着性别假设"（Taylor and Daniel，2000）。实际的障碍，如亲职课程的时间安排或交通不便，都可能对家庭参与造成障碍。抚养方案（parenting programme）往往针对没有工作和收入的父母，因此，那些有工作的父母实际上会被排除在参与之外。Gordon（2002）认为，参与的责任在于服务机构和从业者，而不是服务对象。法律强制的参与制度会使服务对象和工作者之间的有效沟通产生障碍。强制不利于具有脆弱和不信任属性的父母的有效参与，并可能产生沟通障碍，阻碍行动方案的开展，无法解决服务对象的问题（Petras et al.，2002）。

权力关系的不平衡会影响服务对象父母对工作者和参与的态度。对于遭遇多重困难的弱势家庭，地方当局的权力会显得"不屈不挠"（Dumbrill，2006）。Spratt 和 Callan（2004）发现，尽管会对不必要或不适当的干预感到不满，但有服务对象的家人称他们无法质疑或挑战社会工作者的观点。他们会担心社会工作者对他们的方法评头论足，过于苛刻，也担心社会工作者会把干预强加在他们身上。但如果服务对象的家人认为障碍很少，即使实际上存在大量障碍，他们的"乐观主义"也可以支持他们更多地参与其中（Morawska and Sanders，2006）。否则，在这种情况下，父母的反应有两种：一种是"战斗"（fight），公开挑战工作者（有时在正式程序中）；另一种是"玩游戏"（play the game），假装合作或脱离（逃跑）。服务对象的父母和社会工作者之间的协作，可以在确定目标和规划他们所得到的支持方面发挥积极作用，也可以说是服务对象本人参与的关键因素。

莎拉和她的家人有哪些权利？

五　受害、抗逆力与保护

从经验来看，只要不是参与反社会或犯罪活动的未成年人，他们就很难长期作为单纯的"受害者"或"坏人"而存在。未成年人很容易就会变成受害者和罪犯，这种人为的二分法对他们并不适用。许多儿童成长相关的文献指出，忽视潜在风险和保护性因素与潜在破坏性或犯罪行为的已知风险和保护性因素相似。被忽视的儿童往往在其生命发展周期的不同阶段表现出各种情感、社会心理和行为问题，包括在学校的学习和社交问题（DePanfilis，2006）。例如，无法控制情绪或冲动，与兄弟姐妹或同学相处有困难，在社交或情感上的行为与他们的年龄不相称，表现冷淡及应对技巧欠佳，酒精或药物滥用。关于反社会行为、忽视和虐待之间相互关系的确切机制的研究仍然有限。

> 如果莎拉以反社会和犯罪行为闻名，或者她是儿童保护组织的对象，那么你和她合作的方式会有哪些不同？

　　虽然虐待不一定是犯罪行为的预测因素，即使是，也不能完全成为犯罪出现的借口，但参与犯罪的年轻人，特别是那些犯下暴力罪行的年轻人，在童年时期似乎遭受过严重的忽视、虐待和创伤。早期依恋缺失的影响往往过些年才会出现。受害儿童和犯罪青少年往往是同一类人，他们处于生命周期的不同阶段。

　　研究表明，多达三分之一的犯罪青少年曾遭受过虐待（Weatherburn and Lind，1997）。在一项对 465 名年轻人的研究中，他们初次犯罪的平均年龄是 10 岁；超过 30% 的人已经被认为有可能成为受害者，特别是被虐待的受害者（Whyte，2004）。另一项纵向研究发现，在 12 岁时的受害经历与随后的犯罪行为有很强的关联，并且受害预示着三年后的犯罪行为（Smith，2004）。对 14 岁和 15 岁的青少年的跟踪调查发现，曾经是五种犯罪受害者的青少年犯罪率比其他青少年"高 7 倍"（Smith，2004）。持械攻击和抢劫的受害者往往最能与后来的犯罪行为联系在一起。最重要的因素解释了受害和犯罪之间的联系，包括参与危险的活动和社会交往。研究得出的结论是，受害和犯罪是"相同的社会环境、社会互动、行为模式和个人特征的两个方面"（Smith，2004）。

　　社会工作对抗逆力概念的兴趣越来越浓。并非所有暴露于多种风险因素的儿童和青少年都会成为罪犯或出现反社会行为，也并非所有犯罪或出现反社会行为的儿童和青少年都在社会经济困难中长大。研究强调，年轻人的生活中有一些重要方面可以保护他们避免风险，个人和社会因素与犯罪的可能性密切相关（Kirby and Fraser，1998；Newman and Blackburn，2002）。由于环境和经历，许多年轻人的"潜力"和能力往往未得到充分开发。

童年抗逆力一般被认为由个体特征和能力组合产生，或者作为影响人际交往过程的结果，减轻了威胁儿童健康和福祉的生理、心理和社会因素的影响。Fraser 和 Galinsky（1997）把抗逆力定义为：

> ……一个人成长过程中的风险和保护因素之间的相互作用，它的中断和逆转可能是有害的过程。

抗逆力可以通过个人特征、家庭因素或家庭外环境的形式出现，社会工作者可以利用现有优势和减少风险因素来加强抗逆力（Jackson，2000）。正如风险可以累积一样，累积保护被认为可以减少和缓和许多与社会和健康问题有关的风险。坚强的气质或积极的社会取向，积极、温暖的人际关系，与家人的亲密关系，老师和其他成年人的鼓励和承认，以及与同事亲密的友情等个人特征可以作为保护性因素，减少风险的影响或改变孩子回应的方式。

关于儿童抗逆力的研究记录了一长串与积极结果相关的特征，并表明儿童成长过程中存在一些保护机制。保护机制是促进有利结果出现的过程和因素。根据 Rutter 等（1998）的研究，包括下面列出的八种保护机制。

- 通过成功应对的经验，降低孩子对风险的敏感度；
- 减少潜在的危险因素对孩子的影响，如在高犯罪率地区的父母要充分监管孩子的社会活动；
- 减少负面连锁反应，以避免家庭冲突等问题导致家庭破裂；
- 增加正面连锁反应，当家庭遇到危机时，家庭成员团结在一起，相互支持；

- 通过成功应付压力的经验，提升自尊及自我效能感；
- 中和或弥补儿童面临的风险，如将被虐待的儿童安置在一个安全和有爱的寄养家庭；
- 为改变和成长提供积极的机会，如获得良好的教育和娱乐设施、训练和设备；
- 鼓励对消极生活事件进行积极的认知处理，让希望可以取代无助感。

这八种机制结合起来为儿童和年轻人提供了成功克服逆境的方法。

关于抗逆力的文献，虽然是基于经验的，但对于实现积极结果的具体策略的描述仍然相对较少。一些抗逆力特征可能相对固定，而另一些则多变，但对于面临多重和复杂困难的儿童和家庭而言可能很难产生影响。然而，与相反的经验平衡了过度关注负面影响的趋势。年轻人或积极回应的成年人共同构建的积极的自我认同对积极的心理健康至关重要（Ungar，2004）。

> 你在莎拉身上的实践能从哪些方面增强她的抗逆力？

了解一个年轻人的犯罪行为可以去认识他们在社会和精神功能方面的优势，这些优势可以成功地使他们在一个对其有意义的世界中获得地位、权力及被接纳，即使这个世界不为社会所接受。一个年轻人只能找到那些他们可以找到的，容易找到的东西。充分利用他（她）所拥有的一切，这应该被视为一种抗逆力，即一种在积极的环境中利用这些力量的努力（Ungar，2006）。在帮助儿童成功发展时，最重要的影响往往是大家庭成员、非正式网络和积极的同辈群体交往，特别是与家庭会议和恢复性实践有关的影响。

六　恢复性实践

由于强调让深受犯罪影响的人参与，不同司法管辖区的未成年人和成年人司法系统开始更多地进行恢复性实践。恢复性实践的运作前提是犯罪和冲突对个人和社区造成了伤害，它们可以治愈破裂的社会关系。有效的应对措施应该平衡受害者和"利益群体"的关注，以及更好地将个人融入社区或社会需要。恢复性实践通常与传统或本土实践联系在一起。但是，它一般较少涉及个人的恢复，更多的是涉及社会和社区的凝聚力（Whyte，2007）。

如果将冲突视为个人和社区对所造成的伤害承担个人或共同责任的机会，那么解决问题的有效办法应该是协助有关人员学习并且满足他们的需要。从这个角度看，可以认为，最符合年轻人利益的做法是让他们了解自己的所作所为造成的伤害及自己和他人要承担的后果，这也是社会和道德发展的重要因素。同样，在家人或重要人员的支持下分享解决冲突的方法，也是一个有价值的积极机会，并且这可以提升他们的个人控制感和自我效能感，并以此加强他们社会支持网络的积极方面，建立社会资本。从这个意义上来说，恢复性的实践应该是整体的和综合的。国家在为促进个人和社会福祉以及为社区安全创造条件方面，或明显或隐晦地发挥着重要作用，"利益共同体"也成为这类决策的共同制定者（Whyte，2007）。

许多恢复性实践的目标与停止犯罪的年轻人的个人和社会融合的要求很好地结合在一起。恢复性司法实践没有普遍承认或简洁的定义，因而实践的外显意图有很大的差异。Marshall 的定义似乎包含了普遍接受的原则：

> 恢复性司法是与某一特定罪行有利害关系的所有各方聚在一起，共同解决、处理罪行后果及其对未来的影响的过程。
>
> （引自 Braithwaite，1999，第 5 页）

联合国《关于在刑事事项中采用恢复性司法方案的基本原则宣言》（2000）将恢复性司法定义为受害者、罪犯和（或）受犯罪影响的任何其他个人或社区成员共同积极参与解决犯罪所引起的问题的过程，这一过程通常是有公平公正的第三方提供帮助的。虽然积极参与是一个核心概念，但联合国的定义没有强调恢复性实践的基本特征是更好的社会融合或社区凝聚力，也没有强调互利的结果。尽管如此，对于许多主张恢复性实践的人来说，恢复性实践必须证明受犯罪影响的各方的参与是一致的，并将重点放在相互愈合、补偿和满足的发展、实施和维持上，而不是报复和惩罚（Schiff，1998）。Bazemore 和 Umbreit（1994）认为，施害者和受害者的参与是必要的，二者都需要在恢复性司法的平衡体系中受益。

Braithwaite（1989）的"重新融合羞辱"理论表明，人们通常不会因为官方惩罚的威胁而停止犯罪，停止犯罪往往是因为两种非正式的社会控制过程，即对社会反对的恐惧和社会良知。通过恢复性实践，施害者可以强烈地意识到生活中重要的人对他们行为的反对。个人价值在社会中重新被接受和肯定的境遇，可以克服羞辱性的潜在疏远和污名化效应。因此，与家庭成员、朋友或其他对年轻人重要的个人达成的协议可能比那些非个人的法律机构施加的影响更有效和持久。从这个角度来看，恢复性实践不仅可以为年轻人提供一个承担行为责任的机会，而且在可能的情况下，他们还有机会在家人的支持下弥补自己造成的伤害，同时让受害者参与这一过程，加强施害的年轻人的社会凝聚力、自我效能感和责任感。

在实践中，"恢复性"一词被用于成年人和青少年司法领域的大量活动中，包括调解和赔偿（mediation and reparation）、家庭团体会议（family group conferencing）、恢复性会议和社区会议（restorative and community conferencing）、恢复性警告（restorative cautions）、量刑和治疗圈（sentencing and healing circles）、社区小组（community panels）或法院以及其他社会组织（Braithwaite，1999）。虽然恢复性实践应该是正式司法程序的替代办法，但在一些司法辖区，它是由警察主导的，也有一部分司法辖区将其纳入正式司法程序，具有明确的刑事司法目标，作为正式司法处置的一部分，包括惩罚和报复（Daly and Hayes，2001）。对某些人来说，恢复性实践的发展反映了对于新范式的尝试；对于另一些人来说，他们只是试图在报复和惩罚之外寻找更有意义、更"人道"的做法来挽救现有的刑事司法范式。Daly（2003）认为，国家机制内的恢复性实践是一种惩罚，尽管它是一种替代的惩罚，不伤害或羞辱人格，但它应该将惩罚和恢复相结合。

家庭团体会议

家庭团体会议以新西兰制定的一种方法为范本，它将罪犯和受害者的家庭成员、朋友、当地社区的人以及专业社会工作者或司法人员聚集在一起，并针对以下内容进行讨论：

- 事实——发生了什么以及为什么发生；
- 后果——受害者和其他人受到何种影响；
- 未来——人们可以如何进行弥补

最后，努力达成一个双方都满意的解决方案。这一过程旨在使受害者、罪犯和二者各自的家庭或支持者积极参与弥补犯罪造成的损害，谈谈为什么事件发生以及事件如何影响他们，并且决定恢复计划，明确需要做什么来纠正伤害行为，并防止它在未来再次发生。

商定的计划应尽可能基于参与人员的一致意见，通常会概述将要发生的事情，以及由谁来监督或支持，以确保计划的执行。该计划可包括赔偿受害者、家人和／或朋友，改变他们的日常生活方式，向受害者和罪犯提供支助和鼓励，由当局或其他机构提供财政援助或其他服务，并参与方案的执行。在一些司法辖区，该计划会被提交给专业人士或法院，后者可以将其作为最终处置的一部分接受。

这些恢复性实践非常明确地强调，通过受事件影响最大的人的直接参与，取得的互利结果，以及家庭或其他社会积极力量的支持和肯定，施害者在承担解决问题的责任方面可以取得个人"提升"。但是，不可能总是让受害者或其他支持者直接参与恢复性实践。因此，在例如社区财产受损的情况下，来自学校或社区的教师等代表也可以参加，并代表受害者或社区的观点。

有些做法（如恢复性警告），没有明确的修复家庭或社会关系的目的，而且受害者很少直接参与。有些人还认为，恢复性实践活动本身并不是恢复性的，只有在处理伤害时，"恢复性"一词才有意义。政客、专业人士和公众最常问的问题是：恢复性实践有效吗？它们是否有助于阻止再次犯罪？研究使用了一些指标，如再犯罪率（re-offending rates）、成本（costs）、参与者

（包括罪犯和受害者）满意度（participant satisfaction）、赔偿（restitution）、依从性（compliance）和公众看法（public perceptions，），但恢复性实践的基本原则和价值观与衡量刑事司法成功与否的传统方法有些不相容。许多研究确实在不同程度上谨慎地表明，参与司法转向（diverted）过程中恢复性实践的人的再犯罪行为确实会减少，而且与传统方法相比，参与者通常会感到更满意。然而，恢复性实践的支持者认为，将恢复性实践的概念简单地理解为类型化的目标，无法真正理解它试图实现的愿景。

　　Braithwaite（1999）证据的回顾得出了关于恢复性实践有效性积极却谨慎的结论。在 30 多项研究中，只有一项可以解释为何再犯罪数量增加了，许多研究都表明犯罪减少了。通过专家调解和会前准备执行方案，90% 以上的案件可以达成协议，履行协议的比率也与之类似。通常，受害者和罪犯会对过程和结果表示强烈的满意。虽然赔偿似乎只是促使受害者参与的一个因素，但数据表明，对受害者来说，赔偿比讨论犯罪及其影响更重要（Bazemore and Umbreit，2001）。关于家庭团体会议的研究表明，再判率并不比以法庭为基础的样本差，甚至可能更好（Morris and Maxwell，1998）。

　　在堪培拉进行的重新融合羞辱试验（Re-integrative Shaming Experiments，RISE）中，第一年的跟踪调查从官方的犯罪史数据和自我报告的犯罪史数据中测量了再犯。这项精心设计的研究涵盖了四种犯罪类型，结果表明罪犯和受害者都发现协商过程在程序上比法庭程序更公平，更令人满意（Sherman et al.，2000）。该研究报告称，与进入法庭程序相比，参与家庭团体会议的暴力犯罪者的犯罪率大幅下降（每 100 名罪犯中每年有 38 起犯罪）。酒驾的再犯数量略有增加（每 100 名罪犯中每年有 6 起酒驾）。实验显示，对盗窃商店物品和偷窃私人财产的未成年犯罪来说，罪犯进入法庭程序或参与家庭团体会议后的犯罪率没有差异。

　　印第安纳波利斯恢复性司法实验（Indianapolis Restorative Justice Conferencing Experiment）（McGarrell et al.，2000）的对象是初犯者，年龄在 14 岁以下，犯的是非严重的非暴力罪行。结果显示，试验组 30.1% 的人在 12 个月内再次被捕，对照组则为 42.3%，差异有统计学意义。对那些仅成功完成一个项目的年轻人来说，12 个月内的逮捕率并没有达到统计学上的显著结果。在格拉斯哥（Dutton and Whyte，2006）进行的一项类似研究中，15 岁及以下的初次或轻微犯罪的年轻人受到了恢复性警告。试验结果有些模棱两可，73.0% 的年轻人在随后的 12 个月内没有再次犯罪，而对照组的这一比例为 68.0%。但警方、施害者和受害者对恢复过程的满意度一直很高。

> 你认为将恢复性实践融入莎拉的矫正工作有什么好处和坏处？

　　元分析提供了恢复性实践过程中建立结果和控制关键变量的最好方法。对 6 项针对年轻人的研究回顾（Rowe，2002）表明，当年轻人对自己所造成的伤害有了深刻的认识，对自己伤害的人或组织有了同理心，将来就不太可能从事违法犯罪行为。一份对 22 项研究进行的更有实质意义的元分析报告（Latimer et al.，2005）称，与传统司法系统中的罪犯相比，参与恢复性实践的罪犯对结果的满意度略有提高，再犯率略有下降。然而，方法上的局限性和低数量的效应量无法针对这一情况得出明确的结论。另一项包括调解和协商的元分析研究发现，罪犯参与恢复性实践后的再犯率并不比法庭程序高多少（McCold，2003）。

　　尽管有一些积极的发现，但恢复性实践也并非没有批评者，他们指出了各种各样施害者或受害者可能面临的危险和出现的意外结果。在协商过程中，受害者有可能再次受到伤害，这会使他们受到更深的伤害或变得更恐惧，特别是当他们面对一个毫无悔意且充满挑衅的施害者时。协商模式下的法律权利也引起了人们的关注，特别是犯罪的年轻人最终可能受到受害者报复性的"过度惩罚"。

　　早期评估中包含着对不加甄别就开始进行恢复性实践的人的警告（Morris and Maxwell，1993），它明确了与这种方法相关的一些风险。它指出，受害者积极参加协商的人数可能很少——只有大约一半的协商会有受害者或其代表出席。此外，由于这一过程可能由专业人士主导，他们可能有意或无意地对人们施加压力，要求施害者承认罪行。

　　Crawford 和 Newburn（2003）警告说，如果恢复性实践的使用仅仅是对现有司法做法的一种适应，而不是作为起诉的一种替代方式，那么这种做法可能会导致犯罪认定的净扩大。同样，一些恢复性实践也受到批评，因为它们只关注解决犯罪问题，而且没有考虑到更广泛的经济、个人和社会背景，特别是警察主导的恢复性实践与获取必要资源的全面方法之间的对比。对于脆弱的年轻人和家庭来说，缺乏福利和家庭支持服务可能会导致比援助和社会融合更多的羞辱。

恢复性实践对不同的人来说可能意味着不同的东西，但在大多数表象下，它挑战了建立正义的思考，特别是对年轻人来说，它意味着从无效惩罚到更好地解决问题和社会融合形式的建设性转变。但由于方法上的局限性，这一问题不可能得出确切的结论。最近发表的关于再犯的评论总结（Sherman and Strang，2007）说，恢复性实践"对不同类型的人有不同的效果"。对不同样本的严格测试发现，恢复性实践会使暴力和财产犯罪的再犯率大幅降低；但其他的测试没有发现这样的影响。证据表明，恢复性实践在涉及受害者人身权益方面的矫正效果比不涉及的更好，暴力犯罪比财产犯罪的矫正效果更好，针对严重犯罪的效果更好。

证据不容易准确预测何种罪行或何种罪犯的恢复性实践可能更有效（Sherman and Strang，2007），关于未成年人犯罪的证据似乎更不明确。它对年轻人的最大影响是促使他们被排除出刑事程序。尽管如此，研究结果始终呈现四个积极的主要目标，即受害人满意、施害者满意、遵从赔偿和减少再犯。

恢复性实践正在作为对校园霸凌参与者或有其他反社会行为的未成年人进行正式处理的替代办法。重要的是，这一反霸凌举措在界定问题的方式上，不会表现出过度规避风险的迹象。对于成年人来说，很难判断某一特定事件是否属于霸凌，以及如何最好地进行干预。成年人反应过度，并抑制所有冲突行为是不利于未成年人发展的。与严重的欺凌不同，这些冲突行为在帮助未成年人学习如何应对困难的社会情况方面发挥着关键作用。如果没有一个完整的学校介入干预方法，校园霸凌很难管理，也很难评估其影响。

评估往往是零碎的，且通常不严格。Kane 等（2006）发现，恢复性实践使得小学的惩戒措施发生了变化，但高中的变化较小，教职员工对惩罚的恢复性替代方案遇到了相当大的阻力。一项针对学校的全国性评估（YJB，

2004），调查了恢复性实践对欺凌、辱骂、流言蜚语、家庭不和、与教师冲突以及轻微财产和暴力犯罪事件的影响，发现在统计上没有显著影响学生态度。报告的结论是，如果进行协商，通常会成功解决争端，而且"可能是改善学校环境，促进青少年学习和发展的有用方法"（YJB，2004）。

七　结论

以儿童为中心的服务和机构要做很多工作，才能将"保护理念"转变为"恢复性理念"，在这种理念下，主流提供的早期干预有助于促进社会与个人的融合，而不是排斥罪犯。有充分的证据表明，如果有必要采取干预措施来处理他人行为所造成的损害，那么恢复性实践可以为建设性地处理这种损害提供一个有意义的背景。然而，虽然干预具有恢复性，但这并不意味着干预是必需的。此外，最好通过主流渠道提供早期援助。

‖ 关键问题 ‖

1. 你曾经成为过犯罪的受害者吗？那是什么感觉？你的担忧、恐惧和期望是什么？

2. 社工督导在直接或代表受害者进行工作时可能面临哪些挑战？你需要考虑哪些因素？

3. 哪些是年轻人生命中可以确定的关键转折点，以协助预防干预？

4. 未成年司法工作者应该对早期干预做出哪些努力？

5. 你如何理解法网扩张？法网扩张如何应用于早期干预？

6. 反社会行为容易落入哪些陷阱？如何才能避免呢？

‖ 练习 ‖

基于 Newman 和 Blackburn 的抗逆力提升干预进行的分类，以确定对儿童和年轻人的帮助		
所有发展阶段：提升抗逆力的关键干预措施	识别行为类型	对莎拉可能有什么帮助？
有机会参加有挑战性的活动		

续表

当孩子在家里产生矛盾时，与可靠和可以提供支持的人接触		
增加与可以提供帮助的人或者能够提供活动或工作机会的网络系统的联系		
获得成功完成重要任务的机会		
补偿性经历——接触与风险效应相抵触的人或事		
获得就业或继续教育的机会		
教授应对困难的策略和技巧，并帮助他们积极地看待负面经历		

推荐阅读和参考资料

Laub J.and Sampson R. (2003), Turning Points in the Life Course: Why Change Matters to the Study of Crime, *Criminology*, Vol.31, No.3, pp.301-25.

Marshall T. (1999), *Restorative Justice*: *An Overview*, London: Home Office.

Schoon I.and Bynner H. (2003), Risk and Resilience in the Life Course: Implications for Interventions and Social Policies, *Journal of Youth Studies*, Vol.6, No.1, pp.21-31.

Ungar M., Dumond C.and McDonald W. (2005), Risk, Resilience and Outdoor Programmes for At-Risk Children, *Journal of Social Work*, Vol.5, No.3, pp.319-38

第六章

采取有效措施减少青少年犯罪

一 介绍

大多数社工都熟悉关于减少再犯的循证实践和有效实践的论述（见第三章）。许多关于效率的文献都暗含着如何通过开发个人资源（人力资本）使人们更好地适应变化。事实上，有些文献被批评过分关注人力资本而忽视社会背景，特别是忽视了社会资源在变革中的作用（Farrall，2002）。本章将探讨监督管理是如何帮助青少年发展他们的技能、个人资源和素质的，这些都是成熟成长、个人改变和参与社会融合所必需的特质。所有这些对终止犯罪行为的进程都至关重要。

> **案例思考：不快乐的叛逆少年**
>
> 罗伯塔（15岁）涉嫌在学校攻击另一名女孩。她母亲接到电话了解情况后要她回家。罗伯塔从家里逃了出来，她的家人因此联系了警察。那天晚上晚些时候她回来了。但是第二天，她又从学校里消失了，在外面待了一夜。
>
> 警方发现罗伯塔多次吸食可卡因，她的母亲说她还经常饮酒。她和她的朋友们曾经从一家外卖酒商店偷酒时被抓住过。
>
> 罗伯塔和她的妈妈以及两个哥哥住在一起。她的父母在她10岁时离婚了。她的父亲再婚之后住在离她200英里的地方。她的妈妈发现罗伯塔"难以管教"，她们对彼此感到非常失望。她的妈妈觉得如果自己不向罗伯塔"屈服"，就会"崩溃"。
>
> 罗伯塔应对母亲的方式是和朋友们匆匆离开家，很晚才回来，或者过了周末才回来。罗伯塔在学校的出勤率很低。她对自己的学业没什

么兴趣，在学习上也得不到支持。她看起来并不开心。

有什么方法可以帮助罗伯塔减少她的触法行为？

执行这些方法需要什么样的支持？

二　人力资本

社会学习理论的学者认为，实现改变需要对年轻人进行"生产性投资"，将其作为"人力资本"的一种形式，以"实现某些可能没有人力资本就无法实现的目标"（Coleman，1994）。一个有效的监督管理方案的核心在于使青年人具备知识和理解能力、技能和机会，以便他们发展出新的思维、感受和行为方式。并不是所有触犯法律的年轻人都有同样的要求。有些人的能力可以在家庭或更广泛的社会网络中得到加强；有些人的个人和社会资源则非常有限，只有国家和公共监护提供的资源。许多人将经历依恋问题、失落和创伤，他们需要有针对性的专家帮助，以及旨在矫正他们违法行为的规定。

人力资本广泛地涉及个人资源（技能、能力和知识），其是个人获得积极的社会联系、教育和就业以及其他重要社会资源的前提。就像物质资本是材料变化形成的工具，用来促进生产，人力资本是个体变化产生结果的技能和能力，它让人们能够以新的方式行动，做新的事情（Coleman，1994）。个人资源对于培养强烈的自我意识和提升自我效能感很重要，自我效能感通常被认为是青少年健康发展的重要内容，也是成功的个人改变、成熟成长和个性化所需的关键品质。

如果物质资本是有形的，那么人力资本就不那么有形了。具有良好架构的社会干预措施，包括小组工作或个人社会教育方案，可以帮助年轻人提高他们的认知和社会技能。建立"个人资源"的概念抓住了许多社会工作从业人员的心，这让他们试图确保监督管理既富有成效，又可以对个人和社会的利益进行有意义的投资。这一概念强调了投资的"互惠性"或"合作生产"的重要性。当一部分投资由服务的"案主"或"用户"个人出资时，就发生了合作生产。社工和案主之间的关系并不是一成不变的，成功是与社工、案主和案主的家庭或社会网络之间的持续关系有关的，他们都为改变做出了重大贡献。因此，在监督人员和年轻人及其家庭之间尝试分享权力、权威和责任的努力是实现动态且有效过程，以及达成对参与者有利结果的重要手段。

三　社会资本

社会资本的概念越来越多地用于指人们从与他人的关系中获得的资源。社会资本是由"社会网络、产生的互惠，以及这些网络对实现共同目标的价值"组成的（Baron et al., 2000）。这个概念是存有争议的，人们现在说"社会资本"，但以前他们可能会说"社区"或更简单的"邻里"。社会资本概念在少年司法中的重要之处在于，它要求实践者将一系列社会联系和网络视为一种资源，这些资源可以帮助年轻人通过与他人合作来增加可以获得的利益。缺乏社会资本会破坏个人的积极改变并可能使为中止犯罪所做的努力付诸东流。

罗伯塔可能缺乏哪些方面的社会资本？

我们不知道社会网络如何帮助人们创造人力资本，如何帮助技能、知识和态度进行获得和交换，进而使人们能够获得其他社会福利。社会资本在理论上的假设是，一个人拥有的社会资本越多，其网络联系就越强大和广泛，包括家庭内部的联系也会越牢固，社会资本也可以通过社会、种族或宗教团体之间的紧密联系得到加强，那么这些拥有社会资本较多的人就会比拥有社会资本较少的人获得和学习到更多的新事物。评论人士认为，发展社会资本是中止犯罪和社会整合过程的核心（Farrall, 2004）。"资本"一词往往指个人通过努力获取的资源和资产，以及他们为了追求权力和影响力而"交易"的资源和资产。法国社会学家布迪厄（Bourdieu）等将资本分为三种：经济资本、文化资本和社会资本，并强调它们之间的相互作用。经济资本是指金钱和物质资源，文化资本是指通过教育和社会化获得的资源。社会资本被定义为与持久的社会关系网络相关联的实际或潜在资源的总和（Bourdieu and Wacquant, 1992）。将社会资本与资本进行类比可能会产生误导，与传统形式的资本不同，社会资本不会因使用而枯竭，实际上它会因不使用而枯竭。人们会利用他们的社会资本以各种方式获得技能和知识；然而，值得注意的是，这并不一定是一个亲社会的过程。消极的或倾向犯罪的社会资本能够维持和支持犯罪行为。

在发展社会资本概念方面最有影响力的两位人物可能是来自美国的詹姆斯·科尔曼（James Coleman）和罗伯特·帕特南（Robert Putnam）。科尔曼将社会资本定义为任何通过关系、互惠、信任和社会规范网络产生的，促进个人或集体行动的东西。在某种程度上，科尔曼认为社会资本是一种中立的资源，有助于任何行动的实施，因此取决于个人使用它的方式。他将社会资本定义为：

> ……家庭关系和社区社会组织中固有的、对儿童或青少年的认知或社会发展有用的一套资源。这些资源因人而异，可以成为儿童和青少年在人力资本开发方面的一个重要优势。
>
> （Coleman，1994，第 300 页）

科尔曼的研究（主要与教育有关）认为，社会资本对于促进个人人力资本的发展至关重要，并在个人利益和集体利益之间架起了一座桥梁。他认为，即使将社会阶层、种族和其他因素考虑在内，那些拥有更多社会资本家庭的年轻人的教育结果也会更好。尽管布迪厄同意科尔曼的观点，即社会资本在抽象上是一种中性资源，但他试图说明如何实际利用社会资本进行生产或再生产，以及社会资本的不均匀分布如何维持等级制度和不平等。社会资本不是人人都能平等获得的，社会资本的某一特定来源在很大程度上取决于个人在社会中的社会经济地位。因此，虽然建立社会资本的目标是协助那些在经济制度的回报中被边缘化的人重新融入社会，但其影响可能恰恰将他们排除在经济制度之外。

帕特南较少将社会资本描述为个人拥有的资源，而是更多地将它描述为集体的一种属性。他指的是所有社交网络的集体价值，以及由这些网络产生的为彼此做事的倾向。通过公民参与和活跃的公民权利来构建社会资源尤其有效，它创建了一个以共同价值观为基础的社会网络，产生了高水平的社会信任，这反过来又会促进人与人之间的进一步合作，使人们更难叛变（defect）或逃避社会责任（Putnam，2000）。公民社团是指在市场和国家之外连接人们的志愿性社团和组织。在帕特南看来，"社会资本的存在与各种积极的结果联系在一起，尤其是与教育关系紧密"；"社会资本对儿童的发展有强大的影响"，而且他们往往是受其父母在社会中拥有的社会资本的影响（Putnam，2000，第300页）。

帕特南确定了两个主要组成部分：黏合性社会资本和连接性社会资本。黏合性社会资本（bonding social capital）指的是相似群体（如家庭、朋友、邻居甚至犯罪团伙）之间的社会网络所赋予的价值。连接性社会资本（bridging social capital）是指社会上不同群体的社会网络所赋予的价值，例如通过参加体育活动（帕特南举的例子是"打保龄球"）或青年俱乐部的休闲活动产生社会联系。能提高生产力、增加凝聚力的个人和团体的水平网络被认为是积极的社会资本，而与社会利益背道而驰的排他性组织或等级体系则被认为是消极的社会资本。

社会资本是一个丰富的理论概念，可以为实践的规划提供重要的思考维度。社会资本的概念让社工提出问题，即在促进积极学习或提供获取利益方面，包括获得积极的社会关系和更大的社会凝聚力，一些社会安排是否比另一些安排更好。然而，在如何建立或衡量社会资本方面，学者们还没有达成共识，这是这一理论的主要不足之一。社工需要拥有一种对特定关系或特定年轻人可能获得的社会资本水平或数量的直觉。当然，量化并赋予这种"价值"并非易事。

尽管如此，帕特南和科尔曼更实际地对教育、家庭和社区实践进行了说明，他们认为，社会资源多的地方，教育方面的效果也就好。当父母积极介入孩子的教育时，教师报告孩子携带武器到学校、有暴力行为、逃学和对学习不上心等不良行为的概率就比较低——这可以被视为成功干预的"人际关系"措施。帕特南借鉴了科尔曼的理论来论证"年轻人融入与他们最亲近的成年人的社会网络十分重要，最突出的社会网络是家庭，其次是成年人周围的社区"（Putnam，2000，第301页）。这反映了"全面"介入方法的目的（见第七章），实践这一方法的很多资源都来自年轻人"自有"的社会世界。

　　这种方法不可避免的限制因素是，资源不足的社会网络和支离破碎的社区所造成的结构性障碍。实践中的另一个困难是，地方当局很难通过提供有效的多机构服务来展示共同承担责任的成功经验。

　　强大的网络既可以使人们有能力对年轻人实行非正式的社会控制，又能帮助他们融入更广泛的社区（Halpern，2001）。Barry（2006）对年轻罪犯的生涯进行了实证研究，他认为，年轻人的地位往往导致他们无法获得积累合法资本（经济、社会、文化和象征）的途径。因此，他们很容易为了在同辈或社会群体中获得社会地位和尊重而犯罪。请注意，青春期的转变不仅仅是生理上的，更是发生在一个快速变化的社会环境中的（Bottoms et al.，2004）。

四　从行动计划到干预

　　社工及其机构与青少年及其家庭之间的关系是规划和实施有效干预措施的关键因素。社工与年轻人及其家庭的工作联盟是了解年轻人并获得他们配合的基础，也是将干预措施修正至适应他们个人特点和情况的基础。相反，建立有效的人际关系是由社工通过发展和使用强有力的权威沟通、反思性的以人为中心的方法和人际交往技能支撑的。

　　没有人能够被强迫深入思考他们的行为及其对自己或他人的影响，也没有人能够被迫承担控制和改变行为所必需的困难和耗时的工作。积极的动机、承诺和改变的准备很重要，但不一定是改变的先决条件。在受约束的情况下，强制和经过知情同意的决策之间是有区别的（Barber，1991）。如果强制干预是有意义的，那么它必须先经由年轻人的同意，并尽可能根据年轻人和系统的优先事项进行指导，并且明确理解什么是"必须"和什么是可协商的。一项研究（Jamieson et al.，1999）发现，14~15岁的年轻人出现积极行为和停止犯罪是因为他们变得成熟了，他们可能认识到犯罪是无意义的或错误的；或了解其违法行为的真实或潜在后果；或发生了过渡性事件，比如找到一份工作或上大学。Graham和Bowling（1995）发现，在16~25岁的男性中，有两个因素与停止犯罪行为呈正相关关系：一是他们认为自己的学习成绩高于平均水平；二是他们仍然住在家里。当然，后者可能与父母作为保护性因素的相对积极关系有关。

　　尽管年龄，尤其是与年龄相关的转变，似乎是比性别更重要的决定因素，但 Jamieson 等（1999）还是发现了显著的性别差异。年轻男性未能停止犯罪行为的最好解释可能是以下三个风险因素：犯罪频率高、与犯罪同伴的持续接触以及滥用酒精和药物。一些年轻女性停止犯罪是为了承担未来的父母责任，而年轻男性则更注重个人选择。然而，最近的研究表明，年轻男性也经历了与年轻女性类似的变化过程，他们在个人关系和工作中增强了责任意识，但这些似乎需要更长的时间来实现（Farrall and Bowling，1999；Flood-Page et al.，2000）。

定性数据表明，年轻人关于犯罪和停止犯罪的决定往往与他们需要感觉到自己融入了社会世界有关，而这与友谊和成年过程中的承诺相联系（Barry，2006）。由于年龄和社会环境，接受研究的大部分年轻人获得的主流机会（教育、就业、住房和社会地位）有限。尽管有不利的背景，许多人仍然在停止犯罪方面表现出了决心，但他们缺乏获得社会认可的机会，而这是维持积极变化所必需的。有不利背景的年轻人往往没有机会履行责任。

与停止犯罪行为有关的一个最一致的发现是，那些这样做的年轻人必须通过某种方式提升解决和克服问题及障碍的能力，以改变自己的生活，对自己负责。那些试图从罪犯的生活方式过渡到非犯罪的生活方式的成年人，经常会说到过去的耻辱对未来可能性的影响（Farrall，2004）。在这一过程中遇到的障碍包括酗酒、吸毒、失业、经济困难，以及其他社会和个人问题，包括改变人际关系，改变与家人和朋友的关系，以及教育困难。当然，其中许多问题是所有处于劣势的青少年所面临的问题，不仅仅是那些触犯法律的青少年。Farrall（2004）描述了那些对未来前景自信、乐观或悲观的人之间的差异，"自信"的人犯罪生涯最短（大约 5 年），而对未来"乐观"或"悲观"的人犯罪生涯较长（超过 6 年）。值得注意的是，"自信者"在生活中几乎没有遇到过重大障碍，而一半的"乐观者"和大多数"悲观者"则遇到过。克服障碍需要个人能力和人际技巧，包括积极的生活机会在内的社会环境和个人环境，与积极的结果密切相关，这一点强调了动机、识别和克服障碍的技能，以及社会环境和资源三者之间的相互作用。

五　动机性访谈

对于面临障碍和困难的人来说，避免继续犯罪的积极动机是促成改变的一个重要因素。影响积极动机和取向的因素似乎包括避免消极后果的愿望，意识到合法收益（经济或社会）超过犯罪收益，想要过一种"安静"的生活，或开始一种注重承诺的个人关系。

介入服务时，动机性访谈起着非常重要的作用（Miller and Rollnick，2002）。动机性访谈模型是从心理健康领域的临床实践中发展起来的，它需要相对应的社区环境，并灵活地对年轻人使用，如果不积极主动的使用，那么通过反思性对话进行的成人与成人之间的交流往往很难实现。交流本身就是一个介入的实用指南，即如果社工说了大部分的谈话内容，那么年轻人能做的就会很少。

动机性访谈是一种指导性的、以来访者为中心的咨询方式，它通过帮助受访谈者探索和解决矛盾心理诱导其改变行为（Rollnick and Miller，1995）。动机性访谈是专注于一个问题、以目标为导向及参与性的方法，而不是专制或过度采用"专家"提供的方法。这种方法反对直接劝说，建议人们积极主动地进行改变。这种方法认为，过分说教或采用专家的立场或以惩罚性或胁迫性的方式行事，使年轻人处于被动地位，会适得其反。

动机性访谈的基本原理是基于一种认识的，即矛盾心理和改变的动机有限，通常是干预失败的根源，必须加以克服。问题的成熟度将决定可以在多大程度上使用这种办法。应尽一切努力，采用一种协商的方式，鼓励青年人确定目标和最先想完成的事情，通过自我激励性陈述分析行为的利弊，并通过目标设定、角色扮演和模拟的方式提供各种备选的改变策略。

动机和改变意愿是多维度的概念，在决定进行社区监督干预时，明显缺乏动机并不是不让年轻人接受监督干预的理由，而是需要在进行干预方案之前做好准备的原因。有研究报告说，那些一开始就动机明显的人往往在犯罪和犯罪团伙中并不那么意志坚定（Burnett，2004）。那些最需要帮助、面临最大风险的人往往在行为和态度上更加顽固，改变的积极性较低。

动机性访谈方法的优势通常被描述为一种变化模式，即认识到变化有不同的阶段，从早期的"预备"和"沉思"发展到"准备"、"行动"和"维持"这些积极阶段（Prochaska and Di Clemente，1982）。Prochaska 和 Di Clemente 的变化模型通常呈现"轮形"，因为他们认识到变化不一定是线性的，也不会总是从"沉思"开始，并以"行动"结束。特别是对年轻人来说，更有可能在行动和积极的方法中反思，而不是先反思再行动。

> Prochaska 和 Di Clemente 的变化模型对于罗伯塔干预的不同阶段可能有什么影响？

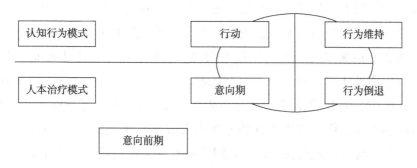

图 6-1　变化模型

为了取得进展，社工要尽可能利用年轻人对世界的看法以及他们如何看待变化的观念。例如，"ASSET"评估包中名为"你怎么认为？"的量表就可以为这种协商提供帮助，同时也可以为家庭的协助提供计划（可能通过家庭团体会议），并在整个监督过程中保持参与。许多年轻人的家庭都对自己需要做什么有实际的认识，对实际监督有贡献，并需要在年轻人的变化过程中被认可为伙伴。他们也需要相应的帮助。

变化模型中有两个要素对实践至关重要。一是"（再）过失"，在变化过程中，发生过失可能意味着陷入更大的麻烦或重新陷入危险的行为与联系中。尽管变化会表现出积极的走向，但这种过失的情况经常会出现。年轻人不太可能突然停止违法和其他具有挑战性的行为，因此进行决策的社工可能需要其他积极变化的证据来说服家庭把年轻人留在社区中进行矫正。二是长期保持变化，这对年轻人来说可能是几年而不是几个月。这就需要进行后续工作或"回访"工作，以便加强家庭成员、伙伴或老师提供的现有社会资源和社会支持，帮助年轻人以有意义和持久的方式使用新获得的技能并保持良好的态度。

社工的重要作用是作为权威和成为受助者的榜样，对犯罪行为做出与年轻人不同的反应和理解。从定义上看，人本治疗模式和焦点解决模式是基于年轻人自己的观点和关注的问题，建立一种相互信任的关系，作为协助和影响变化的重要基础。这与以受害者为中心、以犯罪为中心的观点，以及在计划中协商的恢复性方法并不矛盾。

人本治疗模式可以是指导性的，也可以是非指导性的。传统的人本治疗模式是不具有指导性的，尽管是专注的和目标导向的，但它的目的是让人作为"同行者"参与变化的过程。对于非自愿和比较脆弱的案主，尤其是对那些不情愿接受矫正的年轻人来说，这种非指导性方法可能更有效，因为当他们处于"防御和对立"状态时会很难合作（Marshall and Serran，2004，第315页）。年轻人对改变和能否实现目标会产生矛盾的感觉，因此他们可能不太合作，对指令性的方法不太敏感。社工必须在"站在年轻人旁边"和"与年轻人站在一边"之间找到平衡，特别是对那些可能"游离"或与他人分离的脆弱年轻人来说，他们可能在童年遭受虐待或经历过创伤。

社工必须积极利用法院、专家小组或警察、学校对年轻人施加的"杠杆作用"，并帮助他们应对来自同龄人和家长的压力，以增强他们的积极动机和行动效率。"停止"是一个积极的过程，在这个过程中，年轻人在家庭或类似环境中进行选择和管理自己生活的能力会被"发现"。虽然这种变化的策略在效果上可能有些不确定，但基于控制的策略只能在受控的情况下发挥效果。从长远来看，通过榜样、坚持和说服来改变年轻人的缓慢进程比单纯的威胁更有效。

六　亲社会模型

有效的社会干预的"核心"条件与社工传达准确、同理心、尊重、热情和真诚的能力有关；双方在相互了解的基础上，就干预的性质和目的达成明确（书面）协议，建立工作同盟；并尽可能发展出一种以人为本或相互协作的方法。

在成年罪犯干预有效性文献中确定的核心实践（Dowden and Andrews，2004）表明，干预人员的素质与减少再犯的积极结果相关。这包括提升人际关系的质量、有效利用权力、建立反犯罪（或亲社会）模型，以及强化、解决问题和获取社区资源。有关犯罪监督的实证研究发现，亲社会模型一贯与较低的再犯罪率相关，并往往对年轻、风险性高、暴力和吸毒的罪犯最有效。

亲社会模型的中心原则

► 角色澄清：涉及对角色、目的、期望、权威的使用、干预的可协商和不可协商方面以及机密性的频繁和公开的讨论。

► 亲社会模型的建立和强化：对要促进的行为的识别、奖励和建模，以及对要改变的行为的识别、阻止和对抗。

► 问题解决：问题的调查、排序和探索，目标的设定，战略的制定和持续的监督。

► 关系：员工的开放和诚实，有同情心，能够进行挑战，而不是最小化合理化，不责备，乐观，能够表达案主及其家庭成员的感受和问题，能适当地使用自我表露和幽默。

（Trotter，2006）

这些发现强调了社会工作者的工作风格和技能，以及所采用的干预内容和方法对结果有重要的影响。Rex 在对缓刑犯的研究（1999）中发现，那些将自己行为的变化归因于监督的人，会将干预描述为积极的和参与性的。监督人员表现出的个人和专业承诺似乎有力地加强了停止犯罪的承诺，他们的讲道理、公正和鼓励似乎产生了一种个人忠诚感和责任感。接受干预的人将有关自己行为和潜在问题的建议解读为关心自己的证据，并"被他们认为关心自己幸福的表现所激励"（Rex，1999，第375页）。

然而，在减少再犯罪和停止犯罪方面，社工与案主的关系既不是唯一的资源，也不是最重要的资源。对处于困境的年轻人的研究表明，他们自身拥有的资源和社交网络可能比专业人员更能解决他们的问题（Hill，1999）。"抗逆力视角"强调家庭和社会网络的潜力，与过度关注风险和（或）需求的方法相反，这种视角考虑到了在逆境中积极适应所涉及的"保护性因素和过程"。强调个人能动性、自我效能感和社会结构之间的相互作用，会比过度矫正或使用惩罚的方法更有意义地展示"责任模式"。这种方法是以这样一种观点为前提的：通过增加个人对行为的责任和减轻不利环境的社会责任的干预，进而阻止犯罪。

规划有效的监督应该从彻底的评估开始。计划应阐明干预的基本原理，即为什么做这些提议的事情会带来寻求的结果？可以说，这是实践中最常被忽视的逻辑步骤（Bonta et al.，2004）。无论干预的性质如何，在实际层面，监督规划可能需要与接受干预的年轻人及其家庭进行合作并建立伙伴关系，以制定可衡量或可确定预期结果的现实目标。

七　结构化的计划方法

有效的监督包括利用人际关系帮助年轻人制订计划，并进行改变。许多影响结构化小组工作计划再生效的证据都来自主要在北美进行的元分析（Andrews et al.，1990），以及英国越来越多的相关研究（Hollins et al.，2004）。

> 在小组工作计划中与罗伯塔一起参与的利弊是什么？

最有前景和效果并且具有结果一致性的干预方法往往会借鉴社会学习理论。同时，干预还采用认知行为和社会教育方法，以提高与犯罪相关的问题识别和问题解决能力，将其应用于确定和建立替代的正确方法中。本书第三章讨论的"有效实践的指导原则"可以用来指导结构化计划的设计和执行。虽然这些指导原则有很强的经验基础，但小组工作方案并不是万能的，也不会自动产生成功和持久的结果（Hollins et al.，2004）。这种方法的基础假设是，结构化方法可能加速学习和成长的过程，并有助于矫正对象放弃犯罪活动，这一假设在某些方面与犯罪生涯研究中发现的持久性罪犯的冲动和抽象推理能力差的结果相吻合（Farrington，1996）。

然而，试用结构化小组工作方案所公布的结果证明其早期发现令人失望。证据表明，就其本身而言，结构化的方案不大可能对再犯罪率产生重大影响，除非它是综合干预的一部分，在这种情况下，干预方案会涉及家庭、学校和社区。尽管结构化的方案不一定是小组工作方案，但是，有效的一对一干预应该达到有效性原则同样苛刻的标准，并需要为获得社会学习提供一个清晰的、阶段性的"课程"。

青少年犯罪往往是一种群体活动，因此，小组工作成为青少年司法实践的关键方法，这一点也不奇怪。小组工作首先是一种获取知识、技能和经验的社会教育方法。有许多"现成的"项目可以提供具体的、可衡量的目标和有序的社会学习"课程"。然而，作为一种方法，小组工作也创造了一种群体动力，允许模拟、练习和强化综合学习所必需的内容。Andrews 等（1990）告诫不要使用"情境"小组方法，除非实践者确定他们能够控制负面模型和反社会强化，而这很可能在有多重困难和长期犯罪历史的青少年身上发生。如果小组工作者没有如何实现既定结果的严格计划，特别是预防反社会和犯罪的计划，那么小组工作可能通过"污染"使年轻人变得更糟。员工培训与对角色和实践的持续监督对于良好的小组工作是必不可少的。

社会教育小组工作是 20 世纪 70 年代和 80 年代早期英国使用的核心干预方法，特别是在"中期照护"（intermediate treatment，IT）中。强调户外拓展和以活动为基础的小组工作是实践的一个特点，它在青少年司法方面也可以发挥重要作用（参见后文"以社区为基础的干预方法"）。然而，这种方法在休闲及户外拓展中或作为其中一部分时，缺乏结构良好的以犯罪为中心的"内容"，不如说它是获得生活技能的小组工作和中期照护，而不是严肃的以改变为导向的小组工作。最有影响力的小组工作框架之一是塔克曼团队发展四阶段模型（Tuckman，1965），包括组建期（forming）、激荡期（storming）、规范期（norming）、执行期（performing）；随后，该模型又增加了第五阶段，中止期（adjourning）（Tuckman and Jensen，1977）。根据对不同环境中群体行为的观察，塔克曼认为，群体可能会经历不同的阶段，不管这些阶段是否被参与者认可。通过暗示，可以更好地观察到发展过程中团队有效性和功能的提升。

塔克曼团队发展模型

▶ 组建期：群体取向主要通过测试人际行为和任务行为的边界来完成；与领导者、其他群体成员或现有标准建立依赖关系。

▶ 激荡期：人际问题上的冲突和极化；抵制团队影响和任务要求。

> ▶ 规范期：克服阻力；建立凝聚力；新标准不断发展，新角色被采纳；
> 个人的意见表达。
> ▶ 执行期：人际结构成为任务活动的工具；角色变得灵活和功能化，团
> 队的能量被引导到任务中（Tuckman，1965，第78页）。
> ▶ 中止期：包括解散；终止角色，完成任务，减少依赖性；并提出损耗
> 和维护的问题。

团队过程很少是线性的，更有可能是循环的变化模式，在这种模式中，团队成员会在完成任务和建立团队人际关系之间寻求平衡。不是所有的阶段都会发生，模型应该进行批判的采用，因为理解一个阶段可能有其他更合适的方法。尽管如此，该框架可以成为理解群体环境中个体的有益起点，并为需要加强或挑战的群体行为提供见解。

缓刑小组工作方案评价最近公布的数据突出了青少年司法实践中的一些重要问题。例如，"思考优先"（think first）认知行为方案（Roberts，2004）的一个主要问题是，该方案不能有效地实施和充分地被遵守，因而无法产生某种影响。这些发现强化了长期以来的不干预原则，即质量较差的干预可能比没有干预更有害。这也强调了前几章的内容，即良好的参与和发展有效的工作关系是方案工作中的必要先决条件。即使完成率低，完成者的再犯罪率明显好于未完成者。

因此，社会工作者往往需要采取实际步骤，协助年轻人参加和完成矫正方案。必须迅速发现没有到场的人，并采取一切可能的步骤重新吸引他们回来，重新安排错过的课程，以强调完成整个课程的重要性。如果不这样做，就会给出一个明确的信号，即错过的内容不是非常重要。如果要满足社会上更广泛的安全需要，就要进行良好的评估和计划，以解决各种可能影响课程出勤率和完成率的问题。

八　以家庭为基础的干预方法

家庭经历在影响年轻人的犯罪行为方面起着关键作用。不管家庭有什么缺点，希望在不直接涉及家庭的情况下帮助减少和结束犯罪的干预都是

不可信的。家庭往往是问题的一部分，即使是对那些接受寄宿或机构照料的年轻人来说，家庭也必须成为问题解决的一部分。因此，重要的是制定针对父母、兄弟姐妹或整个家庭的干预措施。涉及家庭的有效干预措施往往可以用来补充小组工作方案和在学校或社区其他部分同时进行的工作。

> 罗伯塔与母亲的关系以及母亲的行为会对罗伯塔的行为产生什么影响？

家庭的结构各不相同，有核心家庭、扩展家庭、单亲家庭、重组家庭、同性伴侣家庭。研究表明，家庭结构似乎没有那么重要，重要的是成员如何看待它以及在其中采用的养育方式。然而，生物学上的亲缘关系应该被忽略，特别是在家庭成员"失踪"的情况下。一些父母和家庭会被困难所压倒，他们发现，想要积极对待任何方面都是一种挑战。尽管如此，大多数人对孩子的未来都有积极的期望，即不要陷入困境、接受良好的教育、找到一份好工作、健康成长、遇到好人、生孩子等。重要的是要学会家庭内的沟通，并把家庭作为一个整体加以重视。年轻人生活空间的概念强调了理解家庭生活的节奏和日常的重要性，这有助于改善关系，并在当前的情况下帮助建立新的互动方式（Garfat，2003）。

家庭工作很难定义，通常包括从一般的家庭和青少年干预方法到专家结构的家庭工作。以家庭为基础的四大类干预措施都与儿童和青少年的积极发展结果相关：学前教育方案、家访服务、亲职教育和结构化的家庭工作。本书第五章讨论了早期干预。对直接家庭工作和亲职教育的回顾显示出积极的结果。

亲职教育的目的是帮助父母对年轻人做出更有建设性的反应，不那么严厉和更一致地使用纪律，与对照组相比，他们能更好地处理冲突情况。这样，当孩子进入青春期时，孩子和父母都很好地遵循既定的模式，并且对长期的改变更有抵抗力（Patterson et al.，1992）。最有希望的以父母和家庭为基础的干预措施，是将亲职教育、青少年发展教育和使年轻人易出现犯罪行为的因素以及其他方法相结合，如青少年的社会问题解决技能、积极主动的课堂管理和与朋辈群体有关的方案（O'Donnell et al.，1995）。有效的方案通常包括帮助父母培养与子女沟通和以非暴力方式解决冲突的技能。

例如，"青少年过渡方案"（The Adolescent Transition Programme）（Irvine et al., 1999）旨在提高 7 种经典的育儿技巧：提出中立的要求、使用奖励、监督和监管、制定规则、设置违反规则的合理惩罚、解决问题和积极倾听。该方案为期 12 周，每周进行一次，由 8~16 名家长组成小组，进行以技能为基础的课程。在一项为期 4 年、涉及 303 个家庭的随机对照试验中，参与该项目的父母说，与对照组相比，他们对孩子行为反应过度的倾向更低，在处理问题行为方面更勤勉，更少抑郁，日常反社会行为水平更低。家长参加的课程越多（许多人没有完成为期 12 周的课程），他们所报告的行为改善情况就越好。在农村，一个名为"明智地养育青少年"（Parenting Adolescents Wisely）的自我指导干预方案也报告了同样的积极成果，这是一个借助只读光盘进行的项目。

以解决方案为重点的工作基于优势，探索家庭和年轻人的知识与资源。这种实践注重现在和未来，探索个人想要实现什么，而不是简单地解决问题。这样做的目的是帮助未成年人构建一个"优选未来"的具体愿景，确定当前生活中与这个未来相接近的方面，让人们意识到一些小的成功，从而强化它们。这种方法要求所有家庭成员定期保证完成的时间，并试图通过开放沟通渠道、积极承担责任、减少指责和罪恶感、增加同情和接受差异、达成新的相聚和解决问题的协议来实现改变。

结构合理的家庭工作在扭转问题青少年，特别是有药物滥用问题的青少年的消极行为方面显示出了积极影响（Schmidt et al., 1996）。功能性家庭工作或治疗（functional family work or therapy，FFT）关注年轻人及其家庭生活的多个领域和系统。它试图以青少年的家庭和个人行为为目标，采用密集的和以研究为导向的技术，旨在查明和扭转产生问题行为的消极家庭动态。在主要在美国进行的反复试验中，FFT 已被证明能将青少年的再犯罪率降低 25%~80%。在一项针对严重犯罪和顽固罪犯的 FFT 试验中，对照组成员被逮捕的可能性约为实验组的 6 倍（分别为 40% 和 7%）（Barton et al., 1985）。

多系统家庭工作或治疗（multi-systemic family work or therapy，MST）可以帮助家庭确定青少年的社会"生态"因素，包括同龄人、学校和社区，这有助于确定问题，并设计干预措施，以解决这些问题。从业人员负责消除获得服务中可能遇到的障碍，并利用青少年和家庭力量维持成果。评估显示，在一系列严格的试验中，持续犯罪的年轻人的再犯罪率降低了25%~70%。8项研究表明，与个别咨询相比，这种方法得到的结果更加积极（Borduin et al.，1995）。所有形式的结构式家庭工作方法，尽管相对其他方法成本高昂，却可能不到机构护理费用的四分之一。

让受到严重和持续伤害的12~18岁的青少年进行家庭寄养，可能是安全照料或机构照料的一个更有效的替代办法。评估结果显示，在随后的两年里，与对照组相比，实验组被逮捕的人数更少，被拘留的时间更短，在家的时间更长（Chamberlain，1998）。英国的证据表明，照顾"高风险"儿童的寄养家庭会经历严重的关系困难（Chamberlain et al.，2007）。尽管如此，生活在寄养家庭的严重或重复犯罪的年轻人中，仍然有很高比例的人在安置期间成功地避免了麻烦。

九　以学校为基础的干预方法

旨在减少犯罪、暴力行为或药物滥用的学校干预方案很少得到有意义的结果评估。现有的证据表明，学校提供的大多数方案，特别是在缺乏强有力的规划或特殊人员培训的情况下实施的快速、单一的项目，对青少年的行为（包括违法行为）影响甚微或没有长期影响。这些以学校为基础的方案缺乏效果，并非因为缺乏有效的模式。研究发现，当以学校为基础的方案认真、正确、持续，并且至少部分地专注于建立社会能力时，就可以产生持续的行为变化（Mendel，2000）。

这些干预方案可分为试图影响学校组织和风气的方案，如反欺凌倡议、家庭－学校伙伴关系方案和恢复性实践方案。高等教育教学学术准备计划（Preparation of Academics for Teaching in Higher Education Project，PATHE Project）将一所高中的组织结构改变与提高教育成果和减少犯罪的举措结合起来。一年后，组织结构的改变似乎对违规行为的影响甚微。最显著的改善出现在官方的停学记录中，一年内该校的停学率下降了14%，而对照学校的停学率则增长了10%。这些以个人为中心的举措似乎对犯罪行为的影响有限，但确实增加了"高危"学生对接受教育的承诺，从而提高了他们的出勤率和学业成绩。

校园霸凌者很有可能成为严重的暴力罪犯。挪威率先在 42 所学校开展的一项预防欺凌的项目发现，通过让整个学校社区（学生、教师和家长）参与制定和执行关于欺凌行为的明确规则，支持和保护欺凌受害者，欺凌的发生率减少了一半。在 20 个月的时间里，学校里的故意破坏、旷课和盗窃行为也有所下降（Olweus，1997）。谢菲尔德的 23 所学校也采取了类似行动，成功地减少了小学的欺凌现象，但对中学的影响很小。

研究表明，以高质量的课堂管理、良好的领导能力和组织能力为特点，以及可以让年轻人在情感和教育上得到支持的学校，最有可能对违规行为和反社会行为产生影响。一项旨在减少反社会行为的家校倡议提供了有希望的结果，倡议包括通过改善亲子和家校关系提高学生的学业成绩并促进其社会 / 认知发展。该方案通过多种方法结合的方式改善行为管理，包括家长培训、两周家访、社会技能培训、学业辅导和以教师为基础的补习。一年后的调查结果显示，与对照组相比，试验组在学校表现出家长参与积极性提高、认知技能提高和问题行为减少的迹象（Dodge，1993）。

还有一个多维度的社会发展方案，这个方案为儿童提供 6 年（1~6 年级）的社会培训，为父母提供抚养方面的技能培训，为教师在教室管理和互动教学技术方面提供培训。研究人员跟踪这些学生到 18 岁，发现与对照组相比，他们的犯罪或暴力行为更少，酗酒更少，在学校里行为不端的情况更少，而且对学校更加忠诚和依恋（Catalano et al.，1998）。

十　以社区为基础的干预方法

在英国，减少犯罪并不是课外活动和其他青少年发展项目的主要目标。因此，与其他司法辖区相比，很少有研究衡量这一工作对犯罪的直接影响。然而，从逻辑上来看，它们确有抑制犯罪活动的潜力。在加拿大渥太华，一个针对当地国家住房项目中儿童的课后娱乐项目使得参与项目的青少年被捕人数下降了 75%，而相比之下，对照组的被捕人数上升了 67%。哥伦比亚大学的一项研究比较了有无男孩女孩社团（boys and girls club）的公共住房小区的区别。有一个社团还为青少年提供社会技能培训课程，该社团受到破坏、贩毒和青少年犯罪的影响明显降低（Schinke et al.，1992）。

　　有评论员表示，当社区成员被要求帮助、规划和参与一个与陷入困境的年轻人有关的项目时，他们会形成一种主人翁感（Graham，1998）。社区参与还可以更容易地获得资源和志愿者，以便进行干预。

　　领袖项目为减少青少年犯罪和促进社区成员的社区参与提供了一种有希望的方法。然而，只有有限的数据可以证明，在何种情况下，领袖能够有效地减少犯罪。对此，仍然需要更严格和系统的评估。一项关于"大哥哥大姐姐"领袖项目（Big Brothers/Big Sisters Mentoring Project）的研究显示，与对照组相比，被指派一名导师的年轻人吸毒的可能性要低46%，喝酒的可能性要低27%，袭击他人的可能性要低近三分之一（Tierney et al.，1995）。领袖项目在英国越来越流行，这是一种通过与社会上积极的成年人或同龄人频繁接触来提供持续性支持的方式（Utting and Vennard，2000）。就像针对年轻人的恢复性实践方法一样，积极的领袖可以作为更大项目的一部分，为改变提供一个工具或"杠杆"。而领袖本身不太可能对一个有多重困难的年轻人的犯罪行为产生显著影响。

　　与社区内有犯罪行为的同龄人接触和联系是导致随后产生犯罪行为的一个公认因素。很难在这方面进行介入，有效干预的好例子很少，特别是对帮派团伙的有效干预。一个很有潜力的方案模式是在年轻人和社会工作者之间建立契约社会网络，社会工作者的身份是导师和倡导者。来自同伴的压力可以被用来控制和训练年轻人，以保持其自身的纪律性。参与者会被教导如何管理愤怒情绪并学习个人技能。在19个月的时间里，该试验组的严重违法行为减少了三分之一，而对照组的严重违法行为略有增加（Baker et al.，1995）。小组工作和同伴工作可能会产生意想不到的后果，一些评论员警告说，如果没有业务熟练的社会工作者和适当的实践模式来影响他们的犯罪态度，并帮助他们积极改变，把持续犯罪的年轻人聚集在一起会让他们变得更糟。

　　以风险和保护为重点的社区预防方法是"关爱社区"（communities that care）和其他"全社区"方法的核心。"关爱社区"项目在美国和欧洲都有所发展，现在英国的司法辖区也都建立了社区。它采用了一种公共卫生模式，即假设整个社区处理儿童面临的首要风险因素的行动，会在适当的时候降低青少年犯罪水平（Utting and Vennard，2000）。

尽管户外体验式项目的既定目标与寻求对弱势群体影响较轻的有效干预措施之间存在明显的契合，但这一联系既没有得到很好的概念化，也没有得到很好的研究。从直觉上来看，运动、休闲和户外挑战活动似乎是一种显眼而有吸引力的方式，它可以使年轻人远离犯罪，同时也是预防犯罪的一种方式。大量资金被投入这种旨在为弱势年轻人提供积极休闲体验的项目。有证据表明，参加户外娱乐活动有助于增强自尊、掌握和控制能力以及提高社交技能。然而，参与和结果之间并没有可靠的线性关系。项目的许多课程的完成率很低，这就增加了"自我选择"的可能性，而那些受到最积极影响的人往往是那些最不可能再犯罪的人。此外，对某些参与者来说，在短时间内参与后回到原来的同伴环境不可避免地意味着，他们将回到犯罪或反社会的联系和行为中（Taylor et al., 1999）。关于体育参与和犯罪之间关系的争论大致分为预防（或分流）理论和重新融合理论。前者倾向于在针对特定领域或特定时期的相对大规模的体育节目中表现自己（例如，夏季运动项目和警察主导的"午夜足球"）。重新融合的方法往往是在体育或休闲项目的基础上进行密集辅导，在这些项目中确定年轻人的需要，并调整方案以适应他们的需要，以便将他们转移到更广泛的社会环境中，从而减少犯罪（Coalter et al., 2000）。

Coalter 等认为，地点和人员是获得成功结果的重要因素。由专业娱乐和体育工作人员提供的传统设施项目似乎不太可能产生预期的影响。有证据表明，拥有优秀教练技能的人不一定擅长与难相处的年轻人打交道，而那些擅长与难相处的年轻人打交道的人不一定是优秀的体育教练。有效的方法可能是这两类人员的合作。

像创业信托这样的组织会为 16~21 岁的男性和女性罪犯组织冒险和野外活动，所有这些都是在试图提供额外的经验，以帮助年轻人避免犯罪并保持戒心。但目前还缺少为这些方案的有效性提供可靠证据的独立评价。户外荒野或冒险项目是通过寻求挑战的方式，让参与者依靠或发展个人资源和社会资源。该项目的重点主要是自然环境或背景下的个人成长和娱乐。相比之下，环境教育和其他形式的户外项目，会使参与者对自然敏感，强调人类与自然世界的相互依赖，强调参与者与自然环境的亲密接触（Ungar, 2006）。虽然专业人员赞同冒险和教育这种一体两端、双管齐下的方案，但关于接触环境本身就能改变行为的证据仍然较少。很少有研究成功地表明户外活动与儿童内在和外在问题的停止有明确的关联（Berman and Davis-Berman，1999）。

Utting 和 Vennard（2000）提供了一些关于运动和冒险项目的例子，这些项目至少能在短期内减少年轻人的再犯罪率。Lipsey 和 Wilson（1998）的元分析将野外和户外挑战项目确定为在机构或社区环境中对严重和暴力的年轻罪犯最无效的干预类型，而 Barret（1996）的项目回顾则指出，在某些方面，这些项目降低了犯罪的频率和严重程度。很少有研究关注长期结果。有限的证据表明，仅仅让犯罪的年轻人进行体育、休闲或冒险活动本身不太可能减少犯罪，除非将其与其他能产生有效结果的措施结合起来。近期，一项专门针对荒野挑战项目（Wilson et al.，2000）的审查发现，项目总体结果比较积极。这表明，总的来说，这类项目对 21 岁以下犯过罪的年轻人是有效的。将社会干预的内容加入进去，有助于加强项目的效果。

Burns（1999）发现，只要在项目结束后继续提供支持，再犯罪率还是会暂时减少。然而，一旦不再提供支持，两年后再犯罪率会上升到与没有接受户外活动项目人群相似的水平。研究结果表明，年轻人成长的机制不是户外活动本身，而是在活动期间和活动之后所提供的综合支持的水平。评估提出的一个重要的不确定性领域是，户外活动时间和结果之间的关系明显与正常预期相反。分析表明，对于长达六周的课程，课程长度与对再犯罪影响的大小无关。但是，超过这个期限的方案的效力会明显下降。不幸的是，现有研究报告中的资料不足以确定哪些特性最具影响力。这一主题值得进一步研究，并且也是对实践者的一个警醒，他们需要仔细评估这些方法所造成的影响。户外项目的支持者认为，参与者必须面对的挑战引发了某些具有"决定性"意义的体验，这些体验被认为可以使自尊和反社会行为产生变化，这很重要。Lipsey 对此提出了一个问题，即这些"决定性"时刻是否受到过青少年整体干预方案中的其他组成部分和长期方案中的社会环境的负面影响。

通常情况下，研究认为，将体育和户外活动加入一个多模式方案，是因为它们可以作为一种催化剂，让那些有犯罪行为的年轻人参与进来。英国内政部的一项研究（Taylor et al.，1999）强调，寻找能够充分监测大多数方案所期望的复杂结果的定性评价技术。这项技术应包括：

> ……所有的项目都同意，体育活动本身并不能减少犯罪……所有人都同意，个人和社会发展目标是成果的一部分。这些发展会或迟或早地改善违法行为，但其影响在规模和时间上是不可预测的。期待更实际的东西是不现实的。
>
> （Taylor et al., 1999，第 50 页）

目前还不清楚休闲、运动和户外探险项目的哪些方面最有价值。关于某些活动和组织这些活动的方式是否比其他活动更有效，以及这些活动是否比其他活动更适合某些类型的少年罪犯的信息是很有限的。这种干预和结果之间缺乏直接关系的现象并不奇怪，因为在面临逆境的人群中，风险、保护机制与健康结果或抗逆力之间存在复杂的关联。风险和抗逆力的文献可以提供一个概念框架来研究这些计划对参与者的影响。然而，我们仍然缺乏解释这些项目实施和研究期间发生的情况的足够有力的概念框架，以至于并不能证明干预措施是适合的。如果没有这方面的证据，这类方案就有导致不适当转介的严重风险。

十一　寄宿和机构干预方法

有些年轻人的行为给他人和自己带来了风险，因此需要或必须加以遏制。遏制将防止这些年轻人在街头犯下罪行，并给社区或被害人喘息的机会。虽然有证据表明，某些机构使用的"有效方法"可以对恶犯产生积极的效果（Lipsey and Derzon，1998），但关于大型寄宿教养培训学校的研究始终未能显示出好的效果，这种机构无法使犯罪的青少年重新融入社会或引导他们远离犯罪。

一项针对释放明尼苏达州两所教养培训学校的青少年的后续研究发现，91% 的青少年在释放后 5 年内再次被捕。在马里兰州，一项针对 947 名青少年的研究发现，其中 82% 的人在获释后的两年半内再次被捕，并被移交给了青少年法庭或刑事法庭（MDJJ，1997）。事实上，在过去的 30 年里，几乎每一项关于进入教养培训学校的年轻人再犯罪的研究都发现，至少 50%

到 70% 的青少年罪犯在释放后一两年会再次被捕。一些观点认为，与社区学校相比，教养培训学校实际上增加了再犯罪率（Mendel，2000）。

20 世纪 80 年代初，美国密苏里州关闭了所有寄宿教养培训学校，取而代之的是开放的寄宿教养中心，以及一系列综合性的非寄宿项目，包括提供强化教育、生活技能培训、结构性的家庭工作和强化辅导监督的日间中心。这一系列方案和服务产生了长期且相对积极的成果。20 世纪 80 年代，密苏里州对近 5000 名从寄宿教养学校中释放出来的年轻人进行了跟踪研究，发现只有 15% 的人在成人后有犯罪记录（Gorsuch et al.，1992）。

尽管英国在这些犯罪青少年的机构设施上投入了大量资金，但机构或寄宿学校项目的结果数据仍然十分有限。即使是像美国的"新兵训练营"（boot camps）这样更专业的机构所提供的培训，结果也总是很差。在评估中发现，从这种机构出来的年轻人的再犯罪率为 64%~75%。尽管不好的证据铺天盖地，但大多数机构仍照常运转，这表明，政策和规划的投入与提供甚至可以忽略证据。

十二　结论

针对犯罪的年轻人的方案没有什么逻辑条理意义，这些方案应该包含在对满足个人需要做出的回应中。以犯罪为中心、以个人为中心和以社区为中心，这种优先级之间的划分往往是人为的，对工作者不一定有帮助。与面临多重社会劣势和排斥，或犯下严重暴力罪行的年轻人一起工作时，只注重开发个人资源（人力资本）是有风险的。但是，只有当个人也拥有支持自身或抵制犯罪的积极的个人资源时，社会资源才能得到最有效的利用。

为了确保年轻人不断加强对项目方案的学习，以及达到更为综合的监督目标，社会工作者必须做出有效安排，确保同其他社区机构的积极合作，并制订联络规程。如果没有良好的策略规划和合适的服务路径来应对这类案主群体提出的需求和风险，单个监督人员几乎不可能实现这样一种全面的监督。

采用社会教育方法帮助年轻人获得个人资本或人力资源，同时帮助他们将其应用于真实的社会可能是最佳的方法，这种方法可以发展出强烈的自我效能感，并增加个人能动性和责任感。标准化的进程在人们远离犯罪的过程中发挥了重要的作用，这种进程通常的主题就是摆脱犯罪，因为人们通过投资和建立的关系获得了"可以失去的东西"（Devlin and Turney，1999）。监督人员面临的挑战是如何帮助年轻人从童年走向成年，从一个亲犯罪的社会世界走向一个亲社会的社会世界。

╟┤ 关键问题 ├╢

　　1. 想想你曾经计划并改变你生活的情况。是什么让你改变了？你采取了什么方法？你选择这些方法的原因是什么？计划进行得怎么样？（评分 1~10 分）。

　　2. 画一张你自己家庭的生态关系图，包括：

· 人（父母、亲戚、朋友、兄弟姐妹、社工）；

· 感觉或想法（梦、恐惧、希望、忧虑）；

· 社会网络的其他部分（学校、宗教、社团、爱好、成就）。

　　对你熟悉的案例或罗伯塔的案例使用相同的方法。

╟┤ 练习 ├╢

　　角色轮换：小组、家庭或模拟练习。

　　一个人扮演青少年司法社会工作者提供咨询，一个人扮演父亲或母亲，另外一个人扮演青少年。

　　帮助青少年站在父母、老师、犯罪受害者、朋友等的立场上思考，让他的态度向亲社会方向转变。

　　家长——你十几岁的儿子/女儿已经同意在需要上学的时候最晚 10 点半回家。但他/她今晚 11 点半才到家，这是本周第二次了。你很生气，担心他/她会遇到麻烦。"说好的回家时间是几点？"你问。

　　青少年——你知道你应该晚上 10:30 以前到家的。但是你和朋友在商店外面聊天，忘记了时间。似乎他们每个人都可以想在外面待多久就待多久。除了你的父母，你也不认为会有什么麻烦。你为自己辩护，但不想让父母太生气。

　　几分钟后互换角色。分别扮演过三个角色后进行反馈。分享得出的经验，找出学习要点。鼓励参与者提出自我激励的陈述。

　　类似的练习也可以用在犯罪的年轻人身上。放两把相对的椅子，让他们分别坐在其中一张椅子上，扮演自己的角色。让他们描述他们犯罪的日子，包括犯罪本身的一些细节。在每个阶段，探索他们在做什么，在想什么，有什么感觉。之后交换座位，以受害者的身份做同样的练习。

推荐阅读和参考资料

Harper R. and Hardy S. (2000), An Evaluation of Interviewing as a Method of Intervention With Clients in a Probation Setting, *British Journal of Social Work*, Vol. 30, No. 3, pp.393-400.

McMurran M. (eds.) (2004), *Motivating Offenders to Change*, Chichester: Wiley.

Lin N. (2001), *Social Capital: A Theory of Social Structure and Action*, Cambridge: Cambridge University Press.

Myers S. (2007), *Solution Focused Approaches*, London: Russell House.

Yates J. (2004), Evidence, Effectiveness and Groupwork Developments in Youth Justice, *Groupwork*, Vol. 14, No. 3, pp.112-32.

第七章

强化干预

一 介绍

青少年犯罪是多因素的，其成因与个人、家庭、朋辈群体、学校和社区都有关系。有证据支持这样一种观点，即有效的干预措施必须尽可能在"自然发生的情况下"（Henggeler et al.，1993，第 286 页）处理有关犯罪行为的这些多重决定因素，并提供基于社区、"多模式"和整体的广泛而且复杂的重点干预措施。

在英国，对年轻人进行强化监督的再次出现，可能更多的是由于被拘留的年轻人越来越多，出于对少管所等拘留少年犯的机构设施及相关成本的考量，而不是有意识的以证据为导向的哲学和实践的重新思考。尽管如此，建立"更严格"、更负责任的社区设施的政治命令已经引发了一场实践辩论：如何确保处理起来最具挑战性的年轻人获得各种意义上的"安全"。这不仅仅是物理位置上的安全，而是通过提供逐步和适当的强化监督，达到长期减少和中止犯罪行为的目的（Armstrong，2003）。本章将探讨有关强化社区监督和机构监禁（secure accommodation）的实践性证据。

> **案例思考：严重犯罪者离开监禁机构**
>
> 贝尼快 16 岁了。他目前在监禁机构中，很快就会离开。在他 6 岁的时候，社会工作服务机构第一次注意到他，因为他的父母很难管教他。他有旷课和被主流学校教育排斥的记录，一直在接受专业教育。记录显示，他遭到过早期身体和精神上的虐待和忽视、家庭暴力、父母的拒绝和交友的困难。
>
> 贝尼有人际暴力的前科，有破坏公物、袭击和许多轻微罪行。他最近

的犯罪涉及一名陌生的 16 岁女性。他在一条小巷里猥亵她，使用暴力威胁，赤裸身体，触摸她的乳房和生殖器。随后，他说了过去三年里许多未被报告的罪行，对象是 11~17 岁的女性。大约在他 12 岁时，开始出现这种有问题的性行为。贝尼几乎没有社会支持，但他的父母可以在其离开机构后为他提供住处。

二　"强化"的定义

将监管力度与需求和风险水平进行匹配是一项既定的实践原则。然而，对于有效实践模式的设计、实践和预期结果的研究却非常有限。在某些司法辖区，强化监管只不过是增加电子或其他形式的监视和监控。在大多数情况下，实践的挑战是找到干预、监督和监视的正确融合，从高水平的监视（一种执行方法）到实现长期的社会、行为和个人改变和犯罪中止（一种社会融合的方法）。

近几十年来，大量关于干预效果的研究报告强调，强度、持续时间和顺序是有效实践的重要特征。为高需求或高风险人群保留最高强度的总体原则既反映了有效利用稀缺资源的实际，也反映了研究结果，即不适当的强化干预可能会适得其反。元分析的结果表明，一个结构化项目的中位持续时间为 23 周与减少复发呈正相关，而每周的小时数低于中位实践 5~10小时与减少再犯呈负相关（Lipsey，1999）。其他评论人士建议，如果要有效，强化计划应该"在 3~9 个月的时间里占据违法者 40%~70% 的时间"（Gendreau et al.，1994，第 75 页）。这些结论是综合研究得出的，在任何常规方法中应用它们都需要谨慎。尽管如此，干预时间也必须足够长，才能达到预期的结果，这可能与知识、技能的获取，态度的改变以及将其应用于现实世界的情况有关。

没有一个教育学家会指望年轻人从极少用于反思生活的经验中获得知识。获取个人资源需要大量时间是合理的，即使取得成就的方法可能与传统的教学方法不同。需求和风险是变化产生的关键，不同领域的需求和风险有不同的"持续时间"和解决"顺序"，这取决于预期的结果；对有些领域来说，取得结果的投入时间相对较短；有些则可能需要很长时间。

对于那些身处困境的家庭来说，密集的干预是具有价值的。那些有理由或有意识地关心孩子的家庭，会在白天提高警惕和加强监督，并尝试通过青少年社团或体育社团、积极的同辈群体等安全结构化的渠道来指导孩子晚上和周末的活动。白天和晚上的时间"规划"在周末和节假日会有不同的形式，因为那时会有更多无人监督的时间。父母如果担心，那么他们就会来"检查"。根据年龄的不同，有些年轻人在晚上 10 点以后外出或天黑后离开家时，会有晚上的时间"规划"。随着现代科技的发展，许多年轻人将通过手机接受"电子"监控，父母会询问："你在哪里？你现在不该在回家的路上吗？我来接你好吗？"

相当矛盾的是，直到最近，由家庭自然运作的"安全"和"强化监督"的"全面"模式似乎还没有被纳入英国社区监督的建设性模式。原因可能与干预的过度专业化有关，因此未能最大限度地利用家庭和社区这种"自然的"实践和资源（见第五章）。这可能反映出，在"星期一到星期五上午9 点到下午 5 点"的结构范围内进行多维社区服务，并不符合年轻人的需要和要求。但是直到最近，也还没有适当的 24 小时监督规定，这反映出对一些比较麻烦的年轻人缺乏有效的策略规划。

拥有社会网络资源的家庭参与正式国家系统，可以协助其为年轻人提供更多的安全和更强的支持，他们可以建立日间、晚上和夜间的监督机制，动员家庭或社会网络中任何能够对该计划做出积极贡献的人参与进来。家庭问题解决会议可以调动家庭或更广泛的社区资源，以确定情况的优劣势和任何需要的援助，并提出行动计划，包括恢复性活动。在服务提供的分级系统中，家庭和其他社区资源可以得到志愿者级、专业级和 / 或专家级的帮助，依据需求或风险水平，最高可以到国家级别的自愿或强制性帮助。

在平日、周末、晚上和深夜，谁应该带头负责监督社区里的贝尼？

英国司法辖区关押的 21 岁以下的儿童和青少年比欧洲其他任何国家都

多，被关押者也要更年轻（Neustatter，2002）。因此，英国在年轻人的机构矫正方面支出很高，这表明英国目前过度依赖通过使用"房屋"而不是人和社会网络为年轻人和社区创造"保护性措施"。如果不事先努力在社区中提供有意义的和高程度的保护措施，直接以"最大化利益"将孩子束缚住，无论是基于反映个体的"病理学"还是系统性的失败都很难证明这是合理的，因为这样做花费巨大。然而，总会有一小部分年轻人会对自己或他人造成严重的危险，这就可能需要接受一段时间的人身保护性措施，无论这种措施会对他们造成什么后果。

联合国《儿童权利公约》中有一项尽量不让年轻人被机构监禁的"任务"，它强调，对于那些面临重大伤害风险的人来说，机构监禁应该是最后的手段，并且对于大多数人来说，只有在实施了以社区为基础的适当形式的强化干预之后这种方法才可以使用。但英国的实际情况似乎大不相同，在英国司法辖区内被拘留的年轻人的数量堪称一桩丑闻，但这往往与实践者个人无关。尽管如此，实践者也必须向决策者传达现有证据，说明机构监禁可能产生的结果，从拘留所返回社区后，再犯罪率通常在70%~80%（Scottish Executive，2006）。对从业者来说，社区利益与年轻人利益问题的提出同样重要，这样才能确保其根据现有证据做出知情的决定。

在2002~2005年，研究人员进行了一项关于机构监禁的研究，并对一组年轻人进行了为期约两年的跟踪调查。受访的从业者普遍认为机构监禁的主要功能是：

- 保护年轻人自身和公众；
- 评估需求，使年轻人能够反思自己的处境；
- 与年轻人接触，促使他们产生改变；
- 使年轻人有能力回归社区生活。

构成样本的53名年轻人中有28名女孩和25名男孩，年龄从12岁到16岁，所有人都符合"非常麻烦"的年轻人相关特征。他们中的大多数人都知道自己的家庭生活遭受了重大的创伤、损失和破坏，10个人经历过父母一方的死亡；超过一半的人在10岁之前就知道社会工作服务；所有人在入学前都接受过照顾和安置；只有 17% 的学生来自社区中的家庭，其余的学生或来自寄宿单位（58%）或来自寄宿学校（25%）。在大多数情况下，他们的困难在接受寄宿后继续升级，这对设施的有效性提出了许多要求。大多数人（57%）被描述为不愿与服务提供者"接触"。意料之中的是，其中的大多数年轻人都中断过教育，并被认为他们的行为会给自己或他人带来危险。除了他们的犯罪行为外，需要加强"保护性措施"的其他触发因素还有：可能逃避逮捕（苏格兰的法律标准）、在危险的环境中与人相处、酒精和/或药物滥用、有性剥削和自残行为的风险。

　　毫不奇怪的是，从业者认为机构的安置通常能有效地保护年轻人的身体安全，尽管许多人已经认识到混合居住人群有潜在"污染"效应，以及这种安置会向年轻人传达隐含信息，即只有在被控制和/或被锁在一个有保护性措施的地方时，他/她才是"安全的"。这种人身保护性措施的价值在早期的研究中已经得到了反映，在这些研究中，年轻人认为，如果他们没有被允许住在具有保护性措施的地方，他们可能已经死亡，或者肯定不会停止犯罪。

　　进入机构可以为这些年轻人提供一个实际的机会，让他们通过参与评估和规划更好地满足教育、健康或心理需求，特别是有机会完成结构化的课程，发展生活技能，并通过体育锻炼建立自信。但是，这些潜在的好处会被许多年轻人长期面临的困难抵消，例如与依恋或未解决的创伤有关的问题，这些问题是无法在短期保护性安置中得到解决的。其他研究（Neustatter，2002）表明，恃强凌弱现象在封闭的机构中普遍存在，这是一种通过恐吓他人来获得地位和权力感及控制感的方式。这种经历往往只会强化这样一种观念：在这个世界上，最凶恶、最无情的人会赢得胜利，并受到尊重。

　　虽然让机构监禁尽可能积极和有建设性很重要，但从其中被释放对年轻人来说可能是非常可怕的经历，特别是那些没有什么社会资源的人。释放的最初几天是至关重要的，因为那些感到害怕和迷失的人往往会回归他们所熟悉的东西——旧的住处、以前联系的人和原来的生活方式。这时，从业者帮助他们过渡到外部世界是很重要的。在其被释放的时候，社会工作者声称所有的年轻人都可以通过良好的个人照料和定期的学校出勤率获得安全方面的保障。但是，由于受到离家远等不利因素的影响，这些保障会进一步破坏家庭关系，家附近从业者的参与也十分困难，这使得有意义的家庭工作和系统性的照顾很难开展。机构安置被认为在解决药物滥用方面特别无效。

在进入机构住所大约两年后，从业者将年轻人的长期结果分为"良好"（26%）、"中等"（45%）和"较差"（28%）进行描述。再过两年，样本中45%以上的年轻人仍然处于某种形式的机构中，包括拘留或机构监禁、临时收容所或寄宿学校等。其余的人主要与父母或其他亲属一起生活在社区，或被寄养。在少数独立生活的人中（11%），有三分之二的人被认为处于"稳定"的家庭状态。

从业者将积极和消极的结果都归因于回归社区后所接受的服务的性质和质量，而不是在机构监禁期间取得的"收益"，不过，在有良好过渡的情况下，随着时间的推移，逐渐降低服务和监督水平，结果会更好。在一个要求提供但没有提供保护性措施的小规模比较样本（n=23）中，一年后所有人都在社区中过着"相当稳定"的生活。

虽然依据这项研究的规模需要谨慎解读研究结果，但我们可以从中得到两个重要信息：第一，如果能让年轻人在社区中"得到保护性措施"，就有可能在不增加成本（虽然成本未必更低）的情况下取得和维持同样好的结果；第二，对于那些进入机构的人来说，过渡工作对于维持取得的积极结果和避免从机构中获得的好处被"冲刷掉"是必不可少的（基于社区的原则）。这些发现与已得出结论的主要国际化观点一致：一个世纪的关于教养培训学校和少年监狱的经验表明，它们是经过广泛评估，并且对"治疗"罪犯明显无效的方法……（Feld, 1998, 第280页）

尽管调查结果一致，但政治领导人和决策者还是"以前所未有的报复心态"依赖于制度控制和刑罚监禁（第280页）。

如果说最近几十年对青少年司法项目的研究有什么明确的发现的话，那就是把青少年罪犯赶出家门对于减少长期犯罪来说往往不是一个制胜的策略。大多数……监狱的……再犯罪率都很高。以社区为基础的密集的监督项目通常再犯罪率较低或低于家庭外安置……而以家庭为中心或多维度的密集干预项目的再犯罪率是所有项目中最低的。

（Mendel，2000，第 16 页）

　　将年轻人带出社区，并把他们安置在监禁的设施中，有助于让公众"放心"，但似乎没有社区干预有效（Mendel，2000）。一位少年犯管理机构（Young Offender Institutions，YOI）的负责人说："如果我经营的公司是少年犯监狱那样的成功率，那我就不得不辞职了。"（引自 Neustatter，2002，第 28 页）

　　最终是决策者把年轻人从社区中赶走的。从业者在权衡证据和提出观点时，必须强调有大量证据表明机构服务的规定很可能是不成功的。年轻人面临的困难往往只有在他们回到为犯罪行为提供最初机会的环境中时才会加剧，强调这种证据很重要。如果进入机构前没有在家庭或社区一级接受强化干预，或者没有接受系统性的干预工作，又或者由于强化干预的供应不足而进入机构，那么强调这一点就更为重要了。

　　同样重要的是，要为这些因犯罪而被拘留、寄宿的年轻人提供在机构期间积累个人资源的机会，并开展有效的筹备和过渡工作，保障他们重返社区。家庭的参与对于维持年轻人重返社区，以及巩固在寄宿、机构设施中取得的知识经验可能至关重要。家庭是不会主动选择机构服务的，接受机构服务通常是被动的。因此，他们可以感觉到权力和影响力方面的不平等。

　　英国司法辖区的服务标准强调有意义的行动计划（包括事后计划和全程计划）的重要性，以确保年轻人生活特定方面的发展，特别是他们的健康、教育和社交技能，以此满足社会需要。虽然这种生活环境是"人造的"，但它可以提供一个平台，帮助青少年发展个人管理技能，与同辈群体和权威人士建立社会关系，以及了解犯罪行为对受害者、家庭和自己的影响。

让家庭参与计划和监督的有效策略包括

▶ 让家人安心，不要让他们不知所措；

▶ 确保他们获得所有需要的信息，让他们成为有意义的合作伙伴；

> ▶ 在必须做出决定的时候，花时间解释技术数据、复杂情况或政治环境；
>
> ▶ 使家庭成员了解他们的角色和责任；
>
> ▶ 提前（如有可能）以家庭成员的母语向他们提供书面材料，不要使用行业术语；
>
> ▶ 确定共同的目标并专注于这些目标，同时认识到在所有事情上达成一致是不可能的，甚至是不可取的；
>
> ▶ 共同评估进展；
>
> ▶ 保持沟通的开放性、诚实性和一致性；
>
> ▶ 分享决策，为过程中遇到的问题找到双赢的解决方案；
>
> ▶ 招募多元化的家庭成员团队，培训和支持那些愿意参与的人。
>
> （Osher and Huff，2006）

所有工作人员，无论其职能或地位如何，都可以为年轻人树立成人社会的榜样，无论好坏。在系统性方案中进行的学习，应着眼于在机构内应用或"实践"，并通过准备过渡和重返社区，最终指向社区中有意义的机会。年轻人回到社区短期休假时，往往没有任何计划来指导他们白天和晚上的安排；而且机构的责任人与社区内具有监督责任的从业者或家庭之间也不存在工作交接。如果没有良好的规划，并且家庭或其他主体也没有提供积极帮助，那么年轻人回到社区的这种过渡对他们自己和社区来说都是危险的。

要有积极的安置实践模式，负责规划的社区工作者要确保执行协商好的工作，并在落实切实可行的周末和过渡计划方面发挥着重要作用。英国的实践中总是在强调机构和社区监督之间缺乏合作和综合规划，特别是对非常严重的罪犯，这在某些情况下可能导致出现谋杀案件的结果（SWIA，2005）。人们一致认为，即使是参与有害的性行为的年轻人，也可以在社区得到满意的监督和治疗，避免出现与家庭分离和接触到不正常的环境等问题。没有令人信服的证据能够证明，强调公共安全和惩罚，即将性侵犯的年轻人从社区中清除，比基于社区的再融合监督和治疗更有效。虽然可能有其他公共上的考虑，但事实上，拘留或机构监禁可能弊大于利。从业者面临的问题是，如果社区没有正式项目方案提供有意义的集中强化监督服务，那将年轻人安置在机构并为他们提供服务会更直接具体，尽管机构安置的成本较高、效果较差。简单地向决策者说明让年轻人留在社区的价值，并不能提供解决办法，还要保证有分级和强化的监督，能够"全方位"覆盖到年轻人，并在社区内提供帮助和"保障性措施"。

三　社区中的保护："全方位"服务的提供

以社区为基础的全方位方法旨在提供一种综合模式，这种模式通过让年轻人在社区中积极参与，并做出个人努力来取代机构拘留，从而提供一个全面的监督计划。在分级系统中，"自然性"资源可以由受过训练的志愿者或专业人员进行补充。这一方法的目的是确认和利用年轻人及其家庭的长处，鼓励那些有助于防止年轻人进入进一步的司法系统可能性的行为。"全方位"服务模式借鉴了其他各种服务模式的经验，在美国比在英国得到了更多的发展。这一模式主要基于两个信念：①家庭成员需要并且经常想要帮助其他的家庭成员；②社区生活对维持积极的变化至关重要（Bruns et al.，1995）。

"密尔沃基全方位服务"（Wraparound Milwaukee，1993）社区资源合作组织最初是为有严重情绪、行为和心理健康问题的家庭和儿童建立的社区护理和资源协调系统。这种照料模式的特点是建立一个"服务提供者网络"，提供广泛的服务和监督。它包括：个性化的护理计划；确保服务得到协调、监控和评估的管理系统；一个可以提供危机干预的机动紧急反应小组；以及管理式照料方法，包括基于应急计划和服务监督的服务预授权。自1994年成立以来，年轻人参与"密尔沃基全方位服务"的成果令人备受鼓舞：五年内，机构的使用减少了60%，精神疾病患者的住院率下降了80%；每个儿童的平均总护理费用从每月5000多美元下降到每月3300美元以下。通过儿童和青少年功能评估量表（Child and Adolescent Functional Assessment Scale）衡量青少年在家庭、学校和社区中的功能变化发现，参与犯罪活动的年轻人的表现得到显著改善（Hodges，1994）。再犯罪率的数据也令人欣慰。调查前一年和后一年的犯罪数据可以发现，再犯罪率的减少具有统计学意义（Carney and Buttell，2003）。虽然评估显示了积极的结果，但它没有发现"全方位"服务和再犯罪之间的特定关系，还需要更多的研究定义这些多系统或生态方法的要素，这对于实现减少再犯罪的预期结果至关重要。

研究结果表明，面临复杂困难，特别是有心理健康问题的进入青少年司法程序的年轻人，如果接受过综合性和个性化的"全方位"服务计划，那么他们再犯罪的可能性就比较小，在拘留所或其他机构服刑的时间也可能会缩短。这一模式的依据是，从长远来看，那些在学校上课、不离家出走并攻击他人或没有被警察抓过的年轻人，可能比那些不这样做的人发展得更好。它试图以一种综合和全面的方式解决导致犯罪的多重决定因素，而这种方式在传统监管实践中往往是缺乏的。

"密尔沃基全方位服务"的模式有一些"核心任务"，这些任务为社区的所有强化监督提供了有用的指导框架。

1. 确定年轻人生命中和家庭生活中的关键"参与者"。
2. 采取强有力的非评判性的并以家庭为中心的方法。
3. 促成一个全方位的"团队"（team）或"网络小组"（network group），并组织一种会议（小组或家庭会议），以制定创造性的服务计划和有意义的行动计划。
4. 确定现有的多学科服务，评估其对年轻人和家庭需求的有用性。
5. 准备好服务计划，其中要包括适当的结果指标和资源成本。
6. 评估培训需求，安排关键人员的培训。
7. 准备好危机计划，设定无条件关怀（unconditional care）的期望。
8. 找出不足之处，弥补实施目前缺乏的需求服务或处理突发事件。
9. 灵活使用管理资金，与财务负责人处理好关系。
10. 根据需要提供直接服务。
11. 评估服务进度，每季度进行一次评估，根据需要修改服务计划。
12. 准备过渡计划和长期跟进。
13. 总结成果相关的数据，用于方案改进。

在美国的模式中，干预行动的关键社会因素或"项目"（domains）包括：

- 家庭 / 生活安排（home/living arrangement）
- 家庭 / 代孕家庭（family/surrogate family）
- 心理 / 情绪（psychological/emotional）
- 教育 / 职业（educational/vocational）
- 法律（legal）
- 社交（social）
- 安全（safety）
- 医疗（medical）

（The Community Resource Cooperative，1993）

它们与一般评估框架（common assessment framework，CAF）和"ASSET"评估包中所包括的项目有相似之处，这些项目同样可以作为全面或强化监督计划的基础。

对于任何形式的强化监督来说，全方位模式必然涉及与一定范围内的服务对象在计划、实施和监测干预方面的合作。把这些服务对象聚在一起解决一种问题行为也有助于另一种行为的解决。家庭和社区中的其他人提供的监督审查，是将年轻人的行为置于强化但有建设性和有意义的观察之下，这与综合性和恢复性实践哲学（Braithwaite，1998）以及"支持圈"（circles of support）相类似。

> 你认为在贝尼案例中，有哪些好的和坏的分级干预和"全方位"服务？

"密尔沃基全方位服务"模式包括年轻人及其家庭，他们会作为"团队"或"行动网络"的一部分参与其中，其中可能包括年轻人生活中的监护人或其他重要人员、社区资源人员（教会成员、邻居、导师和家庭确定的其他人员），也会和机构工作人员合作，以满足年轻人及其家庭的既定需求。全方位服务团队的会议频率因年轻人的需求和风险而不同，但"团队"的所有成员通常至少每月举行一次会议，以审查干预进展和目标的实现情况，并解决问题、澄清角色定位并确定新的目标。理想情况下，在问题得到解决，服务对象因搬走或年满 18 岁而退出项目之前，全方位服务小组应该一直存在。

　　评估结果支持这样一个假设，即接受社区全方位服务的年轻人，在之后的时间里不太可能继续做出危险行为。与接受传统法庭服务的年轻人一样，接受全方位服务的人不太可能再无故缺课、被学校开除或停学、离家出走或被警察带走。他们的父母和监护人也说，与其他常规服务相比，参与全方位服务的年轻人出现攻击他人的事件较少。然而，对于从业者来说，当前研究结果的普遍性仍然存在局限。

　　虽然结果表明，该方法取得了重要的"过程性"收益，但评估中未能找到强有力的实证支持，即非正式网络和全方位支持本身足以使年轻人发生——与接受传统少年法庭服务相比——较少的刑事犯罪。最初的全方位服务模式依赖于非正式资源——家庭、邻居和社区。在很多情况下，这些人并不习惯参与解决年轻人的需求问题，特别是以犯罪为重点的问题。最初的模式几乎完全依赖于没有接受过培训的非专业人员。从这个意义上来说，最初的模式适合家庭问题的解决、召开家庭会议或其他恢复性实践方法，这些方法提高了"健康"家庭对逆境的反应力。然而，面临多重困难的年轻人经常犯罪的特点和情况并不意味着这种全方位或强化的监督可以简单或直接的实施，而无须结合"自然性"资源和"专业性"资源。随后的一项研究表明，当由受过训练的人组成的团队在活动中进行监督时，取得的结果更为积极。

四　强化的支持性服务

　　全方位服务的结果表明，要在专业指导和支持的框架内，最大限度地利用自然性社区资源的价值，应该允许分级强度从最强的网络支持和最弱的专业监督一直到最强的专业监督是连续统一的。强化监督的正式计划，如"强化监督和监视方案"（Intensive Supervision and Surveillance Programme，ISSP）和"强化监督和监控计划"（Intensive Supervision and Monitoring Scheme，ISMS），是为了采取严格的社区干预措施，给活跃的惯犯以及那些犯下最严重罪行的人提供安置或拘留的替代办法。这些办法结合了以社区为基础的高度专业的监督和监视，持续关注个人变化，解决助长年轻人犯罪行为的因素，同时进行家庭工作，并将这些与就业、禁毒和安置寄宿服务的教育、培训结合起来，为他们提供心理健康咨询、生活技能培训、休闲和志愿服务。大多数这类方案都包括电子监视，作为方案的一部分，严密的监视和严格的执法可以为社区安全提供保障。

提供强化监督责任的往往是与当地少年司法和儿童服务工作人员及其他专业人员密切合作的专门小组。在英国，强化监督计划的执行时间因司法辖区的不同而不同。在"强化监督和监视方案"中，大多数年轻人将花费六个月的时间，其中最强效的监督（每周最少25小时）是在该计划的头三个月。在此之后的三个月，监督强度可能会降低（每周至少5小时）。完成"强化监督和监视方案"后，年轻人将在法令的剩余期限内继续接受监督。在苏格兰格拉斯哥市，"强化监督和监控计划"法令会持续大约20周。通过电子监视实施的行动限制条件（Movement Restriction Conditions，MRCs）和各种类型的宵禁每周最多有70小时，每天最多12小时，会持续12周左右。平均的计划干预时间为每周28小时左右。

"强化监督和监视方案"中关于年轻人的评估数据发现，他们中的大多数人过着混乱的生活，面临着多重问题，许多人被认为因其早期生活经历而受到创伤。"强化监督和监视方案"小组在解决这些年轻人复杂的基本需求和犯罪行为方面面临着重大挑战。6个月和12个月法令的比较数据显示，12个月"强化监督和监视方案"的完成率低于6个月的项目，成功完成率仅为32%，而6个月"强化监督和监视方案"的完成率为42%。对那些完成的人进行的一项分析显示，"只具有严重性"犯罪的人最有可能完成，但他们的完成率只有42%。有报告称，年轻人认为12个月的时间是一项挑战，尽管他们表示享受这种受到的关注。

尽管这项研究有局限性——它是回顾性的且样本量不大——但从6个月和12个月的"强化监督和监视方案"中可以发现，与再犯相关的风险有所降低。最终的ASSET评估分析发现，"问题"方面得分总体下降，说明潜在的个人困难和问题的解决受到了影响。但这究竟是干预的结果还是偶然的，尚无法确定。对于非常密集和具有侵入性的12个月方案，在启动违约程序之前，违约率高于6个月组。研究结果表明，长期的干预可能不太适合"只具有严重性"犯罪的人。工作人员的定性评估表明，6个月组的潜在问题比接受长期和持久干预的组少，12个月"强化监督和监视方案"的主要价值是将年轻人从拘留程序中转移出来。工作人员和决策者对结果普遍感到满意。

俄亥俄州"强化缓刑监督方案"（Intensive Probation Supervision，IPS）旨在为14~18岁的严重犯罪人员提供强化监督和治疗服务。该方案使用团队结构的方法进行监督，而基本的服务模式是通过服务中介。监督人员与青少年共同订立行为合约，规定监督期间须达成的目标，期限为8个月至14个半月。在进行了18个月的跟踪调查后，结果显示，与对照组相比，"强化缓刑监督方案"使再犯罪率大幅降低了28.7%。

这些结果似乎归因于四个关键因素。

1. 分级制裁制度是基于经验验证的风险评估工具，目的是确保只有被评为"高风险"的人才会被纳入"强化缓刑监督方案"。
2. 提供强化服务的同时进行强化监督。
3. 需要评估工具，以确定优先需要，并制定和实施计划。
4. 每个单位团队具有资深经验的同事需要确保主管在做出安置决定时遵守了分类制度，并以符合方案指导方针的方式进行实践。

五　电子监控

很难精确地说明违法行为矫正服务方案、一对一监督、家庭工作、教育、休闲活动等组合起来的监管的有效性。因此，电子标签对青少年监督与管理的作用并不容易被确定。给年轻人贴标签仍有争议，所以使用电子标签这种监督方法有明显的局限性。就其本身而言，它无法积极推动改变，不能促进态度、行为的变化，或提高技能和理解能力。它虽然可以对年轻人进行限制，但它不能帮助了解一个年轻人在家里、学校或社区做什么。如果一个年轻人失踪或违反了禁令，电子标签将提供证据，但不会提供他们正在做什么的信息。电子标签也给人一种担忧，即会不会给年轻人贴上标签和产生污名化的风险，或者年轻人将电子标签当作一种荣誉勋章，美化作为罪犯的地位。由于标签难以隐藏，匿名性和保密性的要求也可能受到限制。

然而，有一些证据表明，使用电子标签可能有助于建立一种结构，以帮助打破有问题的行为循环模式；或给予干预服务决策者信心，有助于处理社区中非常严重的犯罪行为。人们普遍认为，电子标签与其他积极的社会干预措施结合起来使用最可能有效，并可能为其他援助发挥作用争取时间，而不必使年轻人被安置寄宿或拘留（Whitfield，2001）。

在贝尼的案例中，你认为电子监控的优点和缺点是什么？

加拿大早期的研究发现，50%使用电子监控的案例没有持久的负面影响，20%的案例声称有积极的影响，包括让家庭成员团聚（Mainprize，1995）。在其他地方，有些家庭发现自己成了没有报酬的看守者，这造成了家庭关系的紧张。总体研究表明，与未加标签的群体相比，标签对矫正对象的影响是"中性的"（Mortimer，2001；Nellis，2006）。目前，还没有多少严谨的研究表明电子标签对年轻人有任何明确的好处，或对哪种类型的矫正对象更合适。尽管如此，评论人士和从业者，甚至那些最初对电子标签持怀疑或消极态度的人，都认为通过这种方式让人放心，它允许年轻人在社区内开展其他工作，对保护年轻人有好处。对于那些在面对权威压力或同伴压力方面处理起来有困难的人来说，标签可以提供一种非个人的权威，帮助年轻人避免冲突和丢脸，让年轻人有理由或借口来抵抗同伴压力，选择退出或避免危险的情况。

第一代无线电控制技术是可靠的，但有明显的局限性。随着移动电话、微芯片和电子安全等人际通信技术的迅猛发展，第二代和第三代 GPS 技术有望带来巨大的改变，卫星跟踪技术将为监测实时活动提供更大的发展空间。世界各地的几项研究表明，成年人的高服从率可以实现，但随着时间的推移，这一趋势往往会下降（Whitfield，2001）。

电子监控可能有助于中止年轻人的不良行为模式，并有助于应对同伴压力，作为一种三个月左右的短期控制措施，它可以用来监测宵禁或辅助进行宵禁，并提供保证，特别是向法院提供执行上的保证。电子标签可以为监督者创造机会，让他们与服务对象建立信任的工作关系，帮助服务对象增加处理更具挑战性的变革问题的动力。如果成功的话，随着时间的推移，这将有助于将控制转变为帮助。

六　结论

有足够的可靠证据表明，监督的力度需要分级，以适应年轻人的需要、应对不同的风险和情况以及犯罪性质。这应该是实现服务对象个性化目标的最低限度要求，在某些情况下，作为机构矫正的替代方案，这种监督将是非常强有力的。

许多司法辖区的强化监督是随着司法的限制和监督要求变化的，而不是依据援助需要的强度变化（Petersilia and Turner，1992）。对于那些犯罪风险最大的人来说，最有效的干预方案可能是将强化监督与旨在改变行为的建设性帮助结合起来。

┤┠ 关键问题 ┠├

1. 你有哪些经验可以帮助和监督离开机构及安置环境的年轻人？哪种类型的方法效果最好？你的经验与研究结果相比如何？

2. 想想贝尼，或者一个你帮助过的年轻人的例子，回到社区会给社会工作者、年轻人、他们的家庭和社区带来什么样的挑战？

3. 什么情况最适合"自然的"社交网络成员的密集参与，什么情况最适合密集的专业者参与？

4. 在年轻人回到社区后，他们的家庭社区中有哪些资源可以用来支持和保持积极的变化？

5. 作为一名社会工作者，你可以采取哪些方式来确保地方当局履行对年轻人和社区的责任？

┤┠ 练习 ┠├

使用下面的行为变化分析网络，分析依据第六章中说到的变化周期，贝尼在每个阶段能够实现什么（参见表6-1）。

表 6-1　行为变化分析

	服务对象处于变更周期的哪个阶段?	双方一致关注的领域是什么?	在这个阶段进行改变的好处是什么?	在这个阶段,反对改变的缺点是什?	这对年轻人来说是什么感觉?	作为监督者,你感觉如何?	可以采取的最有效的方法是什么?
第一阶段 第一印象							
第二阶段 第一次接 触后							
第三阶段 一个月后: 计划阶段							
第四阶段 回顾总结							

推荐阅读和参考资料

Burt M., Resnick G. and Novick E. (1998), *Building Supportive Communities for At-risk Adolescents: It Takes More Than Services*, Washington, DC: American Psychological Association.

Petersilia J. (1990), Conditions that Permit Intensive Supervision Programmes to Survive, *Crime and Delinquency*, Vol.36, No.1, pp.126-45.

Weaver A. (2008), *So You Think You Know Me?*, Sherfield: Waterside Press.

Weibush R., McNulty B. and Le T. (2000), Implementation of the Intensive Community-Based Aftercare Program, *Juvenile Justice Bulletin*, www.ncjrs.gov/html/ojjdp/2000_7_1/ contents.html.

表 6-1 计划实施分析

焦点问题和参考资料

Burt M, Resnick G and Novick E. (1998), Building Supportive Communities for At-risk Adolescents: It takes More Than Services, Washington, DC, American Psychological Association.

Perestiala J. (1990), Conditions that Permit Intensive Supervision Programmes to Survive, Crime and Delinquency, Vol.36, No.1, pp.326-45.

Weaver A. (2008), So You Think You Know Me, Sheffield, Waterside Press.

Welbush R, McNutty B, and Le T. (2000), Implementation of the Intensive Community-Based Aftercare Program, Juvenile Justice Bulletin, www.ncjrs. gov. html/ojjdp/2000-7-1/contents.html.

第八章

维持和评估改变

一 介绍

英国的政策和与儿童相关的立法认识到，在为有困难的儿童和年轻人提供综合应对措施方面，各方分担责任和共同承担责任十分重要。然而，在英国的实践中，服务提供的分担责任（shared responsibility）、共同责任（corporate responsibility）和集体责任（collective responsibility）概念还不成熟。服务提供的质量肯定不是按照一些从业者建议的标准来评估和衡量的，即服务应该"对你自己的孩子足够好"（STAF，2006）。有效的共同方案需要通过实践评估证明，也就是服务正在朝着分阶段、有序和持久变化的方向发展。

任何看似合理的改变理论和改变管理理论，理想情况下都应该尝试将年轻人所处的整个社会"生态"包括在内，如家庭、社区、学校和职业。对于那些接受过安置寄宿或被拘留过的人来说尤其如此。

> **案例思考** ●
>
> 马苏德刚满 16 岁。法律要求他接受的社区监督已经结束，在过去 6 个月内他没有再犯任何罪行。你已经为他及他的家人提供了一年的服务。
>
> 想想你在最后一次的评估中要提及哪些因素。

很少有研究充分关注重大生活事件对青少年社会支持网络的影响，或青少年关于什么会对长期结果产生影响的看法。虽然关于保持积极变化和帮助成年人长期中止犯罪的文献有助于少年司法的实践，但最佳的实践性证据还是关于被"照料"和"安置帮教"的年轻人的全程关怀研究。本章探讨了随着时间变化保持改变，以及实践评估和证据引导的实践在有效中止犯罪方面的地位。

二 全程关怀：随着时间的变化保持改变

有意义的社会融合强化了个人诚实正直感的重要性，这是健康青春期的一个重要特征。根据儿童法和刑事立法，大多数 18 岁以下的严重犯罪或持续犯罪的未成年人可能会受到某种形式的强制措施。

接受公共监护的年轻人，包括那些参与犯罪的年轻人，普遍面临着较高的社会排斥风险，这意味着他们个人、社会和物质上的劣势和边缘化（Hill et al.，2004）。最具干预挑战性和最难以干预的年轻人除了有违法行为外，还往往面临多重困难，包括学习成绩差和学历低、无家可归、失业和心理健康问题、长期依赖福利、可能成为年轻父母以及经历孤独和社会孤立（Dixon and Stein，2005）。对于具有少数民族背景的年轻人来说，这些困难可能会进一步加剧，他们还可能会由于缺乏知识、缺少与家庭和社区接触以及歧视的直接影响产生身份问题（Barn et al.，2005）。

虽然从表面上看，采用社会包容方法作为注重风险因素和缺乏生活机会的概念框架很有吸引力，但这可能掩盖了弱势青少年群体之间的差异。有关照料年轻人以及停止犯罪的文献表明，作为一个中心组织概念，提升个人的抗逆力和社会资本可能比社会包容更有意义（Schofield，2001）。社会资本和个人抗逆力都是"发展性资产"，可以提高年轻人克服个人困难和承受压力的能力，这是青少年应对困难的关键要素（Gilligan，2001；Daniel and Wassell，2002）。

社会资本的发展或"储值"已经成为有效应对措施的一个重要组成部分，它可以帮助年轻人在需要时获得积极和持久的支持。但重要的是人们要认识到，社会资本可能存在负面特征。例如，家庭、学校和社区都可以排除、包含和加强社会网络中基于年龄、性别、种族和阶级的压迫性权力等级。有计划的维持改变，特别是通过全程关怀或后期关怀，可以帮助年轻人习得生活技能，进一步发展积极的社会网络和关系，建立自尊，体验个人对生活的控制感。描述性分类可以确定支持年轻人成功进行转向的服务，包括生活技能、指导方案、过渡性住房、健康和行为健康服务、教育服务和就业服务（Courtney and Terao，2002）。

英国正在慢慢形成一种"共同"模式，为需要照料和安置帮教的年轻人提供服务。这一模式的关键是一个指定的专业人员或领导者，他需要承担协调和指导一系列机构参与的法定责任。这与从非正式的机构间联系转向经由需求评估具体规定的更正式的协议联系有关，目的是建立适合满足年轻人需求的"途径"。更正式的方法存在一种危险，即低估家庭对计划和持续帮助所能做出的贡献，即使这些家庭是支离破碎的或有问题的，不管社工是否喜欢服务对象的家庭，它们都很可能产生"影响"。机构的参与不应该代表家庭的不参与。

对于社工来说，如何平衡正式支持和非正式支持是一项挑战。一项指导原则是，专业或正式服务不应试图去做非正式网络可以独自完成或在它的专业支持下可以完成的事情。实际上，只有非正式支持可能一周7天、一天24小时地出现在年轻人的生活中，或者在危机到来时迅速出现，或者在12个月的服务之后依旧存在。实际的挑战是如何协助年轻人建立积极的非正式社会资源，并在必要时充实这些资源。随着时间的推移，保持改变的一个重要目标是最大限度地利用自然性资源增强个人信心和控制感。这需要一些新的社会机会，例如为自己的社区做出贡献或向其他年轻人提供援助。

> 你将如何结束你作为一个社会工作者与马苏德的关系，并发挥从现在起开始帮助他的其他各方的作用？

在对结束安置服务的年轻人进行研究后，专家确定了三个不同的过渡到社区后的年轻人群体（Sinclair et al.，2005；Stein，2005），即"向前看"的相对成功者、"幸存者"和"受害者"。在"向前看"的成功人士的生活中通常存在一些稳定性和连续性因素，包括安全的依恋关系和对家庭关系的历史有认识；在教育上取得了一些成就；未来生活的计划和准备工作已经完成。

那些被视为"幸存者"的人的生活经历了大量的不稳定和混乱事件，

包括在接受安置或机构照料时造成的进一步混乱。他们往往没有什么资质；在住宿方面不稳定；只能从事低薪、不满意的工作，或者失业。他们经常通过逃避和依赖的方式解决所面对的问题。他们中的许多人对自己有一种积极的感觉，认为自己必须"依靠自己"去做事情。产生这种自信是因为他们认为自己面临的许多问题已经使他们更加成熟并且可以自力更生。即使与现实相矛盾——在住宿、金钱和个人援助方面高度依赖机构，这种自我认知仍然存在。

那些被归类为"受害者"的年轻人处于最不利的境地，他们在接受安置服务前有着可怕的家庭经历，而这些经历造成的影响在正式干预和照料服务中也没有被消除。这对他们的生活造成了破坏，特别是在他们的人际关系和教育方面，同时他们还有长期的情绪问题和行为困难，在学校方面也有问题以及有不良行为（Wade and Dixon, 2006）。这群年轻人最不可能与家庭成员或照顾者之间建立积极的关系。他们的生活可以说没有希望；他们可能会面临失业、无家可归、频繁搬家；感到孤独和孤立，并有心理问题。

虽然与"受害者"一词的本意可能不是完全契合，但这些年轻人存在与青少年司法中最困难的年轻人一样的特点，他们有过离家外出安置的经历（Whyte, 2004）。一些研究所展示的最令人担忧的问题是，现有的全程关怀和后期照料模式似乎不太可能帮助这些年轻人摆脱他们非常糟糕起点所产生的影响。

调查结果突出了少年司法和儿童保育从业人员面临的巨大挑战，他们有责任为处于15~18岁及以上关键过渡阶段的年轻人进行规划。有研究表明，个人和专业的全程关怀支持可以真正发挥作用，特别是在建立有意义的社会网络和提供稳定的住所方面，两者对心理健康和个人福祉都是至关重要的（Dixon and Stein, 2005）。有研究表明，伙伴关系和指导，包括同伴指导，都是通过提供持续的非专业支持，帮助这些年轻人保持积极变化（Osterling and Hines, 2006）。但是，经验证据仍然模棱两可，这些证据作为一系列综合规定的一部分应谨慎加以使用。家庭网络联系（如果存在）提供了主要的支持来源，但对于一些年轻人来说它同样可能会带来很大问题，因为许多家庭本身需要持续的帮助才能为年轻人提供支持（Sinclair et al., 2005）。

保护青少年及其社区的安全，改变年轻人参与犯罪的现状，需要相当复杂的分阶段反应和结构良好的全程关怀、后续照料及维护服务。这应该包括：

- 渐进过渡的机会要更类似于规范过渡；
- 全程关怀和后续照料的支持，特别是对有心理健康问题和复杂需求的人；
- 通过优质的服务弥补他们在入学前所遭受的破坏性经历，特别是帮助他们克服教育缺陷，并学习就业技能；
- 家庭或社会网络支持。

全程关怀从业者确定的最佳实践的九个质量指标

1. 年轻人积极参与准备和规划；
2. 将全程关怀当作一个长期和持续的过程进行准备；
3. 管理良好且有独立的评估、计划和回顾；
4. 计划安排要满足年轻人的健康和福利需要；
5. 提供一系列合适的住宿选择和适当的支持；
6. 在独立过渡期间提供经济支持；
7. 提供教育、培训和就业支持，以实现积极的教育结果，让年轻人进入教育、培训和就业的途径；
8. 风险管理——评估、支持、回复和监督可能被定罪或不被定罪的青少年；
9. 质量保证和服务发展，作为评估和确保质量的综合体系的一部分。

（STAF，2006，第 7 页）

很少有人会质疑这些原则中所包含的提出者的雄心壮志。然而，将它们付诸实践并为它们提供资源需要超越从业者个人能力的集体努力。经验证据表明，实际上，大多数年轻人都"适合"现有的服务和可用的服务，不需要以需求为导向的服务。因此，有一种趋势是简单地"允许"最困难

的年轻人从接受儿童照料服务直接过渡到接受司法服务，不管这是不是减少他们再次犯罪和保护社区的更有效方式。

如果要减少使年轻人进入成人司法的不正当"诱因"，就需要改进少年司法提供、儿童服务和成人司法之间的联系，例如，安置寄宿的费用由地方政府支付，拘留的费用由中央政府支付。从业者对组织环境的影响，特别是对资源管理、策略规划以及最终的法庭和其他决策来说，是至关重要的。只有通过有效的监督和评价才能做到这一点，这种监督和评价产生实践证据，可以协助策略规划，并建立更有效的途径，以适应个人需要和制定符合参与犯罪年轻人所面临风险的干预措施。

> 你认为马苏德的后续照料和维持工作应该持续多久？
>
> 你认为马苏德会期望和更喜欢什么？

三　监督与评估

越来越多的人期望少年司法干预的从业者和管理者能够努力引入一种实践文化，在这种文化中，干预措施将受到循证评价的影响。如果要使评价基于实践文化，从业者必须经常对他们的实践活动进行回顾和评估（Shaw and Shaw，1997）。这反过来又需要一个实践性系统，通过这个系统，可以单独且综合地定期监督和审查年轻人的需要和面临的危险，以便为服务的计划、过程和发展提供数据。

社会工作的相关文献中一直在强调评估的重要性，认为评估是良好实践的重要组成部分。这应包括接受服务的人提供的基本反馈数据，以及作为持续改进平台的系统案例审查提供的数据。但是，如果没有良好的数据，那么无论是由内部自我评估，还是由严格且系统的外部评估产生的数据，都无法提供切实可行的方法来了解年轻人是否因提供的服务而处于不利地位，也没有办法确定未得到满足的需求，以及所提供服务的差距和不足。

数据收集可以通过电子手段加以改进。这需要在技术上进行重大投资，更重要的是，需要在专门的管理或研究支持上进行投资，以维护和审查相对应的系统。为核心信息和成果数据开发综合数据库，需要以标准化的格式获取这些信息，以便作为日常操作的一部分对其进行监督。可以简单地说，所有正式干预措施都应该有内在监督的机制，无论是通过工作人员进行监督还是进行做法审查，以便在必要时调整服务的供给。在现实实践中，这些机制必须存在，并且只有在它们帮助从业者更好地完成工作时才会起作用。

监督主要是监督过程和验证目的。它包括例行的信息收集，这可以了解正在发生的事情。监督数据对于任何质量保证（quality assurance，QA）过程来说都是必不可少的，它包含了产生有效结果的所有活动。这需要输入数据（计划活动中投入的资源）和输出数据（计划活动已完成的工作），以及从业者和管理者在组织各级进行收集和使用数据的承诺。机构监督应成为计划干预设计的一个组成部分，并包括下面一系列重点内容：

- 分析接受和拒绝计划活动的年轻人的信息；
- 资源和服务的充足性；
- 干预措施是否由经过适当培训的工作人员按计划实施；
- 出勤率和完成率；
- 参与或遵守的程度；
- 使用的方法；
- 遵守活动或方案的计划、手册以及计划的实践方式；
- 动态需求和风险因素是否与计划活动的目标相匹配；
- 服务人员的连续性；
- 服务人员的选拔、培训、支持和监督。

评估包括查明所策划的活动是否达到了目标，以及测量结果（输入和输出的产品）。除了常规数据外，可能还需要收集非常规信息，并需要为此专门设计测量工具。

一般的构想是，对少年司法有效性的评估最终将由再犯罪数据来判断。再犯罪率固然重要，但并不是直接的衡量标准，因为许多干预变量可能会影响结果。使用临时和"替代"措施同样重要，它们可以证明计划干预正在满足需求和帮助年轻人积累资源（人力资本）。这需要提供关于年轻人获得知识、改变理解和态度以及获得技能的证据，以证明他们有能力进行改变。这些测量可以显示，随着时间的推移，既定目标和目的的变化，有可能对计划活动所针对的感知需求与风险产生影响。

有许多实用的方法可以定期收集评估数据，为实践回顾提供证据，包括如下几个方面：

- 知识和理解随时间变化；
- 态度和行为的改变（包括技能发展）与干预活动的目标相关；
- 在适当的情况下，来自年轻人、家庭成员和重要者的反馈；
- 提供服务的工作人员的反馈；
- 服务不足和未满足的需求；
- 再犯罪率、再转介率以及再判率。

虽然大多数正在进行的实践评估将在内部进行，但作为确定个案进展的一部分，这些信息如果以汇总的形式提供并在从业者之间共享，将有助于服务的改进，并且随着时间的推移还可以促进实践的发展。尽管地方政府很难收集最新的统计资料和成果数据，但实际上它们与许多实践机构拥有大量的信息，其中很多信息从未用于支持改进，因为收集信息的目的一开始并不明确。更重要的是，这些数据很少同时用于个案回顾和策略资源决策。一个人对"冠军"评估的贡献被认为是方案完整性和积极成果的关键（Lipsey，1992），无论其背景是行政人员、研究者还是从业者。

评估不是没有价值的，短期目标和长期目标不可避免地会受到工作环境中的价值观和"压力"的影响。少年司法实践会受到许多价值冲突的影响，并经常被政治操控。只有在实践或服务的目的和目标明确及可衡量的情况下，才可能进行合理的评估。例如，SMART（specific——具体，measurable——可度量，achievable——可实现，relevant——相关性，time-limited——有时限；Talbot，1996）或 SMARTER（specific——具体，measurable——可度量，achievable——可实现，relevant——相关性，time-limited——有时限，evaluated——评估，resourced——有资源）之类的缩写词，可以敦促从业者将核心和严格的数据收集纳入他们的日常实践。为了确定结果，必须预先设定一些核心标准。同样重要的是，要有一个团队或机构承诺将相同的数据标准应用于工作的所有方面。管理层有责任为衡量进展建立一个现实的基准，以避免"背锅文化"。

一些政府检查报告指出了实践中的不足，如30%的监督计划或评估报告并不令人满意，但没有提及任何"逻辑模型"或策略计划，没有将基准测量、优先级、投入、产出和结果与可用的人力资源、技能、能力、实践模式和服务需求联系起来。如果基准是100%令人满意的表现，那么30%的不足确实是一个重大的问题；如果现实的基准是50%，那么仅有30%的糟糕表现，就可以被视为成功，特别是如果它比计划所达成的要更好。因此，制定国家服务标准可以对此有所帮助。矛盾的是，如果没有可衡量的目标，最低限度的服务方法同样可以达到国家标准。达到最低标准通常足以确保接触，并实现监督或"责任"的目的，但在实现改变方面却往往不足。实现改变需要将能够实现结果的资源与提供相关干预持续时间、强度和顺序的资源相匹配。

糟糕的管理可能会使从业者受到外部审查，他们不会为了什么是"优质"改变设置基准，或者期望最少的接触就能够满足"标准"。这并不是要为从业者开脱，而是简单地承认，在少年司法中，组织环境与从业者的相关性就像社会环境与年轻人的相关性一样。从业者必须承认他们所在的机构的局限性，如果可能的话，也要挑战它们。

在理想的情况下，在评估之后，每个年轻人都将被引导沿着预先设定的服务路径前进，在这些路径中，现有服务的持续时间、强度和顺序将根据个人需要以及评估的风险水平进行调整。标准化工具或其他来源的信息很少用于生成干预措施的汇总数据，汇总数据可以提供实际采用的实践方法、预期使用水平、可能的服务不足或未满足的需求，以及服务开发的后续要求等信息。在数据使用方面的差距可能反映了从业者的抵触情绪，或者仅仅是少年司法不同组织层次——从业者、中层经理或资源经理、方案设计者和高级经理——之间的脱节。中层经理或资源经理和方案设计者通常缺乏挖掘实践数据潜在用途的经验，无法对需求和风险进行优先排序和适当响应（Baker，2005）。

通常只有在生成关于年轻人需要的标准数据并加以分析之后，才能清楚地了解如何系统地利用这些数据来协助实践。这三个级别的工作人员——从业者、中层经理或资源经理和高级经理——都可以以自主的方式运作，无须"主动地"连接到机构运作的其他级别。有效的数据流需要在每一个层次上理解其对另一个层次的影响，即"我必须做些什么才能做好我的工作，从而帮助别人做好他们的工作，进而帮助我更好地做好自己的工作?"

关于"自上而下"或"自下而上"的组织已经有很多研究的文章。专业组织必须建立相互依存的关系，没有这种关系，任何人都无法有效地履行其职责。在实践中，关于需求和风险的标准化评估数据应明确用于制定行动计划，在案例回顾时，同时被管理人员和方案设计者所了解，以便让他们在一定程度上知晓服务需求和使用情况、实践成果、服务不足和差距，并规划新的开发项目或设定现实的基准。在公共服务中，并非每个人都能得到优质服务。然而，服务接受者必须知道他们接受的服务在多大程度上是"适合目的"的。

实践监督和评估可以作为个人干预措施与机构规定完整性之间的"黏合剂"。从业者不能靠自己来实现这一点。同样，没有从业者提供的数据，方案设计者便无法开发以证据或需求为导向的服务供应模式。中层经理或资源经理是监督实践数据质量的渠道，数据应通过他们流向高层。然而，在实践中实现这一目标仍然是所有服务机构面临的重大挑战。

四　衡量变化：什么是好的结果

对实践成果的持续评估对于解决诸如"从研究或经验中学到的东西能否付诸实践""是否可行"等基本问题非常重要，如果可行，那么最重要的是，"是否有可能对年轻人及其家庭的生活产生积极的影响"。

评估假设某一特定干预或监督方案的目标是明确的，目标可以是即时的、短期的或长期的，可以按计划实现，并以某种方式进行衡量和汇总。支撑行动计划的基本思路与服务规划的基本思路相同，往往由一组共同的问题来指导，这些问题需要一些明确的目标和一个可以汇总的标准。

对于随机对照试验和实验设计，评估的"金标准"是指根据"不干预"或"标准"方法评估干预效果，然后进行比较（见本书第三章）。这是将方法 A 与方法 B 的效果或影响进行比较；例如，将结构化的家庭小组工作与标准的监督（无论定义如何）相比，二者之间有很大的不同，会产生不同的效果。

衡量成功的问题

服务干预试图做什么？

试图产生什么不同？

为了取得这些成果，需要开展哪些活动？

与谁合作，在什么时间段？

有什么证据表明它能够取得这些成果？

需要哪些资源来做更多或做不同的事情？

我们怎么知道这是否会产生影响？

收集干预正在产生的不同的证据需要什么？

英国很少有实践评估符合这一标准，本书这里的目的并不是表明从业者在日常工作中可以轻松地推广随机对照试验方法。尽管如此，熟悉基础研究方法可以最大限度地增加数据生成的机会，并作为有意义的日常实践的一部分。重要的是，这种做法足够"聪明"，能够生成允许评估的数据，并在正式的案例审查中与接受者和同事共享。同时，尽管实践数据有局限性，但如果它们能够以聚合的形式呈现，就可以被收集并用于建立模式和趋势，以帮助从业者、管理者和方案设计者提升服务。数据也可以以某种形式与社区成员共享。

对研究方法的详细研究不是本章探讨的范围或写作意图。但是，如果情况允许，可以在实践中使用的常规方法包括如下七点。

①随访（后测）一组年轻人的个案数据，这对于服务对象和监督目的是有用的，即使并不会产生严格的结果数据。

②个案或小组工作"之前或之后"的数据，它将显示出与干预目标之间的距离。这在任何改变努力中都很重要，即使改变的结果不能完全归因于干预。

③后测数据：两组或一组年轻人采用随机分配的方式接受不同的干预。这在实践中不太可能实现，除非有参与结构化项目或接受具体干预的等待人员名单，并有可替代的"标准"监督或"检查"。

④前测和后测数据的采集用两组（或两组不同案例量）年轻人相比较；最好是随机分配。

⑤重复测量：两组年轻人在不同时间随机分配相同的干预措施。

⑥在与法定审查相对应的一段时间内，对一组年轻人进行时间序列测量，通常需要进行多次观察而不是正式测试，但也可以同时进行。

⑦需要在干预前、干预中和干预后对同一个人进行重复测量的单受试者实验可以在一个案例或一个团队的工作量上进行。

年轻人及其家庭参与系统评估他们的学习、变化和进步对其培养学习文化至关重要。关于服务接受者的观点的研究相对较少，但现有的研究表明，除了关系本身的价值外，年轻人还重视被倾听，积极参与决策和不强调权力差异的沟通（Hill，1999）。审查、监督和评估为年轻人提供了机会，让他们有发言权，可以确定优先事项并影响服务的实践规划。在实践中使用工具或辅助手段是相当常见的，即要求年轻人和家庭成员在一次或一系列会议前后填写某类表格或其他反馈信息。通常，这些文件包含无法汇总的自由文本。从业人员可以使用一系列的测量方法，例如，从原始的李克特量表（例如，1~5分或"笑脸"）去捕捉关于学习、兴趣、享受和体验测量，到作为正式评估的一部分完成系统的心理测试。

年轻人可以被鼓励在完成案例模拟或知识"测试"时给自己打分。如果可以通过程序在电脑上自动生成个人分数，它就可以被用来向数据库上传匿名分数以供群体分析。然而，这类实践数据被收集起来，通常既不是汇总的，也不会用于对个人或整个服务的评估或服务规划上。因为要做到这些，需要团队或机构之间有共同的期望，需要有人定期收集数据，分析数据，并将数据进行消化和补充。

由信息转换成的李克特分数或类似的数字不必取代开放式的文本记录，也无须将提供服务的目的变为数数。尽管如此，它可以提供一些粗糙的方法来帮助从业者和机构检测客户变化的模式和趋势。它还可以就不同类型

的规定可能产生的影响提供相关数据，同时不否认其所提供的这些证据的
局限性，也不会过分强调其重要性。

对于许多从业者来说，持续进行的评估可能涉及单一案例方法，包括
作为实践过程的一部分进行系统观察，建立问题的概念性基准测量，并作
为评估和规划过程的一部分，对年轻人生活中问题性质的情境化提供理解。
虽然系统观察有局限性，但它是研究隐藏或难以捉摸领域——如动机、记
忆、思维过程、隐藏的行为、伴随着公开行为的情感和情绪——的一种有
效评估方法。像 Crime Pics II（Frude et al.，1998）这样的结构化工具可以
在为机构提供评分数据的同时，帮助年轻人检查感知到的变化。

> 在马苏德的案例中，哪些变化可能需要维持？
> 如果不是你，在这方面谁是能帮助进行监督工作的社会工作者呢？

行为方法的使用可以通过计算和"测量"问题行为的发生率、流行率
和模式（如冒犯）来进行。但是，个案研究评估可以反映量化数字背后发
生的故事，捕捉意外的影响和效果，并从各个方面阐明难以量化的预期结
果（Patton，2002，第 152 页）。以服务对象为主导的实践应产生注重他们
对服务提供的看法，这有助于在其社会背景下了解他们，并反映服务提供
对其生活质量的影响。

模拟为实践评估提供了一种完全不同的设计解决方案，这是一种创新的
方法，并且通常已经包含在结构化的服务程序中（Turner and Zimmerman，
1994）。由从业者进行的这种软结果测量可能无法满足评估的"黄金标准"，
但却可以捕捉到只有少部分研究才能做到的：行为上的微小变化，比如能够
直视他人的眼睛，对外表感到自豪，这表明服务对象自信的提升和能力的
提高。对于遭受创伤和能力丧失的人来说，软结果可能是"硬"结果的基
石（DWP，2003）。

五 智慧社会工作

美国的一些评论家（Fischer，1993）曾预测，到 2000 年，基于经验的
实践（一种新的社会工作）将成为规范。毫无疑问，经验主实践推动了社

会工作长期以来对建立科学职业目标的艰辛追求。然而，它所取得的进展只是有限的（Reid，1994）。2002 年，里德评论道："在这个行业内，科学仍然处于文化边缘，我们仍在努力争取发言权和追随者。"他建议，将科学实践理解为干预的一种是有意义的，同时要重视"关于测量、数据收集等可能不符合传统研究理念的想法"（Kirk and Reid，2002）。

必须承认，除了提供方向性之外，几乎没有足够的安全知识以任何精确的方式支持干预服务。该问题可能的解决办法是掌握更多的经过科学检验的知识，并找到增加其与实践相关性的方法。但是，在认识论基础上，主流研究和实践评估的价值和功能一起受到了挑战。批评家们（Heineman，1981；Witkin，1991）质疑传统科学是否在人类服务中获得"真理和意义"的最佳途径。事实上，许多专业实践是在没有科学帮助的情况下决定的，至少在最初是这样，这一观点经常被用来支持这种观点。

这里的中心原则是，实践知识是通过人类叙事和话语在社会上建构的，而这些叙事和话语在实践方法中已经是常规行为了。例如，在检查中，社会工作向法院或其他决策者提交的报告常常被描述为善于生动地呈现主题世界——他们的思想、感受和行动。通常，主观是主要调查对象，也是信息、证据的来源。一般来说，缺乏的是更为"客观"的内容，例如，他们的犯罪行为在特征、时间线索、地理空间或社会关系方面的典型程度；或者对受害者或社区造成了什么伤害。

新技术正在创造新办法，使从业人员能够更容易地获得更多的当地信息和证据，这可能有助于为评估和决策实践提供更"客观"的内容。警方可以提供犯罪的电子地理地图，显示犯罪的时间、地点和类型。这通常用于确定"犯罪热点"地区并对犯罪行为做出反应。如果一个地方有这些数据，就可用于规划少年司法服务。在一些欧洲司法管区，这一点得到了更进一步的发展，个人的地理测绘数据被用来标注年轻人在何时何地参与了更严重的犯罪，警方的数据每天会以电子方式发送给社会工作管理人员。

在一项关于恢复性实践的研究中，研究者将犯罪活动数据与邮政编码和时间结合，绘制了青少年犯罪的地图。研究结果突出表明，对犯罪活动的有效应对往往与少年司法从业人员的关系不大，而更多地与平时更好的家校联系和周末关键时刻街道或社区工作人员的可用性有关。可以将标准化工具中的"风险－需求"得分添加到这些地图中，在更有意义的社会背景下，提供新的方法来确定年轻人提出的需求和风险，从而指导社区和策略规划。同时，这些数据可能有助于从业人员在特定的社会环境中"理解"个人犯罪行为，确保以个人犯罪为重点的规定与旨在处理结构性问题的更广泛的预防犯罪和社区发展需要之间不是脱离的。

实践信息可用于指导个别反应和制定更好的服务"路径"和确定优先事项，无须依赖对需求和风险的临时响应。这一点尤其重要，因为人们倾向于将稀缺资源用于最不需要它们的人身上，或者在资源需求较低和厌烦情绪较少时使用稀缺资源，这有时会对他们造成损害（净扩大）。

如果要维持和评估有效的干预，少年司法的实践议程必须在科学、艺术和价值的相互作用与应用中发挥作用。除了上面提到的，还需要如下几个方面的内容。

- 一支合格的从业者队伍，通过培训课程定期更新知识和经验，定期进行关于社会问题的性质和发展的研究，在经验层面上知道解决这些问题的不同方法及其有效性，以及如何评估这些问题的方法；
- 作为最优先事项，要设置资格课程，解说和回顾有关服务有效性的文献，并使学习者能够对报告的结果进行批判性评估；
- 建立员工监督制度，定期利用研究成果为有关案例和项目的决策提供信息，如"那么，我们为什么要以这种方式进行？"和"有什么证据？"是例行的专业询问，而不是对个人的威胁；
- 进行机构会议，在监测或审查服务时，定期提及在其他地方、区域、国家以及国际层面进行的试验研究；
- 提供一系列支助性设施，协助工作人员努力跟上与其领域有关的研究，例如，图书馆设施能够向询问者提供书籍和文章，能够分发现有证据的简要说明；
- 在态度层面上，从业人员有责任了解服务有效性的经验证据，并对管理层的实际支持抱有合理的期望；
- 从业人员与地方和区域大学和研究机构之间要进行合作，使工作人员之间能够相互影响，在这种安排下，每一组工作人员都可能

　　与追求共同目标的另一组工作人员合作。

六　总结

　　少年司法的有效实践，旨在支持年轻人的承担责任和自主决策。在强制的情况下，年轻人的选择通常受到"限制"，仅仅建立一个基于"相信我，我是社会工作者"的工作联盟是不够的（Barber，1991）。重要的是要让年轻人和他们的家人（如果可能的话）参与到"共同生产"中来，塑造他们的观念，告知他们可能指向最有效前进道路的线索，并向他们提供正在不断改变的证据。

　　这种方法要求从业者要"有智慧"，要有相关的知识，并且能够将这一点传达给具有挑战性的"服务对象"群体。多年来的研究表明，如果服务对象对他们参与的事情没有与他人一样的理解，干预很可能就会失败（Mayer and Timms，1970；Gambrill，2003）。无论当前的证据指向了什么方向，批判性思维和个案干预服务中个人和环境（包括文化）的努力仍然是必不可少的。

┤┠ 关键问题 ┠├

　　1. Stein 的研究表明，对于三个不同的年轻人群体来说，在精心安排的照料、后期照料和改变维持过程中，应该包括哪些特征？

　　2. 采取社会包容的方法应对风险因素和贫穷的生活机会有哪些优点和缺点？

　　3. 根据 ASSET 评估包，40 名一直在犯罪的年轻人获得了"高"分和"中"分（分数越高，情况越差）。

ASSET 评估项目	获得 3 分和 4 分的人数（人）	典型的服务回应是什么？
生活方式	30	
家庭关系和人际关系	29	
思维和行为	34	
对犯罪的态度	25	
生活安排	20	

		续表
ASSET 评估项目	获得 3 分和 4 分的人数（人）	典型的服务回应是什么？
教育	19	
改变的动机	15	
情绪和心理健康	11	
物质误用	7	
自我认知	11	
邻里	10	
身体健康	—	

注：$n=40$。

资料来源：改编自比伊斯特和怀特（Buist and Whyte，2004）。

分数模式表明这个少年司法团队的服务对象群体的需求是什么？

4. 您认为在 ASSET 评估中得"高"分的人的"典型"或预期服务回应可能是什么；例如，你如何回应在"生活方式"上得高分的服务对象？

┤├ 练习 ┤├

使用您熟悉的案例或本书中的任何案例，设计单个案例评估。

推荐阅读和参考资料

Stein M. (1990), *Living out of Care*, Ilford: Barnardo's.

Stein M. (2004), *What Works for Young People Leaving Care?*, Ilford: Barnardo's.

第九章

社区公平与福利一体化

一　介绍

近年来，少年司法改革的一个关键主题是强调少年犯罪者的"责任"，并让他们对此负责。这一主题超出了人们的认识，年轻人停止犯罪的能力受到严重的社会经济劣势和破坏程度的制约。实际上，政府关于儿童贫困、社会排斥和社区重建的政策，是为了消除与社会排斥有关的风险，并帮助困难者重返社会，但这些政策对进入少年司法系统的年轻人的影响往往有限。事实上，少年司法机构迟迟没有强调的是，他们的从业人员充其量只是针对年轻人的困难做一些边缘性工作。

由于缺乏明确的分担和共担责任的实践模式，重返社会往往被认为仅仅是年轻人的个人责任和道德责任。这迫使年轻人有责任单独或在少年司法工作者的协助下，就个人和社会融合所涉及的社会风险进行谈判，但他们对社会经济资源分配不均造成的结构性障碍认识有限。此最后一章借鉴前几章的内容，探讨案例管理以及作为学习型组织实践机构的反思性实践要求，这些机构的目标是促进社会公正，并以此作为实现权利和责任的手段。

二　权利与义务

年轻人犯罪是有害的，减少犯罪是少年司法实践的优先事项，这些年轻人往往面临贫困、低收入和失业、学业不良、滥用药物、心理健康和无家可归等问题。一般报告中提出的未能改进或制止年轻人的犯罪行为，往往会有意或无意地归因于年轻人在遵从、态度和行为方面的个人缺点，而不会认识到对青年人来说，影响有限的社会环境也是原因之一。没有停止犯罪以及没有朝着更好的个人和社会融合的方向发展，很少被认为是服务的失败。包括法院、小组成员和专业人士在内的国家决策者有责任认识到其决策中的结构性后果，而不是将这些限制因素视为从业人员为年轻人犯罪开脱的借口。

> **案例思考：有严重家庭问题的青少年**
>
> 　　迈克尔 15 岁了。他的大多数朋友都有过犯罪行为。他曾在汽车和当地商店中进行过盗窃，也发生过袭击行为。他最近的一次违法行为是和朋友偷了一辆车，然后进行了危险驾驶，结果把车撞到了墙上。没有人受伤，但这辆车报废了。
>
> 　　在迈克尔 3 岁时，他的父母分居。他和他的两个哥哥同他的母亲以及母亲的伴侣住在一起，他的家人觉得自己对他几乎没有控制力。母亲和她的对象都没有工作；并且她的对象曾犯有与毒品有关的罪行。直到一年前，迈克尔偶尔还会在周末去看望他的生父，但因为一些没人愿意讨论的事情，他停止了探视。
>
> 　　迈克尔去年在学校的出勤率很低，而且他在课堂上捣乱是出了名的。他很可能不会获得任何文凭。
>
> 　　在与迈克尔及其家人建立有效的工作联盟时，有哪些重要的东西？

　　少年司法部门提供或协商的举措至关重要，这些举措侧重于娱乐、教育、培训、就业、药物滥用、住宿和健康，目的是预防少年犯罪和促进社会融合。然而，少年司法的供给往往与主流供给脱节。矛盾的是，在处理社会背景问题时，例如通过由警察主导的"午夜足球"等伙伴关系举措，它们往往会模糊预防犯罪和社会包容政策之间的界限，且有"社会政策犯罪化"的风险（Crawford，1997）。有人认为，"通过犯罪来治理"（Muncie et al.，2002）有加强犯罪的倾向，并低估了社会融合的作用。从更实际的角度来说，那些作为主流责任的一部分负责提供社会服务的人，往往会"摆脱困境"，不得不有意义地表达他们对社区和冒犯的年轻人的共同责任。

　　过分关注个人需要和风险因素，而忽视社会风险因素和社会资本问题，可能会放大年轻人的困难。使用 ASSET 数据进行的与实践相关的研究表明，尽管有强有力的证据证实年轻人存在严重的个人和社会不利因素，但最初从业者的评估往往将个人风险因素列为比社会风险因素等级更高的再犯风险来源。

一些评论人士提出，需要建立一个可依法执行的社会权利框架，以确保在少年司法干预中公平解决犯罪年轻人的包容需求问题。要寻求"变革性"的社会公平（Fraser，1997；2003），就需要从根本上改变财富和资源的分配，以便产生更公平的结果。如何将"社会公平"作为少年司法干预的关键驱动力？这一问题没有反对者来回答，对从业者来说也不是一个能够简单回答的问题。

从业人员不能推迟对年轻人的干预工作，直到有更好的社会和结构机会。尽管如此，关于减少和终止犯罪的文献表明，年轻人之所以有动力远离犯罪，是因为他们看待自己的方式发生了变化，他们的生活机会发生了变化，让他们做出选择的社会环境也发生了变化。实践的解决办法可能在于将有关犯罪停止与个人和社会融合的证据纳入联合国《儿童权利公约》原则框架下基于权利的议程。

虽然这些愿望可能会得到许多少年司法工作者（可能不是大多数）的认同，但关于结构改革的详细讨论超出了本次讨论的范围（Muncie and Goldson，2007）。从业者可以发挥作用，创造条件，使犯罪者的需要、风险和权利透明化，并纳入政策进行讨论，以便就教育、卫生、就业标准制定更好的普遍目标，而年轻人本就有休闲娱乐的权利（Scraton and Haydon，2002，第312页）。少年司法从业人员的任务不仅仅是提供服务、监督表现和干预介入，还包括询问服务和结果的"质量"。他们往往是唯一掌握着需求与供给之间不足证据的人。

> 在迈克尔的案例中，社会资本、犯罪和中止犯罪行为之间有多大程度的联系？

联合国儿童权利委员会（Harvey，2002，第4页）批评英国政府在政策和实践发展方面缺乏"基于权利的方法"。虽然英国的每个司法辖区都不一样，但在儿童权利方面，为更好地整合儿童服务——也就是"每个儿童都重要"和"正确对待每一个儿童"理念中概述的内容——所做的努力却少得令人失望。

这些似乎是通过成功的合作或综合条款而不是通过以联合国《儿童权利公约》为模型的基于权利的框架实现的（Monaghan et al.，2003；Williams，2004）。

最近的法律判决表明，照顾和安置儿童和青少年的标准和原则也应适用于所有参与过犯罪的青少年。这强调了将实践定位于社会教育范式的重要性，这种范式由个人和社会融合过程中的共同责任所驱动，而不是刑事司法实践中经常出现的粗糙的"责任化"。研究和政策制定突出了一系列因素，这些因素有助于易受伤害和有风险的年轻人受到公共关怀或刑事司法措施的保护与重视，并有助于他们获得更大的成功和个人责任。

有人认为，长期的犯罪生涯和监禁所产生的成本、与受害者和社区相关的成本，以及再下一代儿童可能进入公共关怀系统，这些只会白白耗费未成年人潜力的成本"几乎是不可理解的"（Tapsfield and Collier，2005）。政府政策认识到，只有作为更好地为儿童和青少年提供综合服务的更广泛策略的一部分，这些专门针对青年人的各种实践举措才能取得成功。这就要求地方规划为那些以前被归为"未就业、未教育或未培训"（NEET）的人提供"更多的选择"和"更多的机会"，也提供更好的服务质量保证和对服务进行联合检查。所有这些对于使政策指示中所隐含的共同责任概念在少年司法中具有实际意义至关重要。

帮助年轻人感到安全和有价值的因素

▶ 社交技巧和一个可以向其求助的积极的成年人。

▶ 有机会体验活动，冒险和文化，休闲和体育活动。

▶ 过渡和／或发展路径规划，包括来自家庭、寄养或其他照顾者、从业人员和督导的持续支持和实际帮助。

▶ 在其被拘留和获释时继续提供支持。

▶ 雇佣人员对继续教育或高等教育可获得的经济资源的认识。

▶ 在教育方面继续提供经济和实际支持。

▶ 让年轻人参与决策过程。

资料来源：转引自苏格兰行政院（Scottish Executive，2007，第30页）；SWIA（2006）。

少年司法不能忽视教育，因为这是青年人摆脱犯罪和长期改变的一项关键投资。教育每一个阶段都与改善健康、身心、就业、收入、住房、家庭生活和成瘾问题以及减少刑事司法系统的参与有关（Jackson and Simon, 2005）。这就提出了一系列与教育和社会发展有关的重要问题，并且需要解决。其中一些挑战已经在政府出版物中确定，包括如下几点：

- 提高儿童和年轻人对教育需求的认识；
- 保持教育和照顾的稳定和连续性，以及在少年和成人司法中提升对主要专业人员、寄养照顾者、护工、辅助工作者和相关专业人员的培训；
- 更明确学校、居住、安置寄宿和拘留场所中指定人员的角色和责任；
- 在司法转向的前、中、后阶段提供灵活和适当的支持；
- 身体、心理和情绪健康以及福祉对达成积极教育成果十分重要；
- 需要高质量的居住环境，以支持教育、培训或就业；
- 在年轻人向成年和独立生活过渡的过程中，明确的建议和一系列情感、实际和经济支持十分重要。

（Scottish Executive，2007，第4页）

怎样使迈克尔停止有关疑似犯罪的行为？

三　联合服务：案例管理和改变管理

来自英国所有司法辖区的检查报告都批评缺乏解决不利因素和犯罪问题的整体和综合的服务方法。如果干预是多模式和多系统的，那么就会涉及一个机构内部和机构之间的不同人员，在监督过程的不同方面可能很难保持足够的完整性。与不情愿、经常受到伤害、有时甚至是存在危险的年轻人一起执行复杂计划不是一个简单的过程，特别是在多个目标可能相互冲突的情况下。

有效应对年轻人的需要和行为的复杂性给从业人员带来了管理上的挑战，他们要设法将计划的要素结合成协调一致的监督方案，以帮助这些年轻人向中止犯罪和社会融合的方向转变。因此，术语"改变管理"（change management）可能比术语"案例管理"（case management）更准确。

有效关系是有效实践的关键。与年轻人和其他"有兴趣"人士建立有效的合作关系，需要良好的沟通及人际交往技巧。支持改变的关系是有效实践的核心，也是有效实践的必要条件，但只有它们是不够的。这些关系必须是有目的的，并用来影响和引导年轻人积极提升他们改变的能力，即他们拥有的人力和社会资本。从业者作为改变管理者或案例管理者需要拥有评估、规划、实施和交付以及监控和评估进展方面的技能。

"案例管理"一词并不是指一种单一的监督方法，而是一系列相关的方法。在这些方法中，资源应该从基于风险和需求评估的计划中得到落实。这一概念通常意味着由一名总负责人来决定如何实现计划目标，并确保安排到位以交付计划。与此同时，还会要求或期望来自不同组织或学科的人提供特定的投入，以实现一些已确定和可衡量的目标。在协同案例管理形成的流程中，原则上，主要的社会工作者可以与其他服务提供者一起工作，以确保服务更连贯，其中最理想的是预先根据需求和风险要求建立的主要服务路径，也可以促成或协商干预服务，以补充改变管理者或案例管理者所承担的直接面对面的工作。

如果服务不存在或无法轻松接洽，那么案例管理者几乎什么都不能做。服务路径的概念要想有效，就需要案例管理者在住房、休闲、药物和心理健康、教育、职业和就业提供方面享有特殊的权限，但目前这很难做到。如果没有社区规划和策略管理框架，以及由合约或服务水平协议支持的预先建立的服务路径，这是不可能实现的。承担共同责任的机构应该提前计划，以促进联合工作，而不是简单地以"传递包裹"的方式应对年轻人所需援助的预测"需求"。

在现实中，综合实践证明实现一致性非常困难。良好的案例管理面临的障碍包括：

- 缺乏建立工作联盟，会见、讨论和接触合适的人的时间；
- 从业者工作负担过重或工作量过大；
- 自身缺乏资源和服务；

- 尽管有协议（如果有的话），但合作伙伴缺乏做出贡献的承诺；
- 与犯罪的年轻人在哲学立场或工作方式上有分歧；
- 职业自我、态度和地盘问题。

> 对于迈克尔的案例，有效的案例管理可能存在哪些实际障碍？

对缓刑案件案例管理做法的审查（Partridge，2004），为少年司法中的多学科模式提供了有益的参考点。年轻人可以与父母一起接受监督，在工作日由学校工作人员监督，在晚上和周末由少年司法或社区教育工作人员监督，在更极端的情况下，在晚上由其他人进行电子监督。如果他们对年轻人及其家庭的干预工作是成功的话，那么所有这些活动都必须由管理者组织成一个有意义的整体。

从实践审查中确定了三种有用的案例管理模式：一般模式、专家模式和混合模式。对不同的"利益相关者"（包括管理层、从业人员和犯罪的年轻人）来说，每一种模式都有不同的好处。特别是在工作人员资源有限、服务对象分布在农村或地理分散地区的情况下，涉及广泛犯罪者的一般模式为高级管理人员提供了最大的灵活性。混合模式似乎能增强从业者的积极性。它可以提升联系的连贯性，并确保工作人员对各个监督阶段、活动和过程保持了解和综览。

专家模式试图区分不同专家之间的职能，这给协调服务提供和协调专门资源的目标提供了一些好处。它还允许这些机构更多关注关键监督阶段，特别是那些被认为是最"危险"的阶段。它的好处包括以国家标准更好地进行监督、提供优先服务和加强专业问责制。专家模式还使不同的工作人员能够集中精力履行具体职能，利用他们在具体问题或犯罪类型方面的专门技能提高效率。然而，将任务和责任分为专门职能也有同样的缺点，例如，这样会产生边界管理和沟通问题。

审查给管理少年司法实践提供的重要信息是，在一个模型中，任务分离和分裂的程度越高，服务对象似乎就越困惑于他们在监督的不同阶段看到的不同工作人员的工作范围，例如，谁负责监督他们的行动，如果他们遇到危机应该联系谁。如果客户在一段时间内一直看到同一个人，特别是在最初阶段，他们就更有可能与案例管理者建立信任。

虽然理想的做法是让一个督导在整个监督期间内监督一个年轻人，但由于资源问题和人员流动，这往往是不切实际的。混合模型试图通过平衡通用元素和专业元素来弥补这一点，以最大限度地保持接触的连续性。混合模型倾向于采用更综合的团队方法，其中至少有一个团队成员知道服务对象每个阶段发生了什么，并且能够更新其他团队成员。人们期望混合方法能够通过与了解服务对象情况的一小群人或"团队"定期接触，来减小员工更替、短缺和缺勤所产生的一些影响，从而为他们创造一个一致、熟悉和可提供支持的学习环境，激励他们，并让他们完成任务。

在团队环境中，指定的案例管理者会被要求"最终"负责评估、进度安排、执行行动和整合任务。不过，其他团队成员也很好地发挥了作用。在多学科少年司法的背景下，混合模式更适用。例如，全方位或强化支持模式的证据表明，当"团队"由一个充满关怀的成年人组成时最为有效。如果该计划确定由教师或少年工作者、护工或家庭中的任何关键人员（除了指定的督导外）扮演"监督"角色，则可以分担责任，并期望他们与年轻人进行沟通。

无论采用何种模式，审查中都会产生一些有益的核心原则，这些原则可用于改进与年轻人的接触和监督。

与年轻人接触和监督的核心原则

▶ 模式需要承认服务对象的经历和需求；

▶ 服务对象与同一案例管理者和其他工作人员的持续接触对于建立信心和融洽关系非常重要，特别是在监督的最初阶段；

▶ 任务分离程度越高，服务对象对不同监管要素出现的原因就越困惑，特别是在与案例管理者接触有限的情况下；

▶ 与一个小的案例管理团队面对面接触，对员工和服务对象都是有益的；

▶ 开放性、灵活性和支持是关键的激励因素，案例管理者、从业人员和服务对象之间的三方会议就是例证。

在管理有效改变的过程中，出现了一些明确的、尽管不一定很新的信息。其中包括：使用功能完整的人力服务方法的重要性；让一个专业人员实现和领导一个单一的计划，其中关键阶段会被映射在流程上，由案例管理者将其捆绑在一起成为一个有意义的和一致的整体；使不同的资源和风格与不同的案例相匹配；并发展各种形式的团队合作和组织支持，以促进对案例管理核心过程的多学科贡献。

案例管理可以最好地理解为是由机构不同级别的关键要素和任务组成的（见表9-1）。这些问题已在概念上对成年罪犯领域进行了深入研究，并为少年司法的实践方法提供了一些可能的经验教训（McNeill and Whyte，2007）。案例管理过程的三个关键要素："管理"、"监督"和"行政"，主要是从履行正式监督责任的从业人员的角度来考察的。

表 9-1　案例管理任务示例

管理	监督	行政
评估	建立和维护信任关系	建立数据系统和文件
计划	塑造亲社会行为模型	按照标准和计划要求进行预约
分配资源	激励	监督改变和服从性
确保实施	谈判、代理和提供服务	保存记录
监督进展	准备并支持年轻人的改变	处理违法行为
回顾审查	联系其他服务提供者	安排审查和其他会议
需求和风险再评估	训练辅导	收集数据
调整计划	从其他服务提供者处收集数据	—
评估并表明进展和成就	预防再犯罪	—
维持改变并结案		

资料来源：NOMS（2005）。

个案层面的管理是赋予法律权威的过程，例如基于强制命令或判决的法律权威。这使计划有了方向、顺序、节奏和样子。它应该是合作而不是独裁的责任形式。监督可以被描述为建立一个工作联盟，以支持日常、面对面的任务和活动的排序，这些任务和活动在大多数情况下是确保服从、产生动力、实现计划的凝聚力和整合、达成目的和保持积极成果所必需的。社会建模、参与性规划和旨在支持个体改变的方法应是良好监督的基础。行政工作包括执行为达到目标所需的服务标准和程序。

从研究得到的教训强调了避免这些要素过于分散的重要性，因为这可能会增加计划出错的风险。"单一"计划方法的意图是克服当代社会工作实践中出现的困难，这种困难是由一般性实践向更专业的实践转变而产生的，在这种实践中，案例管理和方案执行职能通常是共享的。有效的案例管理必须同时做到这两点。在服务对象接受服务的系统中，他们不该被认为是"可移动的实体"，而社会工作者则从事"传递包裹"式的监督（Robinson and Dignan，2004）。

研究证据提供了一个令人信服的信息，即管理干预是为了促进和维持中止犯罪和个人改变而不仅仅是行政或官僚的任务。重要的是，保持案件管理的连续性，以便协调多学科相互作用。这些活动应在监督的各个方面保持一致，以确保通过共同努力帮助年轻人减少犯罪行为并获得改变的积极机会，从而巩固积极的习得成果。表9-2中列出的复杂任务范围需要复杂的管理结构来支持其运作。考虑到总是一些强制性的情况以及他们的行为使其自身和他人处于危险之中，因此对犯罪的年轻人进行改变管理的最后一个重要方面是遵纪守法问题。无论实践是在社会福利、社会教育还是在犯罪的背景下，这都是监督的一个重要方面。虽然刑事司法环境往往导致过分强调执法，这可能会破坏积极的改变，但同样，其他环境往往与积极权威作用的发挥不足有关。

近年来，社区对惩罚的政治重视增加了对有效执法的需求，以便打消社区的疑虑，让他们能确信正在采取有效行动。尽管"强制执行"意味着不守法会导致一定的后果或制裁，但Bottoms（2001）认为，在成人语境中，试图鼓励或要求守法的人必须创造性地将基于约束的机制（以某种方式限制）与工具性机制（与激励和抑制有关）和规范性机制（与信仰、依恋和对合法性的看法有关）结合起来。这些"规范"机制可能对案例管理者在支持守法方面的作用的有效性至关重要。

改变管理在个案一级的成功取决于当地的战略伙伴关系和服务途径，这些伙伴关系和服务途径允许案例管理者获得和协调适当的服务和资源。

如果案例管理者无法获得实施所需的服务和资源，那么即使是设计最好、实施最好、研究最多的个案计划也会失败。同样，确保守法的最完善的方法也将失败，除非存在组织安排，通过提供快速和适当的应对机制来巩固工作者的合法权威，奖励服务对象的守法行为并有效处理违法行为。

表 9-2　案例管理框架

案例管理	违法行为和其他方案
结构化评估	认知技能基础
目标	针对特定犯罪或风险因素的方案
监督计划	以教育和社会发展为目标的方案
风险管理	**相关个人因素**
协调服务供给	物质滥用
动机	心理健康
强化	个人创伤
申请	家庭和同辈群体关系
监督	**再融合因素**
守法	基本生活和社交技能
实施	教育 / 就业
评估	预算 / 债务咨询
	住宿

四　儿童和社区的社会公平

虽然年轻人更好地融入社会通常是少年司法政策和实践的一个目标，但现实往往离这一目标有些距离。人们对社会资本这一概念重新产生了兴趣，认为社会资本是解决社会问题的一种可能的办法，其假设是，个人问题在于公民社会的弱化（见第六章）。社会资本的概念并非没有批判性，也并非没有局限性。但是，它提供了一个潜在的总体性概念，为有效的个性化实践提供模式和方向。

Webster（2006）对惯犯和吸毒成瘾者的研究试图验证社会资本如何帮助人们应对困难社区的生活。他们的研究结果表明，进入新的网络和获得新的社会机会并不容易：

　　　我们的实验者缺乏更广泛的网络，这不太可能出现个人或集体的社会流动。他们的家庭和朋友很难提供可能帮助他们超越有限的社会经济条件的社会资本。

（Webster et al., 2006）

社会资本的缺乏迫使他们重新回到以犯罪和/或吸毒为中心的破坏性网络中。在这种情况下，牢固的社区纽带实际上可能会增加犯罪行为和降低成果（Field and Spence，2000）。这不幸地反映了许多最难处理的年轻人的现实，尤其是那些从寄宿家庭或机构返回的年轻人。

实践的影响是深远的。就个人而言，如果无法获得社会资源和资本，一个年轻人将很难维持积极的改变，甚至很难开始积极的改变。如果社会资本在很大程度上是社区组织和凝聚力的产物，那么可以认为它是少年司法工作者所无法干预的。另外，在缺乏有效的社区再生和融合策略的情况下，如果从业者不抛弃年轻人，就只能寻求帮助他们建立积极的社会关系，获得家庭或其他社会资源的实际和情感支持，并将其作为个人和以犯罪为重点的改变的一部分。与此同时，服务计划者应协助社会工作者努力帮助年轻人接受教育和开展就业，并探索志愿服务、辅导、休闲以及维持减少犯罪之间的联系。

重新融入社会的进程必须是双向的，即进步和个人改变的证据会给社区的年轻人带来明显的收获和回报。对年轻人来说尤其如此，那些年轻人的家庭网络往好了说是削弱了，往坏了说是变得支离破碎了。在过去，团体社会工作实践被认为是通过提供户外活动和休闲机会来纠正不良行为的，而缺少发生个人改变的证据。少年司法实践可能会有发展过度的风险。

迈克尔拥有什么类型的社会资本，又有什么类型的社会资本是他无法获得的？

▶ 迈克尔的"社会资本"是如何通过他的家庭出身发展的？

▶ 迈克尔的"社会资本"是如何通过社区工作发展的？

少年司法实践面临的最大挑战可能是如何与包括邻居、雇主、青年俱乐部和其他机构在内的利益共同体接触和联系，并支持他们为年轻人的发展做出贡献。缺乏有效的社区社会工作模式以及向社区发出积极工作成功或失败的信号，这可能会对产生社会机会的能力和社会资本的发展产生重大影响。

从业人员和机构面临的一个挑战是，如何对社区内的干预工作产生实际的理解，以证明社区的最大利益和年轻人的最大利益通常并不相互排斥。与以前相比，这可能意味着更直接地与"弱势"社区的成员进行接触，并从社区招募包括服务对象在内的人进行社区工作。少年司法实践的目标不应仅仅是通过减少再犯罪行为来实现公共保护，而应为年轻人及其社区提供更好的社区和社会公平（Nellis，2001）。

五　反思型实践者：艺术与科学的结合

在更全面的实践方法范围内对有计划的干预、有结构的方案和其他提供进行投入，需要从业人员的传统技能来培养改变和参与的动机（Morgan，2003）。评论人士强调了管理者"亲自参与"的重要性，他们"不仅是推荐人、中间人和执行者"，而且"也是激励者和强化者，是坚持个人成长、重新融入社会和减少再犯的长期目标的人"（Knott，2004，第23页）。

尽管关于有效干预的研究结果令人鼓舞，但关于有效工作者的特点或干预时工作者使用的最佳做法的研究仍然有限。这可能是因为对"咨询"、"一对一工作"、"个案工作"和"基于关系的工作"等笼统标签的含义和理解本质上是模糊的，特别是对于"服务对象"来说。Andrews 和 Kiessling（1980）主要基于犯罪行为社会学习理论，确定了有效实践技能的五个维度。

有效实践的五个维度

▶ 有效利用权力——一种"稳固但公平"的方法，可以确保正式规则变得更加明显、易懂和明确。

▶ 通过正面和／或负面强化指令，塑造和强化反犯罪态度和行为——通过与社会工作者定期互动，促进形成亲社会和反犯罪态度。

> ▶ 具体的问题解决技能——解决导致非犯罪追求满意度和回报水平降低的关键障碍。
>
> ▶ 有效利用社区资源。
>
> ▶ 关系因素。

从本质上讲，他们认为，在开放、热烈和热情的交流条件下，从业者施加的人际影响是最大化的。服务对象和从业者之间相互尊重也是一个重要的考虑因素。Dowden 和 Andrews（2004）进一步发展了这些维度，并测试了"核心实践"是否能够对减少再犯罪做出统计学上显著的独立贡献。他们分析的结果表明，在与风险、需要和一般责任原则的联系与指导下，下列核心实践似乎确实增强了提供人力服务的积极影响：

- 人际关系质量
- 关系因素
- 有效利用社区资源
- 技能因素
- 适当的示范和加强
- 有效使用权力
- 有效加强
- 有效否决
- 结构化学习程序
- 解决问题

对"效果"的排名表明，在产生有意义的改变方面，关系特征与精心设计和结构化的学习项目同样重要，尽管这些可能是相互包容的。通过提升改变来减少再犯罪涉及一系列远远超出强加控制和监督或强制遵从的技能，尽管这些也很重要。证据表明，现代实践者需要将人类艺术与社会科学结合起来，同时进行一系列"操作行为"，以确保获得主流社区服务，这些服务可能会根据所提出的需求和风险表现为多种形式。有效的实践还需要投资，使从业人员具备所需的关键技能，并为实践创造一个环境，为他们提供实践这些技能的现实机会。

完整的实践代表着巨大的责任，反思型实践者所面对的服务对象的社会问题是广泛的。社会问题异常复杂，难以干预。为解决某一情况而制定的解决方案或方案组合依据的是对问题的分析，或者更微妙地说，取决于该情况是否被视为问题，更有甚者可以说，取决于该情况是否被视为应解决的问题（Joss，1990）。最低限度干预和不干预原则所产生的问题以及不必要干预可能产生的影响必须被纳入评估和决策。

对年轻人的犯罪行为采取技术性或理性或科学的解决模式和方法，而不是采取惩罚性的对策，这通常被认为是少年司法实践中最具创新性的做法。同时，试图依靠一个个性化的解决框架来解决产生犯罪行为的问题，有可能忽视问题识别、命名和框架中的关键问题，因为这些问题是高度政治化和充满价值的。如此，从业者试图解决的是谁的问题，他们是否能以预先确定的一套解决方案的方式来解释这些问题？不可避免的是，许多实践解决方案都是资源导向而不是需求导向的，而且往往是基于这样一个前提：管理个人对不利环境的反应比修复环境本身更经济（Gray，2007）。

从业者必须学会如何以不同的方式构建和重构情境，并参与提问、即兴创作、发明和测试策略，以回应个别情况。问题构建是艺术，执行是艺术，即兴创作是艺术，影响和激励个人和系统也是艺术（Schon，1987）。即使是适当的技术性"解决方案"，如有预设目标、有可测量客体以及相关内容的结构化小组工作计划，也必须与个别参与者的学习风格相匹配，使他们有机会了解自己的情况，并在可能的情况下采取一些能够控制他们的措施。

一个人所经历的每一个社会问题都是独特的，会有许多不同的解释，这些解释不能通过简单的预先制定来解决。研究和实践的原则与服务路径可以为实践提供方向。让年轻人及其家人了解服务的确切性质和路线，知晓服务不足和结构性障碍，这对有效实践至关重要。这些都是"反思"和批判性实践的重要特征。许多评论者甚至有更高的期望，将反思与反思型实践者区分开来，反思型实践者的特点是自我介入，与实践的伦理基础和合法性对抗（Webb，2006）。

如果认为这些实践期望能够在没有机构培养和支持的情况下实现，是不太可信的。在反思自己所做的事情时，年轻人可以了解自己、他人和他们的社会背景。同样的过程也反映在从业者的学习中，他们会反思年轻人的学习和获得的成绩，以及自己作为组织内改变管理者的经验。反思学习被定义为"一种内部审视和探索由经验引发的问题的过程，它创造和澄清自我的意义，并导致概念视角的改变"（Boyd and Fales，1983，第 113 页）。

理论与实践相结合需要三种学习方式，即事实知识、实践知识和经验学习（Heron，1981）。在这种情况下，实践者需要的是所谓的"深度"学习，而不是"表面"学习，一种结合创造力，基于对理论原则的深刻理解、证据规则的应用、调查方法、绩效目标和标准的二元学习。当正式学习和个人经验在专门学习环境中结合起来时，就可以实现深度学习（Entwhistle and Ramsden，1983）。

促进以实证为导向的实践还必须让专业人员停止做证据表明无效的事情，以及在有希望的有效证据的基础上促进新的实践（Nutley et al.，2000，第 5 页）。"反学习"被用来描述为了能够接受新的理解，需要抛弃以前既定但无效的做事方式。例如，为什么有这么多年轻人被定罪或被拘留？从业者需要在团队实践中尝试并解决这个问题，并理解他们在强化或挑战这些实践中扮演的角色。主流的服务提供机构也必须如此，特别是教育、休闲和心理健康服务机构，他们往往不能满足犯罪年轻人的需要，会让年轻人自己去收拾残局。

需要做更多的工作来理解干预主义在理论和实际影响上都不同于司法转向。司法转向符合主要的国际人权文件，这些文件规定了更先进的做法，要么是不采取行动进行转向服务，要么是提供帮助服务（Buist and Whyte，2004）。从预防青少年犯罪的角度来看，在刑事程序中进行转向已被证明是一种有效的策略。

六　作为学习型组织的实践机构

从业者一般是没有自主权的。他们负责运作，并从机构获取大部分权力和权威。司法领域的许多管理活动似乎集中于执行高级管理人员制定的程序和要求，而"深入"思考和创造性的空间有限（Skinner and Whyte，2004）。在实践文化中，尤其是当"责备"而不是"学会冒险"占据主导地位时，就很难进行创新和研究。

社会学习理论者强调了观察学习在改变群体或个人行为方面的重要性。社会学习方法应用于青少年犯罪工作中的特点与机构变革相似。它包括如下几点：

- 一个变革模型；
- 学习的过程可能没有通过范例教授的特定意图，也没有学习者学习的特定意图；
- 可以通过这种方式学习特定行为和普遍的状态；
- 学习的结果取决于变化的结果；
- 模型的特征影响所进行的学习。

（Bandura and Walters，1963）

机构实践的大部分特征源于其员工通过重要成员的行为所获得的社会学习。这就赋予了"有经验"的从业者以及担任领导和高级管理职务的人员一项重要责任，即在整个机构组织中展示和重视他们鼓励的行为。如果要支持从业者冒着风险以新的和更有效的方式工作，就需要机构形成一种"好奇心"和从证据和结果中学习的文化。

成功的学习型组织就要使其内部的所有人都能对组织业务的重要方面负责（Senge，1992）。它们往往在业务、策略和政策这三个活动层次之间有很强的联系，其中业务包括了解政策和策略，并受政策和策略的影响（Garratt，1987）。Senge 的变革模式会支持从业者评估他们正在进行的工作，并利用这些知识和经验为持续的服务改进和组织发展做出贡献。这些做法与从业人员对犯罪的年轻人适用的模式相似。

七　总结

以证据为主导的实践需要各机构和独立学术机构之间建立更密切的工作关系，以确保有关政策和实践问题的信息双向流动。伙伴关系可以为从业者提供机会，使他们了解研究的优势和局限性，并为学习提供良好的经验基础，同时考虑到不断变化的实践需求。

学习型组织中的五大学习型项目

▶ 个人掌控：一种组织氛围，鼓励组织成员朝着他们选择的目标发展。

▶ 心理模式：反思、不断澄清和改善组织成员内心世界的画面，看看这些是如何塑造行动和决定的。

▶ 共同愿景：通过建立共同的愿景以及实现愿景的原则和实践指导，在一个团队中建立一种责任感。

▶ 团队学习：转变会话和集体思维技能，发展群体的智力和能力，使群体才能大于个人成员的才能总和。

▶ 系统思维：一种思考方式，一种描述和理解影响系统行为的力量和相互关系的语言。

（Skinner and Whyte，2004，第 377 页）

在动荡的政治背景下，面对稀缺的资源和日益增长的需求和期望，建立学习型氛围并非易事。但是，如果要为年轻人和社区实现效率和公平，这是在现有结构内向前迈进的唯一途径。

┤┠ 关键问题 ┨├

1. 年轻人再次犯罪在多大程度上是因为他或她的生活缺乏社会公平？

2. 在年轻人重要的关系中，哪一种关系最有可能支持中止犯罪，为什么？

3. 在发展年轻人的社会资本时，从业人员可能会面临哪些困难？

4. 从业人员如何参与"五项学习型项目"，以协助机构成为学习型机构？

┤┠ 练习 ┨├

以你正在处理或熟悉的青少年司法案件为例，讨论家庭和社会网络问题在青少年中止犯罪中的作用。

作为社工监督，你会尝试做什么工作来支持他们？

推荐阅读

Reid W. (1990), Change-Process Research: A New Paradigm?, in L. Videka-Sjerman and W. Reid (eds.) *Advances in Clinical Social Work Research*, Silver Spring, MD: NASW Press.

Smale G., Tuson G. and Statham D. (2000), *Social Work and Social Problems: Working Towards Social Inclusion and Social Change*, Basingstoke: Macmillan.

参考文献

Adler, R.M. (1985) *Taking Juvenile Justice Seriously*, Edinburgh: Scottish Academic Press.

ADSW (Association of Directors of Social Work) (2005) *Response to 21st Century Social Work Review*, Glasgow: ADSW.

Anderson, S., Kinsey, R., Loader, I. and Smith, C.G. (1994) *Cautionary Tales: Young People, Crime and Policing in Edinburgh*, Aldershot: Avebury.

Andrews, D. and Bonta, J. (1998) *The Psychology of Criminal Conduct*, Cincinnati, OH: Anderson.

Andrews, D. and Kiessling, J. (1980) 'Program structure and effective correctional practices: a summary of the CaVIC research', in R. Ross and P. Gendreau (eds) *Effective Correctional Treatment*, Toronto: Butterworth.

Andrews, D., Hollins, C., Raynor, P., Trotter, C. and Armstrong, B. (2001) *Sustaining Effectiveness in Working with Offenders*, Cardiff: The Cognitive Centre Foundation.

Andrews, D., Zinger, I., Hoge, R., Bonta, J., Gendreau, P. and Cullen, F. (1990) 'Does correctional treatment work? A clinically relevant and psychologically informed meta-analysis', *Criminology*, vol 28, no 3, pp 369-404.

Annison, J. (2006) 'Style over substance? A review of the evidence base for the use of learning styles in probation', *Criminology and Criminal Justice*, vol 6, no 2, pp 239-57.

Armstrong, T. (ed) (2003) *Intensive Interventions with High-Risk Youths: Promising Approaches in Juvenile Probation and Parole*, Monsey, NY: Criminal Justice Press.

Audit Commission (1999) *Children in Mind: Child and Adolescent Mental Health Services*, London: Audit Commission.

Ayers, C., Williams, J., Hawkins, J., Peggy, L. and Abbott, D. (1999) 'Assessing correlates of onset, escalation, de-escalation and desistance of delinquent behaviour', *Journal of Quantitative Criminology*, vol 15, no 3, pp 277-306.

Bailey, S. and Tarbuck, P. (2006) 'Recent advances in the development of screening tools for mental health in young offenders', *Current Opinion in Psychiatry*, vol 19, no 4, pp 373-7.

Bailey, W. (1966) 'Correctional outcome: an evaluation of 100 reports', *Journal of Criminal Law, Criminology and Police Science*, vol 57, no 2, pp 153-60.

Baker, K. (2005) 'Assessment in youth justice: professional discretion and the use of asset', *Youth Justice*, vol 5, no 2, pp 106–22 (http://yjj.sagepub.com/cgi/content/abstract/5/2/106).

Baker, K. (2007) 'Young people and risk', in M. Blyth, K. Baker and E. Solomon (eds) *Young People and Risk*, Bristol: The Policy Press.

Baker, K., Jones, S., Roberts, C. and Merrington, S. (2003) *Validity and Reliability of* ASSET, London: Youth Justice Board.

Baker, K., Pollack, M. and Kohn, I. (1995) 'Violence prevention through informal socialisation: an evaluation of the South Baltimore Youth Centre'. *Studies on Crime and Crime Prevention*, vol 4, no 1, pp 61–85.

Baker, R. and Mednick, B. (1984) *Influences on Human Development: A Longitudinal Perspective*, Boston, MA: Kluwer-Nijhoff.

Bandura, A. (1977) *Social Learning Theory*, London: Prentice-Hall.

Bandura, A. and Walters, R. (1963) *Social Learning and Personality Development*, London: Holt, Rinehart and Winston.

Barber, J. (1991) *Beyond Casework*, Basingstoke: Macmillan.

Barn, R., Andrew, L. and Mantovani, N. (2005) *Life After Care: A Study about the Experiences of Young People from Different Ethnic Groups*, York: Joseph Rowntree Foundation.

Baron, S., Field, J. and Schuller, T. (eds) (2000) *Social Capital: Critical Perspectives*, Oxford: Oxford University Press.

Barret, J. (1996) *A Review of Research Literature Relating to Outdoor Adventure and Personal and Social Development with Young Offenders and Young People at Risk*, Ravenglass: Foundation for Outdoor Adventure.

Barry, M. (2006) *Youth Offending in Transition: The Search for Social Recognition*, London: Routledge.

Barry, M. (2007) *Effective Approaches to Risk Assessment in Social Work: An International Literature Review*, Edinburgh: Scottish Government

Barton, C., Alexander, J.F., Waldron, H., Turner, C.W. and Warburton, J. (1985) 'Generalizing treatment effects of functional family therapy: three replications', *American Journal of Family Therapy*, vol 13, no 3, pp 16–26.

Bazemore, G. and Umbreit, M. (1994) *Balanced and Restorative Justice*, Washington, DC: Department of Justice, Office of Justice Programs.

Bazemore, G. and Umbreit, M. (2001) *A Comparison of Four Restorative Conferencing Models*, Washington, DC: US Department of Justice, Office of Juvenile Justice and Delinquency Prevention.

Becker, J. and Hicks, S. (2003) 'Juvenile sexual offenders: characteristics, interventions and policy issues', *Annals of the New York Academy of Sciences*, vol 989, pp 397–410.

Belsky, J., Vandell, D., Burchinal, M., Clarke-Stewart, A., McCartney, K. and Owen M. (2007) 'Are there long-term effects of early child care?', *Child Development*, vol 78, no 2, pp 681–701.

Berman, D. and Davis-Berman, J. (1999) 'Wilderness therapy for adolescents', in C. Schaefer (ed) *Innovative Psychotherapy Techniques in Child and Adolescent Therapy* (2nd edn), New York: John Wiley, pp 415-34.

Blackburn, R. (1994) *The Psychology of Criminal Conduct: Theory, Research and Practice*, Chichester: John Wiley.

Bonta, J. (2002) 'Offender risk assessment: guidelines for selection and use', *Criminal Justice and Behavior*, vol 29, no 4, pp 355-79.

Bonta, J., Rugge, T., Sedo, B. and Coles, R. (2004) *Case Management in Manitoba Probation*, Manitoba, Canada: Manitoba Department of Corrections.

Borduin, C., Mann, B., Cone, L., Henggeler, S., Fucci, B., Blaske, D. and Williams, R. (1995) 'Multi-systemic treatment of serious juvenile offenders: long-term prevention of criminality and violence', *Journal of Consulting and Clinical Psychology*, vol 63, no 4, pp 569-78.

Boswell, G. (1997) 'The backgrounds of violent young offenders: the present picture', in V. Varma (ed) *Violence in Children and Adolescents*, London: Jessica Kingsley Publishers.

Boswell, G. (1999) 'Young offenders who commit grave crimes: the criminal justice response', in H. Kemshall and J. Pritchard (eds) *Good Practice in Working with Violence*, London: Jessica Kingsley Publishers.

Bottoms, A. (1994) 'Environmental criminology', in M. Maguire, R. Morgan and R. Reiner (eds) *Oxford Handbook of Criminology*, Oxford: Clarendon Press.

Bottoms, A. (2001) 'Compliance and community penalties', in A. Bottoms, L. Gelsthorpe and S. Rex (eds) *Community Penalties: Changes and Challenges*, Cullompton: Willan Publishing.

Bottoms, A. and Dignan, J. (2004) 'Youth justice in Great Britain', in M. Tonry and A. Doob (eds) *Youth Crime and Youth Justice*, Chicago, IL: University of Chicago Press, p 1.

Bottoms, A. and McWilliams, W. (1979) 'A non-treatment paradigm for probation practice', *British Journal of Social Work*, vol 9, no 2, pp 160-201.

Bottoms, A., Shapland, J., Costello, A., Holmes, D. and Muir, G. (2004) 'Towards desistance: theoretical underpinnings for an empirical study', *The Howard Journal*, vol 43, no 4, pp 368-89.

Bourdieu, P. and Wacquant, L. (1992) *An Invitation to Reflexive Sociology*, Cambridge: Polity Press.

Boyd, E. and Fales, A. (1983) 'Reflective learning: key to learning from experience', *Journal of Humanistic Psychology*, vol 23, no 2, pp 99-102.

Braithwaite, J. (1989) *Crime, Shame, and Reintegration*, Cambridge: Cambridge University Press.

Braithwaite, J. (1999) 'Restorative justice: assessing optimistic and pessimistic accounts', in M. Tonry (ed) *Crime and Justice: A Review of Research*, Chicago, IL: University of Chicago Press.

Brantingham, P.J. and Brantingham, P.L. (eds) (1991) *Environmental Criminology* (2nd edn), Prospect Heights, IL: Waveland Press.

Brearley, P. (1982) *Risk in Social Work*, London: Routledge & Kegan Paul.

Brearley, P.C. with Hall, M.R.P., Jeffreys, P.M., Jennings, R. and Pritchard, S. (1982) *Risk and Ageing*, London: Routledge & Kegan Paul.

Brown, S. (2005) *Understanding Youth and Crime*, Maidenhead: Open University Press.

Bruns, E., Burchard, J. and Yoe, J. (1995) 'Evaluating the Vermont system of care: outcomes associated with community-based wraparound services', *Journal of Child and Family Studies*, vol 4, no 3, pp 321-39.

Buist, M. and Whyte, B. (2004) *International Research Evidence for Scotland's Children's Hearing Review: A Report for the Scottish Executive CRU*, Edinburgh: Scottish Executive.

Bunting, L. (2004) 'Parenting programmes: the best available evidence', *Child Care in Practice*, vol 10, no 4, pp 327-43.

Burnett, R. (2004) 'One-to-one ways of promoting desistance: in search of an evidence base', in R. Burnett and C. Roberts (eds) *What Works in Probation and Youth Justice*, Cullompton: Willan Publishing.

Burnett, R. and Appleton, C. (2004) *Joined-up Youth Justice: Tackling Youth Crime in Partnership*, Lyme Regis: Russell House.

Burns, B. (1999) 'A call for a mental health services research agenda for youth with serious emotional disturbance', *Mental Health Services Research*, vol 1, no 1, pp 5-20.

Burns, R. (1999) *Wilderness Therapy Programs for Troubled Youth: A Viable Alternative?*, cited in M. Ungar, C. Dumond and W. McDonald (2005) 'Risk, resilience, and outdoor programmes for at-risk children', *Journal of Social Work*, vol 5, no 3, pp 319–38.

Cameron, C. (2004) 'Social pedagogy and care: Danish and German practice in young people's residential care', *Journal of Social Work*, vol 4, no 2, pp 133-51.

Cannan, C., Berry, L. and Lyons, K. (1992) *Social Work and Europe*, London: Macmillan.

Carney, M. and Buttell, F. (2003) 'Reducing juvenile recidivism: evaluating the wraparound services model', *Research on Social Work Practice*, vol 13, no 5, pp 551-67.

Catalano, R., Berglund, M., Ryan, J., Lonczak, H. and Hawkins, J. (1998) *Positive Youth Development in the United States: Research Findings on Evaluations of Positive Youth Development Programs*, Seattle: Social Development Research Group.

Chamberlain, P. (1998) *Treatment Foster Care*, OJJDP Juvenile Justice Bulletin, Washington, DC: US Department of Justice.

Chamberlain, P., Leve, L. and DeGarmo, D. (2007) 'Multidimensional treatment foster care for girls in the juvenile justice system: 2-year follow-up of a randomized clinical trial', *Journal of Consulting and Clinical Psychology*, vol 75, no 1, pp 187-93.

Chapman, T. and Hough, M. (1998) *Evidence Based Practice: A Guide to Effective Practice*, London: Home Office.

Christie, N. (1993) *Crime Control and Industry*, London: Routledge.

Clifford, D. (1998) *Social Assessment Theory and Practice*, Aldershot: Ashgate.

Cloward, R. and Ohlin, L. (1960) *Delinquency and Opportunity*, New York: Free Press.

Coalter, F. with Allison, M. and Taylor, J. (2000) *The Role of Sport in Regenerating Deprived Areas*, Edinburgh: Scottish Executive Central Research Unit.

Coffield, F., Moseley, D., Hall, E. and Ecclestone, K. (2004) *Learning Styles and Pedagogy in Post-16 Learning*, London: Learning and Skills Research Centre.

Cohen, S. (1985) *Visions of Social Control*, New York: Plenum.

Coleman, J. (1988) 'Social capital in the creation of human capital', *American Journal of Sociology*, vol 94, supplement, pp 95-121.

Coleman, J. (1994) *Foundations of Social Theory*, Cambridge, MA: Harvard University Press.

Conduct Problems Prevention Research Group (1992) 'A developmental and clinical model for the prevention of conduct disorder: the FAST Track Program', *Development and Psychopathology*, vol 4, no 1, pp 509–27.

Cornish, D. and Clarke, R. V. (1998) 'Understanding crime displacement: an application of rational choice theory', in S. Henry and W. Einstadter (eds) *Criminology Theory Reader*, New York: New York University Press.

Cotterell, J. (1996) *Social Networks and Social Influences in Adolescence*, London: Routledge.

Coulshed, V. and Orme, J. (1998) *Social Work Practice: An Introduction*, London: Macmillan.

Courtney, M. and Terao, S. (2002) *Classification of Independent Living Services*, Chicago, IL: Chapin Hall Center for Children at the University of Chicago.

Crawford, A. (1997) *The Local Governance of Crime: Appeals to Community and Partnerships*, Oxford: Clarendon Press.

Crawford, A. and Newburn, T. (2003) *Youth Offending and Restorative Justice*. Cullompton: Willan Publishing.

Crisp, B., Anderson, M., Orme, J. and Lister, P. (2006) 'What can we learn about social work assessment from the textbooks?', *Journal of Social Work*, vol 6, no 3, pp 337-59.

Cross, N., Evans, J. and Minkes, J. (2003) 'Still children first? Developments in youth justice in Wales', *Youth Justice*, vol 2, no 3, pp 151-62.

Daly, K. (2003) 'Restorative justice: the real story', in G. Johnstone (ed) *A Restorative Justice Reader*, Cullompton: Willan Publishing.

Daly, K. and Hayes, H. (2001) 'Restorative justice and conferencing in Australia', *Trends and Issues*, no 186, Canberra: Australian Institute of Criminology.

Daniel, B. and Wassell, S. (2002) *Adolescence: Assessing and Promoting Resilience in Vulnerable Children*, London: Jessica Kingsley.

Deater-Deckard, K. and O'Connor, T. (2000) 'Parent–child mutuality in early childhood: two behavioral genetic studies', *Developmental Psychology*, vol 36, no 5, pp 561-70.

Dembo, R. and Walters, W. (2003) 'Innovative approaches to identifying and responding to the needs of high risk youth', *Substance Use and Misuse*, vol 38, no 11/13, pp 1713-38.

DePanfilis, D. (2006) *Child Neglect: A Guide for Prevention, Assessment, and Intervention*, Washington, DC: US Department of Health and Human Services (www.childwelfare.gov/pubs/usermanuals/neglect/neglect.pdf).

Devlin, A. and Turney, B. (1999) *Going Straight: After Crime and Punishment*, Winchester: Waterside Press.

DfES (Department for Education and Skills) (2007) *Aiming High for Children: Supporting Families*, London: HM Treasury.

DH (Department of Health) (2004) *Standards for Better Health*, London: DH.

Dingwall, R. (1989) 'Some problems about predicting child abuse and neglect', in O. Stevenson (ed) *Child Abuse: Public Policy and Professional Practice*, Hemel Hempstead: Harvester Wheatsheaf.

Dixon, J. and Stein, M. (2005) *Leaving Care, Throughcare and Aftercare in Scotland*, London: Jessica Kingsley.

Dodge, K. (1993) 'The future of research on the treatment of conduct disorder', *Development and Psychopathology*, vol 5, no 1–2, pp 311-19.

Dowden, C. and Andrews, D.A. (1999) 'What works for female offenders: a meta-analytic review', *Crime and Delinquency*, vol 45, no 4, pp 438-52.

Dowden, C. and Andrews, D. (2004) 'The importance of staff practice in delivering effective correctional treatment: a meta-analytic review of core correctional practice', *International Journal of Offender Therapy and Comparative Criminology*, vol 48, no 2, pp 203-14.

Dreyfoos, J.G. (1990) *Adolescents at Risk*, New York: Oxford University Press.

Duff, A. (2001) *Punishment, Communication and Community*, New York: Oxford University Press.

Duff, A. (2003) 'Probation, punishment and restorative justice: should altruism be engaged in punishment?', *The Howard Journal*, vol 42, no 1, pp 181-97.

Dumbrill, G.C. (2006) 'Parental experience of child protection intervention: a qualitative study', *Child Abuse and Neglect*, vol 30, no 1, pp 27-37.

Dutton, K. and Whyte, B. (2006) *Implementing Restorative Justice within an Integrated Welfare System: The Evaluation of Glasgow's Restorative Justice Service, Interim Summary Report*, Edinburgh: Criminal Justice Social Work Development Centre for Scotland (CJSWDC).

DWP (Department for Work and Pensions) (2003) *A Practical Guide to Measuring Soft Outcomes and Distance Travelled*, Cardiff: Welsh European Fund Office.

EC (European Commission) (2005) *Report by Mr Alvaro Gil-Robles Commissioner for Human Rights on his visit to the United Kingdom*, Geneva: European Commission.

Emsley, C. (1997) 'The history of crime and crime control institutions', in M. Maguire, R. Morgan and R. Reiner (eds) *The Oxford Handbook of Criminology* (3rd edn), Oxford: Oxford University Press.

Entwhistle, N. and Ramsden, P. (1983) *Understanding Student Learning*, London: Croom Helm.

Epstein, R. (1999) 'Mindful practice', *Journal of the American Medical Association*, vol 282, no 9, pp 833-9.

Erikson, E. (1995) *A Way of Looking at Things: Selected Papers from 1930-1980*, New York: W.W. Norton.

Farrall, S. (2002) *Rethinking What Works with Offenders: Probation, Social Context and Desistance from Crime*, Cullompton: Willan Publishing.

Farrall, S. (2004) 'Supervision, motivation and social context: what matters most when probationers desist?', in G. Mair (ed) *What Matters in Probation*, Cullompton: Willan Publishing.

Farrall, S. and Bowling, B. (1999) 'Structuration, human development and desistance from crime', *British Journal of Criminology*, vol 17, no 2, pp 252-67.

Farrington, D. (1989) 'Early predictors of adolescent aggression and adult violence', *Violence and Victims*, vol 4, no 2, pp 79–100.

Farrington, D. (1996) *Understanding and Preventing Youth Crime*, York: Joseph Rowntree Foundation.

Farrington, D. (2002) 'Developmental criminology and risk-focused prevention', in M. Maguire, R. Morgan and R. Reiner (eds) *The Oxford Handbook of Criminology* (3rd edn), Oxford: Oxford University Press.

Farrington, D. and Tarling, R. (eds) (1985) *Prediction and Criminology*, New York: State University of New York Press.

Farrington, D. and Welsh, B.C. (2003) 'Family-based prevention of offending: a meta-analysis', *The Australian and New Zealand Journal of Criminology*, vol 36, no 2, pp 127-51.

Feld, B. (1998) 'Juvenile and criminal justice systems' responses to youth violence', in M. Tonry and M. Moore (eds) *Youth Violence: Crime and Justice, A Review of Research*, vol 24, pp 186-293.

Felson, M. (1998) *Crime and Everyday Life* (2nd edn), Thousand Oaks, CA: Pine Forge Press.

Ferguson, J.L. (2002) 'Putting the "what works" research into practice: an organizational perspective', *Criminal Justice and Behavior*, vol 29, no 4, pp 472-92.

Field, J. and Spence, L. (2000) 'Social capital and informal learning', in F. Coffield (ed) *The Necessity of Informal Learning*, Bristol: The Policy Press.

Fischer, J. (1993) 'Empirically-based practice: the end of an ideology?', *Journal of Social Service Research*, vol 18, no 1, pp 19-64.

Flood-Page, C., Campbell, S., Harrington, V. and Miller, J. (2000) *Youth Crime: Findings from the 1998/99 Youth Lifestyles Survey*, Home Office Research Study 209, London: Home Office.

Fortune, A. and Reid, W. (1998) *Research in Social Work*, New York: Columbia University Press.

Franklin, J. (ed) (1998) *The Politics of Risk Society*, Cambridge: Polity Press.

Fraser, M. and Galinsky, M.J. (1997) 'Toward a resilience-based model of practice', in M. Fraser (ed) *Risk and Resilience in Childhood: An Ecological Perspective*, Washington, DC: NASW Press.

Fraser, N. (1997) *Justice Interruptus: Critical Reflections on the 'Post Socialist' Condition*, New York: Routledge.

Fraser, N. (2003) 'Social justice in the age of identity politics: redistribution, recognition, and participation', in N. Fraser and A. Honneth (eds) *Redistribution or Recognition? A Political-Philosophical Exchange*, London: Verso.

Frude, N., Honess, T. and Maguire, M. (1998) *CRIME-Pics Manual,* Cardiff: Michael and Associates.

Furlong, A. and Cartmel, F. (1997) *Young People and Social Change: Individualisation and Risk in Late Modernity*, Buckingham: Open University Press.

Gambrill, E. (2003) 'Evidence-based practice: sea change or the emperor's new clothes', *Journal of Social Work Education*, vol 39, no 1, pp 3-23.

Garfat, T. (ed) (2003) 'A child and youth care approach to family work', *Child and Youth Services*, vol 25, no 1/2, pp 1-6.

Garland, D. (1997) 'Of crime and criminals: the development of criminology in Britain', in M. Maguire, R. Morgan and R. Reiner (eds) *The Oxford Handbook of Criminology* (3rd edn), Oxford: Oxford University Press.

Garratt, B. (1987) *The Learning Organisation*, London: Fontana.

Garrett, C. (1985) 'Effects of residential treatment on adjudicated delinquents: a meta-analysis', *Journal of Research in Crime and Delinquency*, vol 22, no 4, pp 287-308.

Gelsthorpe, L. (2003) *Exercising Discretion: Decision Making in Criminal Justice*, Cullompton: Willan Publishing.

Gendreau, P. and Ross, R. (1979) 'Effectiveness of correctional treatment: bibliotherapy for cynics', *Crime and Delinquency*, vol 25, no 4, pp 463-89.

Gendreau, P. and Ross, R. (1981) 'Offender rehabilitation: the appeal of success', *Federal Probation*, vol 45, no 4, pp 45-8.

Gendreau, P and Ross, R. (1987) 'Revivification or rehabilitation: evidence from the 1980s', *Justice Quarterly*, vol 4, pp 349-407.

Gendreau, P., Cullen, F. and Bonta, J. (1994) 'Intensive rehabilitation supervision: the next generation in community corrections?', *Federal Probation*, vol 58, no 4, pp 72-8.

Gendreau, P., Little, T. and Goggin, C. (1996) 'Meta-analysis of the predictors of adult offender recidivism: what works?', *Criminology*, vol 34, no 4, pp 575-607.

Gilligan, R. (2001) *Promoting Resilience: A Resource Guide on Working with Children in the Care System*, London: British Agencies of Adoption and Fostering.

Goldson, B. (2002a) 'New punitiveness: the politics of child incarceration', in J. Muncie, G. Hughes and E. McLaughlin (eds) *Youth Justice: Critical Readings*, London: Sage Publications.

Goldson, B. (2002b) *Vulnerable Inside: Children in Secure and Penal Settings*, London: Children's Society.

Goldson, B. (2008) *Dictionary of Youth Justice*, Cullompton: Willan Publishing.

Gordon, D. (2002) 'Intervening with families of troubled youth: functional family therapy and parenting wisely', in J. McGuire (ed) *Offender Rehabilitation: Effective Programmes and Policies to Reduce Re-offending*, London: Wiley.

Gordon, M. (2005) *Roots of Empathy: Changing the World Child by Child*, Toronto: Thomas Allen Publishers.

Gorsuch, K., Steward, M., Van Fleet, R. and Schwartz, I. (1992) *Missouri Division of Youth Services: An Experience in Delinquency Reform, in Missouri and Hawaii: Leaders in Youth Correction Policy*, Ann Arbor, MI: Center for the Study of Youth Policy.

Gottfredson, S. and Hirschi, T. (1990) *A General Theory of Crime*, Palo Alto, CA: Stanford University Press.

Gottfredson, S. and Gottfredson, D. (1986) 'Accuracy of prediction models', in E. Blumstein, J. Cohen, J. Roth and C. Visher (eds) *Criminal Careers and Career Criminals*, vol 2, Washington, DC National Academy Press, pp 212-90.

Graham, J. (1998) *Schools, Disruptive Behaviour and Delinquency: A Review of Research*, London: Home Office.

Graham, J. and Bowling, B. (1995) *Young People and Crime*, Home Office Research Study 145, London: HMSO.

Gray, P. (2007) 'Youth justice, social exclusion and the demise of social justice', *The Howard Journal*, vol 46, no 4, pp 401-16.

Griffin, H. and Beech, A. (2004) *An Evaluation of the AIM Framework for the Assessment of Adolescents who Display Sexually Harmful Behaviour*, London: Youth Justice Board.

Grisso, T., Vincent, G. and Seagrave, D. (eds) (2005) *Mental Health Screening and Assessment in Juvenile Justice*, London: Guildford Press.

Grubin, D. and Wingate, S. (1996) 'Sexual offence recidivism: prediction versus understanding', *Criminal Behaviour and Mental Health*, vol 6, no 4, pp 349-59.

Gurney, A. (2000) 'Risk management', in M. Davies (ed) *The Blackwell Encyclopaedia of Social Work*, Oxford: Blackwell.

Hagel, A. (1998) *Dangerous Care: Reviewing the Risk to Children from their Carers*, London: Policy Studies Institute and the Bridge Child Care Trust.

Hagel, A. and Newburn, T. (1994) *Persistent Young Offenders*, London: Policy Studies Institute.

Halpern, D. (2001) 'Moral values, social trust and inequality – can values explain crime?', *British Journal of Criminology*, vol 41, no 2, pp 236-51.

Hämäläinen, J. (2003) 'The concept of social pedagogy in the field of social work', *Journal of Social Work*, vol 3, no 1, pp 69-80.

Harrington, R. and Bailey, S. (2004) 'Prevention of antisocial personality disorder: mounting evidence on optimal timing and methods', *Criminal Behaviour and Mental Health*, vol 14, no 2, pp 75-81.

Harvey, R. (2002) 'The UK before the UN Committee on the Rights of the Child', *ChildRIGHT*, October, issue no 190, pp 9-11.

Heidensohn, F. (2002) 'Gender and crime', in M. Maguire, R. Morgan and R. Reiner (eds) *The Oxford Handbook of Criminology* (3rd edn), Oxford: Oxford University Press.

Heineman-Pieper, M. (1985) 'The future of social work research', *Social Work Research and Abstracts*, pp 3-11.

Henggeler, S., Melton, G., Smith, L., Schoenwald, S. and Hanley, J. (1993) 'Family preservation using multi-systemic treatment: long-term follow-up to a clinical trial with serious juvenile offenders', *Journal of Child and Family Studies*, vol 2, pp 283-93.

Henry, B., Caspi, A., Moffitt, T.E. and Silva, P. (1996) 'Temperamental and familial predictors of violent and non-violent criminal convictions: from age 3 to age 18', *Development Psychopathology*, vol 32, no 4, pp 614-23.

Heron, J. (1981) 'The role of reflection in a co-operative inquiry', in P. Reason and J. Rowan (eds) *Philosophical Bases for a New Paradigm in Human Inquiry: A Source Book of New Paradigm Research*, Chichester: Wiley.

Heyman, B. (1997) *Risk, Health and Health Care: A Qualitative Approach*, London: Edward Arnold.

Higham, P.E. (2006) *Social Work: Introducing Professional Practice*, London: Sage Publications.

Hill, M. (1999) 'What's the problem? Who can help? The perspectives of children and young people on their well-being and on helping professionals', *Journal of Social Work Practice*, vol 13, no 2, pp 135-45.

Hill, M., Davis, J., Prout, A. and Tidsall, K. (2004) 'Moving the participation agenda forward', *Children and Society*, vol 18, no 2, pp 77-96.

Hill, M., Lockyer, A. and Stone, F. (eds) (2006) *Youth Justice and Child Protection*, London: Jessica Kingsley.

Hirschi, T. (1969) *Causes of Delinquency*, Berkeley, CA: University of California Press.

HM Treasury (2003) *Every Child Matters*, Cm 5860, London: The Stationery Office.

Hodges, K. (1994). *Child and Adolescent Functional Assessment Scale*, Ypsilanti, MI: Eastern Michigan University.

Hollins, C. (ed) (2001) *Handbook of Offender Assessment and Treatment*, Chichester: Wiley.

Hollins, C. (2002) 'Psychological theories', in M. Maguire, R. Morgan and R. Reiner (eds) *The Oxford Handbook of Criminology* (3rd edn), Oxford: Oxford University Press.

Hollins, C., McGuire, J. and Palmer, E. (2004) *Pathfinder Programmes in the Probation Service: A Retrospective Analysis*, London: Home Office Research, The Environmental Sciences Division (ESD).

Honess, T., Seymour, L. and Webster, R. (2000) *The Social Context of Underage Drinking*, London: Home Office.

Honey, P. and Mumford, A. (2000) *The Learning Styles Helper's Guide*, Maidenhead: Peter Honey Publications.

Horsefield, A. (2003) 'Risk assessment: who needs it?', *Probation Journal*, vol 50, no 4, pp 374-9.

Houchin, R. (2005) *Social Exclusion and Imprisonment in Scotland: A Report*, Glasgow: Glasgow Caledonian University.

Hudson, B. (1997) 'Social control', in M. Maguire, R. Morgan and R. Reiner (eds) *The Oxford Handbook of Criminology* (3rd edn), Oxford: Oxford University Press.

infed.org (2005) *Infed Social Pedagogy* (www.infed.org/biblio/b-socped.htm).

Irvine, A., Biglan, A., Smolkowski, K. and Ary, D. (1999) 'The value of the Parenting Scale for measuring the discipline practices of parents of middle-school children', *Behaviour Research and Therapy*, vol 37, no 2, pp 127-42.

Izzo, R. and Ross, R. (1990) 'Meta-analysis of rehabilitation programs for juvenile delinquency', *Criminal Justice and Behaviour*, vol 17, no 1, pp 134-42.

Jackson, S. (2000) 'Reducing risk and promoting resilience in vulnerable children', *Journal of Social Work*, vol 4, no 4 (www.bemidjistate.edu/academics/publications/social_work_journal/issue04/articles/jackson.html).

Jackson, S. and Simon, A. (2005) 'The costs and benefits of educating children in care', in E. Chase, S. Simon and S. Jackson (eds) *In Care and After: A Positive Perspective*, London: Routledge.

Jaeger, C., Renn, O., Rosa, E. and Webler, T. (2001) *Risk, Uncertainty and Rational Action*, London: Earthscan Publications.

Jamieson, J., McIvor, G. and Murray, C. (1999) *Understanding Offending Among Young People*, Edinburgh: Scottish Executive.

Jones, P.R. (1996) 'Risk prediction in criminal justice', in A. Harland (ed) *Choosing Correctional Options that Work*, Thousand Oaks, CA: Sage Publications.

Jones, P.R., Harris, P., Fader, J. and Grubstein, L. (2001) 'Identifying chronic juvenile offenders', *Justice Quarterly*, vol 18, no 3, pp 479-507.

Joss, R. (1990) 'Competency-led assessment', Unpublished paper, Bristol: Brunel University.

Juby, H. and Farrington, D. (2001) 'Disentangling the link between disrupted families and delinquency', *British Journal of Criminology*, vol 41, no 1, pp 22-40.

Kane, J., Lloyd, G., McCluskey, G., Riddell, S., Stead, J. and Weedon, E. (2006) *Restorative Practices in Three Scottish Councils*, Edinburgh: SEED.

Kemshall, H. (1996) *Reviewing Risk: A Review of Research in the Assessment and Management of Risk and Dangerousness*, London: Home Office.

Kemshall, H. (1998) *Risk in Probation Practice*, Aldershot: Ashgate.

Kemshall, H. (2002) *Risk, Social Policy and Welfare*, Buckingham: Open University Press.

Kemshall, H. (2003) *Understanding Risk in Criminal Justice*, Buckingham: Open University Press.

Kemshall, H. (2007) 'Risk, social policy and young people', in J. Wood and J. Hine (eds) *Work with Young People: Developments in Theory, Policy and Practices*, London: Sage Publications.

Kemshall, H. and Pritchard, J. (eds) (1997a) *Good Practice in Risk Management 1*, London: Jessica Kingsley.

Kemshall, H. and Pritchard, J. (eds) (1997b) *Good Practice in Risk Management 2: Protection, Rights and Responsibilities*, London: Jessica Kingsley.

Kirby, B. (1954) 'Measuring effects of treatment of criminals and delinquents', *Sociology and Social Research*, vol 38, no 3, pp 368-74.

Kirby, M. and Fraser, M. (1998) *Risk and Resilience in Childhood: An Ecological Perspective*, Washington, DC: NASW Press.

Kirk, S. and Reid, W.J. (2002) *Science and Social Work*, New York: Columbia University Press.

Knott, C. (2004) 'Evidence-based practice in the national probation service', in R. Burnett and C. Roberts (eds) *What Works in Probation and Youth Justice: Developing Evidence-Based Practice*, Cullompton: Willan Publishing.

Kohlberg, L. (1981) *The Philosophy of Moral Development: Moral Stages and the Idea of Justice*, London: Harper & Row.

Lab, S. and Whitehead, J. (1988) 'An analysis of juvenile correctional treatment', *Crime and Delinquency*, vol 34, pp 60-83.

Lahey, B., Moffitt, T. and Caspi, A. (2003) (eds) *Causes of Conduct Disorder and Juvenile Delinquency*, New York: Guilford Press.

Latessa, E., Cullen, F. and Gendreau, P. (2002) 'Beyond correctional quackery – professionalism and the possibility of effective treatment', *Federal Probation*, vol 66, no 2, pp 43-9.

Latimer, J., Dowden, C. and Muise. D. (2005) *The Effectiveness of Restorative Justice Practices: A Meta-Analysis*, Washington, DC: Department of Justice.

Laub, J. and Sampson, R. (2003) *Shared Beginnings, Divergent Lives: Delinquent Boys to Age Seventy*, Cambridge, MA: Harvard University Press.

Laybourn, A. (1986) 'Traditional strict working class parenting – an undervalued system', *British Journal of Social Work*, vol 16, no 6, pp 625-44.

Liddle, M. and Solanki, A.R. (2002) 'Persistent young offenders: research on individual backgrounds and life experience', *Research Briefing No 1*, London: Nacro.

Limandri, B. and Sheridan, D. (1995) 'Prediction of intentional interpersonal violence: an introduction', in J. Campbell and J. Conte (eds) *Assessing the Risk of Dangerousness: Potential for Further Violence of Sexual Offenders, Batterers and Child Abusers*, Newbury Park, CA: Sage Publications.

Lin, A.C. (2000) *Reform in the Making: The Implementation of Social Policy in Prison*, Princeton, NJ: Princeton University Press.

Lipsey, M. (1992) 'Juvenile delinquency treatment: a meta-analytic inquiry into the viability of effects', in T. Cook, H. Cooper, D. Cordray, H. Hartmann, L. Hedges, R. Light, T. Louis and F. Mosteller (eds) *Meta-Analysis for Explanation*, New York: Russell Sage.

Lipsey, M. (1995) 'What do we learn from 400 research studies on the effectiveness of treatment with juvenile delinquents?', in J. McGuire (ed) *What Works? Reducing Reoffending*, New York: John Wiley.

Lipsey, M. (1999) 'Can intervention rehabilitate serious delinquents?', *Annals of the American Academy*, July, pp 142-66.

Lipsey, M. and Cullen F. (2007) 'The effectiveness of correctional rehabilitation: a review of systematic reviews', *Annual Review of Law and Social Science*, vol 3, December, pp 1-24.

Lipsey, M. and Derzon, J. (1998) 'Predictors of violent or serious delinquency in adolescence and early adulthood: a synthesis of longitudinal research', in R. Loeber and D. Farrington (eds) *Serious and Violent Juvenile Offenders: Risk Factors and Successful Interventions*, Thousand Oaks, CA: Sage Publications.

Lipsey, M. and Wilson, D. (1998) 'Effective intervention for serious juvenile offenders: a synthesis of research', in R. Loeber and D. Farrington (eds) *Serious and Violent Juvenile Offenders: Risk Factors and Successful Interventions*, Thousand Oaks, CA: Sage Publications.

Loeb, S., Bridges, M., Fuller, B. and Rumberger, R. (2007) 'How much is too much? The influence of preschool centres on children's social and cognitive development', *Economics of Education Review*, vol 26, no 1, pp 52-66.

Loeber, R. and Farrington, D.P. (eds) (1998) *Serious and Violent Juvenile Offenders: Risk Factors and Successful Interventions*, London: Sage Publications.

Loeber, R. and Farrington, D. (2000) *Child Delinquents: Development, Intervention and Service Needs*, Thousand Oaks, CA: Sage Publications.

Loeber, R. and LeBlanc, M. (1990) 'Toward a developmental criminology'. in M. Tonry, and N. Morris (eds), *Crime and Justice: A Review of Research, vol 12*, Chicago, IL: University of Chicago Press, pp 415-34.

Logan, C. (1972) 'Evaluation research in crime and delinquency', *Journal of Criminal Law, Criminology and Police Science*, vol 63, no 3, pp 378-87.

Longo, R. (2003) 'Emerging issues, policy changes, and the future of treating children with sexual behaviour problems', *Annals of the New York Academy of Sciences*, vol 989, pp 502-14.

Loucks, N., Power, K., Swanson, V. and Chambers, J. (2000) *Young People in Custody in Scotland*, Occasional Paper Series No 3, Edinburgh: Scottish Prison Service.

McAra, L. and McVie, S. (2007) 'Youth justice? The impact of system contact on patterns of desistance from offending', *European Journal of Criminology*, vol 4, no 3, pp 315-45.

McCold, P. (2004) 'Paradigm muddle: the threat to restorative justice posed by its merger with community justice', *Contemporary Justice Review*, vol 7, no 1, March, pp 13-35.

McCulloch, P. (2005) 'Probation, social context and desistance: retracing the relationship', *Probation Journal*, vol 52, no 1, pp 8-22.

McGarrell, E. (2001) 'Restorative justice conferences as an early response to young offenders', *Office of Juvenile Justice and Delinquency Prevention Juvenile Justice Bulletin*, August, Washington, DC: US Department of Justice.

McGarrell, E., Olivares, K., Crawford, K. and Kroorand, N. (2000) *Returning Justice to the Community: The Indianapolis Juvenile Restorative Justice Experiment*, Indianapolis: Hudson Institute Crime Control Policy Center.

McGuire, J. (2000) *An Introduction to Theory and Research: Cognitive Behavioural Approaches*, London: Home Office.

McIvor, G., Jamieson, J. and Murray, C. (2000) 'Study examines gender differences in desistance from crime', *Offender Programs Report*, vol 4, no 1, pp 5-9.

McNeece, C. and Thyer, B. (2004) 'Evidence-based practice and social work', *Journal of Evidence-Based Social Work*, vol 1, no 1, pp 7-25.

McNeill, F. (2006) 'A desistance paradigm for offender management', *Criminology and Criminal Justice*, vol 6, no 1, pp 39-62.

McNeill, F. and Whyte, B. (2007) *Reducing Reoffending: Social Work and Community Justice in Scotland*, Cullompton: Willan Publishing.

Maguin, E. and Loeber, R. (1996) 'Academic performance and delinquency', in M. Tonry (ed) *Crime and Justice: A Review of Research*, vol 20, Chicago, IL: University of Chicago Press.

Mainprize, S. (1995) 'Social, psychological, and familial impacts of home confinement and electronic monitoring: exploratory research findings from British Columbia's pilot project', in K. Schulz (ed) *Electronic Monitoring and Corrections: The Policy, the Operation, the Research*, Burnaby, BC: Simon Fraser University.

Mair, G. and May, T. (1997) *Offenders on Probation*, Home Office Research Study No 167, London: Home Office.

Marshall, K. (2007) 'The present state of youth justice in Scotland', *Scottish Journal of Criminal Justice Studies*, vol 13, no 1, pp 4-19.

Marshall, W. and Serran, G. (2004) 'The role of therapists in offender treatment', *Psychology, Crime and Law*, vol 10, no 3, pp 309-20.

Martinson, R. (1974) 'What works? – questions and answers about prison reform', *The Public Interest*, vol 35, no 1, pp 22-54.

Martinson, R. (1979) 'New findings, new views: a note of caution regarding sentencing reform', *Hofstra Law Review*, vol 7, pp 243-58.

Maruna, S. (2000) 'Desistance from crime and offender rehabilitation: a tale of two research literatures', *Offender Programs Report*, vol 4, no 1, pp 1-13.

Maruna, S. (2001) *Making Good*, Washington, DC: American Psychological Association.

Matsueda, R. and Braithwaite, J. (2000) 'Social reaction', in R. Paternoster and R. Bachman (eds) *Explaining Criminals and Crime: Essays in Contemporary Criminological Theory*, Maryland, MD: Roxbury Publishing.

Maxwell, G.M. and Morris, A. (1993) *Families, Victims and Culture: Youth Justice in New Zealand*, Wellington: Department of Social Welfare and Institute of Criminology.

Mayer J. and Timms, N. (1970) *The Client Speaks*, London: Routledge.

MDJJ (Maryland Department of Juvenile Justice) (1997) *Maryland Department of Juvenile Justice Recidivism Analyses: A Program By Program Review of Recidivism Measures at Major Facilities for Department of Juvenile Justice Youths*, Baltimore, MD: MDJJ.

Mearns, D. (2003) *Developing Person-Centred Counselling* (2nd edn), London: Sage.

Mendel, R. (2000) *Less Hype More Help. Reducing Youth Crime: What Works and What Doesn't?*, Washington, DC: American Youth Policy Forum.

Mental Health Foundation (1999) *Bright Futures: Promoting Children and Young People's Mental Health*, London: Mental Health Foundation.

Mental Health Foundation (2002) *The Mental Health of Young Offenders. Bright Futures: Working with Vulnerable Young People*, London: Mental Health Foundation.

Merton, R. (1957) *Social Theory and Social Structure*, London: Collier-Macmillan.

Miller, W. and Rollnick, S. (eds) (2002) *Motivational Interviewing: Preparing People to Change* (3rd edn), New York: Guilford Press.

Milner, J. and O'Byrne, P. (2002) *Assessment in Social Work* (2nd edn), Basingstoke: Macmillan.

Moffitt, T. (1993) 'Life-course-persistent and adolescence-limited anti-social behaviour: a developmental taxonomy', *Psychological Review*, vol 100, no 4, pp 674-701.

Monaghan, G., Hibbert, P. and Moore, S. (2003) *Children in Trouble: Time for Change*, Ilford: Barnardo's.

Monahan, J. (1981) *Predicting Violent Behavior: An Assessment of Clinical Techniques*, Beverley Hills, CA: Sage Publications.

Moran, P., Ghate, D. and van der Merwe, A. (2004) *What Works in Parenting Support? A Review of the International Evidence*, Research Report 574, London: The Stationery Office.

Morawska, A. and Sanders, M. (2006) 'A review of parental engagement in parenting interventions and strategies to promote it', *Journal of Children's Services*, vol 1, no 1, pp 29-40.

Morgan, R. (2003) 'Foreword', in *HMIP Annual Report 2002/2003*, London: Home Office.

Morris, A. and Maxwell. G. (1998) 'Restorative justice in New Zealand: family group conferences as a case study', *Western Criminology Review*, vol 1, no 1 (http://wcr.sonoma.edu/v1n1/morris.html).

Morris, K. (ed) (2008) *Social Work and Multi-agency Working*, Bristol: The Policy Press.

Morris, K., Barnes, M. and Mason, P. (2009: forthcoming) *Children, families and social exclusion: Developing understandings*, Bristol: The Policy Press.

Mortimer, E. (2001) 'Electronic monitoring of released prisoners: an evaluation of the home detention curfew scheme', *Home Office Findings No 139*, London: Home Office.

Moss, P. and Petrie, P. (2002) *From Children's Services to Children's Spaces*, London: Routledge/Falmer.

Muncie, J. and Hughes, G. (2002) 'Modes of youth governance: political rationalities, criminalization and resistance', in J. Muncie, G. Hughes and E. McLaughlin (eds) *Youth Justice: Critical Readings*, London: Sage Publications.

Muncie, J. and Goldson, B. (2007) *Comparative Youth Justice: Critical Issues*, Oxford: Blackwell Publishers.

Muncie, J., Hughes, G. and McLaughin, E. (eds) (2002) *Youth Justice: Critical Readings*, London: Sage Publications.

NACRO (2003) *A Failure of Justice: Reducing Child Imprisonment*, London: NACRO.

NCH Scotland (2002) *Factfile 2002: Facts and Figures about Scotland's Children*, Glasgow: NCH Scotland.

Nellis, M. (2001) 'Community penalties in historical perspective', in A. Bottons, L. Gelsthorpe and S. Rex (eds) *Community Penalties: Change and Challenges*, Cullompton: Willan Publishing.

Nellis, M. (2004) 'Electronic monitoring and the community supervision of offenders', in A. Bottoms, S. Rex and G. Robinson (eds) *Alternatives to Prison: Options for an Insecure Society*, Cullompton: Willan Publishing.

Nellis, M. (2006) 'Surveillance, rehabilitation, and electronic monitoring: getting the issues clear', *Criminology and Public Policy*, vol 5, no 1, pp 103–8.

Neustatter, A. (2002) *Locked in Locked Out*, London: Calouste Gulbenkian Foundation.

Newburn, T. (2002) 'The contemporary politics of youth crime prevention', in J. Muncie, G. Hughes and E. McLaughlin (eds) *Youth Justice: Critical Readings*, London: Sage Publications.

Newman, T. and Blackburn, S. (2002) *Transitions in the Lives of Children and Young People: Resilience Factors*, Edinburgh: Scottish Executive.

NOMS (National Offender Management Services) (2005) *Working Together to Reduce Reoffending*, London: Home Office.

Nutley, S., Davis, H. and Tilley, N. (2000) 'Getting research into practice', *Public Money and Management*, October–December, pp 3–6.

O'Donnell, J., Hawkins, J.D., Catalano, R.F., Abbott, R.D. and Day, L.E. (1995) 'Preventing school failure, drug use and delinquency among low income children: long-term intervention in elementary schools', *American Journal of Orthopsychiatry*, vol 65, no 1, pp 87–100.

Olweus, D. (1997) 'Bully/victim problems in school: facts and intervention', *European Journal of Psychology of Education*, vol 12, no 4, pp 495–510.

Osborn, S.G. and West, D.J. (1978) 'The effectiveness of various predictors of criminal careers', *Journal of Adolescence*, vol 1, no 2, pp 101-17.

Osher, T. and Huff, B. (2006) *Working with Families of Children in the Juvenile Justice and Corrections Systems*, Washington, DC: National Evaluation and Technical Assistance Center for the Education of Children and Youth Who are Neglected, Delinquent, or At Risk (NDTAC).

Osterling, K. and Hines, A. (2006) 'Mentoring adolescent foster youth: promoting resilience during developmental transitions', *Child and Family Social Work*, vol 11, no 3, pp 242-53.

Palmer, T. (1974) 'The Youth Authority's community treatment programme', *Federal Probation*, March, pp 3-14.

Palmer, T. (1992) *The Re-emergence of Correctional Intervention*, Newbury Park, CA: Sage Publications.

Parker, J. and Bradley, G. (2003) *Social Work Practice: Assessment, Planning, Intervention and Review*, Exeter: Learning Matters.

Parsloe, P. (ed) (1999) 'Risk assessment in social care and social work', *Research Highlights in Social Work No 36*, London: Jessica Kingsley.

Parton, N. (1996) 'Social work, risk and "the blaming system"', in Parton, N. (ed) *Social Theory, Social Change and Social Work*, London: Routledge.

Partridge, S. (2004) *Examining Case Management Models for Community Sentences*, Home Office Online Report, London: Home Office.

Patterson, G.R. (1996) 'Some characteristics of a developmental theory for early-onset delinquency', in M. Lenzenweger and J. Haugaard (eds) *Frontiers of Developmental Psychopathology*, New York: Oxford University Press.

Patterson, G.R. and Yoerger, K. (1997) 'A developmental model for late-onset delinquency', in D.W. Osgood (ed) *Motivation and Delinquency: Nebraska Symposium on Motivation*, vol 44, Lincoln, NE: University of Nebraska Press, pp 119-77.

Patterson, G.R., Reid, J.B. and Dishion, T.J. (1992) *Antisocial Boys: A Social Interactional Approach*, vol 4, Eugene, OR: Castalia.

Patton, M. (2002) *Qualitative Research and Evaluation Methods*, Thousand Oaks, CA: Sage Publications.

Pawson, R. and Tilley, P. (1997) *Realistic Evaluation*, London: Sage.

Pearson, C. and Thurston, M. (2006) 'Understanding mothers' engagement with antenatal parent education services: a critical analysis of a Sure Start service', *Children and Society*, vol 20, no 5, pp 348-59.

Petersilia, J. and Turner, S. (1992) 'An evaluation of intensive probation in California', *Journal of Criminal Law and Criminology*, vol 83, no 3, pp 610-58.

Petras, D., Massat, C. and Essex, E. (2002) 'Overcoming hopelessness and social isolation: the ENGAGE model for working with neglecting families toward permanence', *Child Welfare*, vol 81, pp 225-48.

Petrie, P. (2001) 'The potential of pedagogy/education for work in the children's sector in the UK', *Social Work in Europe*, vol 8, no 3, pp 23-5.

Petrie, P. (2004) 'Pedagogy: a holistic, personal approach to work with children and young people across services: European models for practice, training, education and qualification', Unpublished paper, London: Thomas Coram Research Unit, Institute of Education, University of London.

Pfohl, S.J. (1985) *Images of Deviance and Social Control: A Sociological History*, New York: McGraw-Hill.

Pollock, N., McBain, I. and Webster, C. (1989) 'Clinical decision making: the assessment of dangerousness', in K. Howells, and C. Hollin (eds) *Clinical Approaches to Violence*, Chichester: John Wiley.

Poulin, F., Dishion, T. and Haas, E. (1999) 'The peer influence paradox: friendship quality and deviancy training within male adolescent friendships', *Merrill-Palmer Quarterly*, vol 1, no 1, pp 42-61.

Prior, D. and Paris, A. (2006) 'Preventing children's involvement in crime and anti-social behaviour: a literature review', Paper produced for the National Evaluation of the Children's Fund Institute of Applied Social Studies Research, Report No 623, Birmingham: DfES Publications.

Prochaska, J. and Di Clemente, C. (1982) 'Transtheoretical therapy: towards a more integrative model of change', *Psychotherapy: Theory, Research and Practice*, vol 19, no 3, pp 276-88.

Pullmann, M.D., Kerbs, J., Koroloff, N., Veach-White, E., Gaylor, R. and Sieler, D. (2006) 'Juvenile offenders with mental health needs: reducing recidivism using wraparound', *Crime and Delinquency*, vol 52, no 3, pp 375-97.

Putnam, R. (2000) *Bowling Alone: The Collapse and Revival of American Community*, New York: Simon and Schuster.

Quinsey, V., Harris, G. and Rice, M. (1998) *Violent Offenders: Appraising and Managing Risk*, Washington, DC: American Psychological Association.

Raynor, P. (1985) *Social Work, Justice and Control*, Oxford: Blackwell.

Raynor, P. (1997) 'Some observations on rehabilitation and justice', *Howard Journal of Criminal Justice*, vol 36, no 3, pp 248-62.

Raynor, P. and Vanstone, M. (1994) 'Probation practice, effectiveness and the non-treatment paradigm', *British Journal of Social Work*, vol 24, no 4, pp 387-404.

Reid, W. (1994) 'The empirical practice movement', *Social Service Review*, vol 68, no 2, pp 165-88.

Rex, S. (1999) 'Desistance from offending: experiences of probation', *Howard Journal of Criminal Justice*, vol 36, no 4, pp 366-83.

Rice, M. and Harris, G. (1995) 'Violent recidivism: assessing predictive validity', *Journal of Consulting and Clinical Psychology*, vol 63, no 5, pp 737-48.

Righthand, S., Prentky, R., Knight, R., Carpenter, E., Hecker, J. and Nangle, D. (2005) 'Factor structure and validation of the juvenile sex offender assessment protocol (J-SOAP)', *Sexual Abuse: A Journal of Research and Treatment*, vol 17, no 1, pp 13-30.

Roberts, C. (2004) 'Offending behaviour programmes: emerging evidence and implications for practice', in R. Burnett and C. Roberts (eds) *What Works in Probation and Youth Justice*, Cullompton: Willan Publishing.

Robinson, G. (2003) 'Risk assessment', in W.-H. Chui and M. Nellis (eds) *Probation: Theories, Practice and Research*, Harlow: Pearson Education.

Robinson, G. and Dignan, J. (2004) 'Sentence management', in A. Bottoms, S. Rex and G. Robinson (eds) *Alternatives to Prison: Options for an Insecure Society*, Cullompton: Willan Publishing.

Rock, P. (1997) 'Sociological theories of crime', in M. Maguire, R. Morgan and R. Reiner (eds) *Oxford Handbook of Criminology* (2nd edn), Oxford: Oxford University Press.

Rollnick, S. and Miller, W.R. (1995) 'What is motivational interviewing?', *Behavioural and Cognitive Psychotherapy*, vol 23, no 3, pp 325-34.

Ross, R.R., Fabiano, E. and Ewles, C. (1988) 'Reasoning and rehabilitation', *International Journal of Offender Therapy and Comparative Criminology*, vol 32, no 1, pp 29-35.

Rowe, D. (2002) *Biology and Crime*, Los Angeles, CA: Roxbury.

Rowe, W. (2002) *A Meta-analysis of Six Washington State Restorative Justice Projects: Accomplishments and Outcomes*, Washington, DC: Office of Juvenile Justice.

Rumgay, J. (2004) 'Scripts for safer survival: pathways out of female crime', *Howard Journal of Criminal Justice*, vol 43, no 4, pp 405-19.

Russell, M.N. (1990) *Clinical Social Work: Research and Practice*, Newbury Park, CA: Sage

Rutter, M., Giller, H. and Hagel, A. (1998) *Antisocial Behavior by Young People*, New York: Cambridge University Press.

Sampson, R. (2004) 'Networks and neighbourhoods: the implications of connectivity for thinking about crime in the modern city', in H. McCarthy, P. Miller and P. Skidmore (eds) *Network Logic: Who Governs in an Interconnected World?*, London: Demos.

Sampson, R. and Laub, J. (1993) *Crime in the Making: Pathways and Turning Points through Life*, Cambridge, MA: Harvard University.

Sampson, R., Raudenbush, S. and Earls, F. (1997) 'Neighbourhoods and violent crime: a multilevel study of collective efficacy', *Science*, vol 277, no 5238, pp 918-24.

Sarri, R., Shook, J., Ward, G., Creekmore, M., Alberston, C., Goodkind, S. and Chih Soh, J. (2001) *Decision Making in the Juvenile Justice System: A Comparative Study of Four States. Final Report to the National Institute of Justice*, Ann Arbor, MI: Institute for Social Research.

Scarr, S. (1992) 'Developmental theories for the 1990s: development and individual differences', *Child Development*, vol 63, no 1, pp 1-19.

Schiff, M. (1998) 'The impact of restorative justice interventions on juvenile offenders', in L. Walgrave and G. Bazemore (eds) *Restoring Juvenile Justice: Repairing the Harm of Youth Crime*, Monsey, NY: Criminal Justice Press.

Schinke, P., Orlandi, M. and Cole, K. (1992) 'Boys and girls clubs in public housing developments: prevention services for youth at risk', *Journal of Community Psychology*, Special Issue, vol 20, no 1, pp 118-28.

Schmidt, S., Liddle, H. and Dakof, G. (1996) 'Changes in parenting practices and adolescent drug abuse during multidimensional family therapy', *Journal of Family Psychology*, vol 10, no 1, pp 12-27.

Schofield, G. (2001) 'Resilience and family placement: a lifespan perspective', *Adoption and Fostering*, vol 25, no 3, pp 6-19.

Schon, D. (1987) *Educating the Reflective Practitioner*, San Francisco, CA: Jossey-Bass.

Schumacher, M. and Kurz, G. (2000) *The 8% Solution*, Thousand Oaks, CA: Sage Publications.

Schur, E. (1973) *Radical Non-intervention: Rethinking the Delinquency Problem*, Englewood Cliffs, NJ: Prentice-Hall.

Schweinhart, L. and Weikart, D. (1997) *Lasting Differences. The High/Scope Preschool Curriculum Comparison Study Through Age 23*, Ypsilanti, MI: High/ Scope Educational Research Foundation.

Scottish Executive (2004) *Getting it Right for Every Child*, Edinburgh: Scottish Executive.

Scottish Executive (2006) *Reconvictions of Offenders Discharged from Custody or Given Non-Custodial Sentences in 2002/03, Scotland*, Edinburgh: Scottish Executive.

Scottish Executive (2007) *Looked After Children and Young People: We Can and Must Do Better*, Edinburgh: Scottish Executive.

Scraton, P. and Haydon, D. (2002) 'Challenging the criminalization of children and young people: securing a rights-based agenda', in J. Muncie, G. Hughes and E. McLaughlin (eds) *Youth Justice: Critical Readings*, London: Sage Publications.

Senge, P. (1992) *The Fifth Discipline: The Art and Practice of the Learning Organization*, London: Century Business.

Shaw, I. and Shaw, A. (1997) 'Keeping social work honest: evaluating as profession and practice', *British Journal of Social Work*, vol 27, no 6, pp 847-69.

Shaw, M. and Hannah-Moffat, K. (2004) 'How cognitive skills forgot about gender and diversity', in G. Mair (ed) *What Matters in Probation*, Cullompton: Willan Publishing.

Sheldon, B. (1994) 'Social work effectiveness research: implications for probation and juvenile justice services', *Howard Journal of Criminal Justice*, vol 33, no 3, pp 218-35.

Sherman, L. and Strang, H. (2007) *Restorative Justice: The Evidence*, London: Smith Institute.

Sherman, L., Gottfredson, D., MacKenzie, D., Eck, J., Reuter, P. and Bushway, S. (1997) *Preventing Crime. What Works, What Doesn't, What's Promising*, National Criminal Justice Reference Series, Washington, DC: US Department of Justice, Office of Justice Programs (www.ncjrs.org).

Sherman, L., Strang, H. and Woods, D. (2000) *Recidivism in the Canberra Reintegrative Shaming Experiments (RISE)*, Canberra: Centre for Restorative Justice (www.aic.gov.au/rjustice/rise/recidivism/index.html).

Silber, K. (1965) *Pestalozzi: The Man and his Work*, London: Routledge & Kegan Paul.

Sinclair, I., Baker, C., Wilson, K. and Gibbs, I. (2005) *Foster Children: Where They Go and How They Get On*, London: Jessica Kingsley.

Siporin, M. (1975) *Introduction to Social Work Practice*, New York: Macmillan.

Skinner, K. and Whyte, B. (2004) 'Going beyond training: theory and practice in managing learning', *Social Work Education*, vol 23, no 4, August, pp 365-81.

Smith, D. (1997) 'Ethnic origins, crime and criminal justice', in M. Maguire, R. Morgan and R. Reiner (eds) *Oxford Handbook of Criminology* (2nd edn), Oxford: Oxford University Press.

Smith, D. (2002) 'Crime and the life course', in M. Maguire, R. Morgan and R. Reiner (eds) *The Oxford Handbook of Criminology* (3rd edn), Oxford: Oxford University Press.

Smith, D. (2004) *Parenting and Delinquency at Ages 12 to 15*, The Edinburgh Study of Youth Transitions and Crime (www.law.ed.ac.uk/cls/esytc/findings/digest3.pdf).

Smith, D. (2005) 'The effectiveness of the juvenile justice system', *Criminal Justice*, vol 5, pp 181-95.

Smith, D. and McAra. L. (2004) *Gender and Youth Offending*, Edinburgh: Edinburgh Study of Youth Transitions.

Smith, M. and Whyte, B. (2008) 'Social education and social pedagogy: reclaiming a Scottish tradition in social work', *European Journal of Social Work*, vol 11, no 1, pp 15-28.

Smith, D., McVie, S., Woodward, R., Shute, J., Flint, K. and McAra, L. (2001) *Edinburgh Study of Youth Transitions and Crime: Key Findings at Ages 12 and 13*, Edinburgh: University of Edinburgh.

Social Exclusion Unit (2002) *Reducing Re-offending by Ex-prisoners*, London: Social Exclusion Unit.

Spratt, T. and Callan, J. (2004) 'Parents' views on social work interventions in child welfare cases', *British Journal of Social Work*, vol 34, pp 199-224.

STAF (Scottish Throughcare and Aftercare Forum) (2006) *How Good are your Throughcare and Aftercare Services? Quality Indicators for Best Practice*, Edinburgh: STAF.

Stalker, K. (2003) 'Managing risk and uncertainty in social work: a literature review', *Journal of Social Work*, vol 3, no 2, pp 211-33.

Stein, M. (2005) *Resilience and Young People Leaving Care: Overcoming the Odds*, York: Joseph Rowntree Foundation (www.jrf.org.uk/bookshop/eBooks/185935369X.pdf).

Sutherland, E. and Cressey, D. (1970) *Criminology*, Philadelphia, PA: Lippincot.

SWIA (Social Work Inspection Agency) (2005) *Review of the Management Arrangements of Colyn Evans by Fife Constabulary and Fife Council*, Edinburgh: Scottish Executive (www.swia.gov.uk).

SWIA (2006) *Extraordinary Lives*, Edinburgh: SWIA.

Talbot, C. (1996) *Realising Objectives in the Probation Service: A Workbook*, London: Home Office Probation Unit.

Tapsfield, R. and Collier, F. (2005) *The Cost of Foster Care: Investing in our Children's Future*, London: BAAF and TFN.

Taylor, J. and Daniel, B. (2000) 'The rhetoric vs the reality in child care and protection: ideology and practice in working with fathers', *Journal of Advanced Nursing*, vol 31, no 1, pp 12-19.

Taylor, P., Crow, I., Irvine, D. and Nicholls, G. (1999) *Demanding Physical Activity Programmes for Young Offenders under Probation Supervision*, London: Home Office.

The Community Resources Cooperative (1993) 'Intensive wraparound implementation', Paper presented at training meeting conducted at the wraparound services training, Pittsburgh, PA.

Tierney, J., Grossman, J. with Resch, N. (1995) *Making a Difference: An Impact Study of Big Brother's Big Sisters*, Philadelphia, PA: Public/Private Ventures.

Tonnies, F. (1912) *Gemeinschaft und Gesellschaft* (2nd edn), Leipzig: Fues's Verlag.

Tonry, M. and Doob, A. (eds) (2004) *Youth Crime and Youth Justice*, Chicago, IL: University of Chicago Press, p 1.

Trotter, C. (2006) *Working with Involuntary Clients: A Guide to Practice*, (2nd edn), London: Sage.

Tuckman, B. (1965) 'Developmental sequence in small groups', *Psychological Bulletin*, vol 63, no 6, pp 384-99.

Tuckman, B. and Jensen, M. (1977) 'Stages of small group development revisited', *Group and Organizational Studies*, vol 2, no 4, pp 419-27.

Tunstill, J., Aldgate, J. and Hughes, M. (2007) *Improving Children's Services Networks: Lessons from Family Centres*, London: Jessica Kingsley.

Turner, M. and Zimmerman, W. (1994) 'Acting for the sake of research', in J. Wholey, H. Hatry and K. Newcomer (eds) *Handbook of Practical Program Evaluation*, San Francisco, CA: Jossey-Bass.

UK Children's Commissioners (2008) *Report to the UN Committee on the Rights of the Child* (www.sccyp.org.uk/).

Ungar, M. (2004) *Nurturing Hidden Resilience in Troubled Youth*, Toronto: University of Toronto Press.

Ungar, M. (2006) 'Resilience across cultures', *British Journal of Social Work*, Research Note, pp 1-18.

Utting, D. and Vennard, J. (2000) *What Works with Young Offenders in the Community?*, Ilford: Barnardo's.

Wade, J. and Dixon, J. (2006) 'Making a home, finding a job: investigating early housing and employment outcomes for young people leaving care', *Child and Family Social Work*, vol 11, no 3, pp 199-208.

Wain, N. (2007) *The ASBO: Wrong Turning, Dead End*, London: Howard League.

Walker, M., Barclay, A., Malloch, M., McIvor, G., Kendrick, A., Hunter, L. and Hill, M. (2006) *Secure Accommodation in Scotland: Its Role and Relationship with 'Alternative' Services*, Edinburgh: Scottish Executive Education Department.

Ward, T. and Maruna, S. (2007) *Rehabilitation: Beyond the Risk Assessment Paradigm*, London: Routledge.

Warner, F. (1992) *Risk: Analysis, Perception and Management: Report of a Royal Society Study Group*, London: Royal Society.

Weatherburn, D. and Lind, B. (1997) *Social and Economic Stress, Child Neglect and Juvenile Delinquency*, Sydney: NSW Bureau of Crime Statistics and Research, Attorney-General's Department.

Webb, S. (2006) *Social Work in a Risk Society: Social and Political Perspectives*, London: Palgrave Macmillan.

Webster, C., MacDonald, R. and Simpson, M. (2006) 'Predicting criminality? Risk factors, neighbourhood influence and desistance', *Youth Justice*, vol 6, no 1, pp 7-22.

Webster-Stratton, C. and Hancock, L. (1998) 'Parent training for young children with conduct problems: content, methods, and therapeutic processes', in C. Schaefer (ed) *Handbook of Parent Training*, New York: John Wiley & Sons.

Whitfield, D. (2001) *The Magic Bracelet: Technology and Offender Supervision*, Winchester: Waterside Press.

Whyte, B. (2004) 'Responding to youth crime in Scotland', *British Journal of Social Work*, vol 34, no 4, April, pp 395-411.

Whyte, B. (2007) 'Restoring "stakeholder involvement" in justice', in P. Richie and S. Hunter (eds) *Co-Production and Personalization in Social Care*, Research Highlights, London: Jessica Kingsley.

Williams, F. (2004) 'What matters is who works: why every child matters to New Labour. Commentary on the DfES Green Paper *Every child matters*', *Critical Social Policy*, vol 24, no 3, pp 406-27.

Wilson, J. and Hernstein, R. (1985) *Crime and Human Nature*, New York: Simon & Schuster.

Wilson, J. and Kelling, G. (1982) 'Broken windows', *The Atlantic Monthly*, vol 269, no 3, pp 29-38.

Wilson, S.J., Lipsey, M.W. and Derzon, J.H. (2000) 'Wilderness challenge programs for delinquent youth: A meta-analysis of outcome evaluations'. *Evaluation and Program Planning*, vol 23, no 1, pp 1-12.

Wilson, W.J. (1987) *The Truly Disadvantaged: The Inner City, the Underclass and Public Policy*, Chicago, IL: University of Chicago.

Witkin, S. (1991) 'Constructing our future', *Social Work*, vol 44, no 1, pp 5-9.

Worling, J. (2004) 'The estimate of risk of adolescent sexual offence recidivism (ERASOR): preliminary psychometric data', *Sexual Abuse: A Journal of Research and Treatment*, vol 16, no 3, pp 235-54.

Yatchmenoff, D. (2005) 'Measuring client engagement from the client's perspective in non voluntary child protective services', *Research on Social Work Practice*, vol 15, no 2, pp 84-96.

YJB (Youth Justice Board) (2004) *National Evaluation of the Restorative Justice in Schools Programme*, London: YJB for England and Wales.

YJB (2005a) *Risk and Protective Factors*, London: YJB.

YJB (2005b) *Mental Health Needs and Effectiveness of Provision for Young Offenders in Custody and the Community*, London: YJB.

YJB (2007) *1 -Month ISSP*, London: YJB.

Young, J. (1994) 'Recent paradigms in criminology', in M. Maguire, R. Morgan and R. Reiner, *The Oxford Handbook of Criminology* (2nd edn), Oxford: Clarendon Press.

索 引

A

以行动为导向的社会学习方法　48

行动计划　14, 69, 81, 84, 86, 89, 90, 91, 92, 122, 145, 149, 152, 170

精算风险评估 , 76

中止期 , 129, 130

Adler, R. M. 2

青少年过渡方案　132

年龄 – 犯罪曲线　34

刑事责任年龄　1, 2, 7, 9, 12

年龄因素（阈值）　11

Anderson，S. 35

Andrews，D. 48, 53, 54, 56, 58, 60, 62, 63, 64, 75, 126, 128, 129, 191, 192

失范　25

反社会行为　10, 13, 14, 21, 26, 27, 28, 32, 41, 54, 62, 88, 92, 96, 97, 98, 99, 101, 104, 105, 106, 113, 114, 132, 134, 137

反社会行为令（ASBOs）　10

评估（assessment）86

　结合需求评估和风险评估　78

制定行动计划　89, 170

动态需求风险因素　77

全面综合　84

再犯预测　73

风险评估方法　76

专家　13, 15, 25, 48, 67, 70, 71, 74, 75, 79, 83, 86, 89, 103, 111, 118, 124, 126, 131, 145, 163, 185

标准化的评估工具　81

ASSET 量表　49, 81, 82

B

Baker, K. 39, 81, 82, 83, 135, 169

Baron, S. 119

Barret, J. 137

Barry, M. 20, 37, 70, 122, 123

基本比率　79, 86

Bazemore, G. 109, 111

《北京规则》　7, 66

生物遗传学理论　22

黏合性社会资本　121

Bonta, J. 54, 77, 128

Bottoms, A. 11, 16, 24, 57, 122,

188

Bourdieu, P.　119

Bowling, B.　35, 37, 39, 122, 123

Braithwaite, J.　25, 108, 109, 111, 153

连接性社会资本　121

英国社工协会（BASW）　2, 3

Bulger 案　6

霸凌　96, 113, 134

Burns, R.　88, 137

C

Callan, J.　104

加拿大　134, 157

堪培拉　111

Cannan, C.　67

资本（也可参见人力资本、社会资本）　7, 8, 16, 17, 25, 34, 37, 47, 67, 90, 108, 117, 118, 119, 120, 121, 139, 162, 167, 180, 181, 184, 189, 190, 191, 196

案例管理　17, 90, 179, 183, 184, 185, 186, 187, 188, 189

改变　2, 4, 5, 6, 8, 10, 12, 13, 14, 16, 17, 18, 19, 20, 22, 24, 25, 26, 28, 30, 32, 34, 35, 36, 37, 38, 40, 41, 42, 46, 47, 48, 49, 50, 51, 52, 53, 54, 55, 56, 57, 58, 59, 60, 61, 62, 63, 64, 66, 67, 68, 70, 71, 72, 73, 74, 75, 76, 77, 78, 80, 81, 82, 84, 86, 88, 89, 90, 91, 92,

94, 96, 98, 100, 102, 103, 104, 106, 107, 108, 110, 112, 114, 117, 118, 119, 120, 122, 123, 124, 126, 127, 128, 129, 130, 131, 132, 133, 134, 135, 136, 137, 138, 140, 144, 146, 148, 150, 152, 154, 156, 157, 158, 159, 161, 162, 163, 164, 165, 166, 167, 168, 169, 170, 171, 172, 173, 174, 175, 176, 177, 180, 181, 182, 183, 184, 186, 187, 188, 190, 191, 192, 194, 195, 196

随时间的变化保持改变　162, 175

衡量　5, 41, 50, 52, 59, 61, 63, 65, 70, 77, 78, 91, 111, 121, 128, 129, 134, 151, 161, 167, 168, 169, 170, 171, 184

监督与评估　166

动机性访谈　123, 124

改变管理　90, 161, 183, 184, 188, 194

Chapman, T.　62

芝加哥犯罪学派　23

儿童和青少年功能评估量表　151

儿童和青少年心理健康服务（CAMHS）89

儿童福利　1, 2, 46, 95

首先是孩子还是罪犯　3

实践　1, 2, 3, 4, 5, 6, 8, 9, 10, 11, 12, 14, 15, 16, 17, 18, 19, 20, 21, 22, 23, 24, 25, 26, 27, 28, 29, 30, 32, 34, 35, 36, 37, 38, 40, 41, 42, 45, 46, 47, 48,

49, 50, 51, 52, 53, 54, 55, 56, 57, 58,
59, 60, 61, 62, 63, 64, 65, 66, 67, 68,
69, 70, 71, 72, 74, 75, 76, 77, 78, 80,
81, 82, 83, 84, 85, 86, 88, 89, 90, 91,
92, 94, 95, 96, 97, 98, 99, 100, 101,
102, 103, 104, 105, 106, 107, 108,
109, 110, 111, 112, 113, 114, 115,
117, 118, 119, 120, 121, 122, 124,
125, 126, 128, 129, 130, 132, 133,
134, 135, 136, 137, 138, 140, 143,
144, 145, 146, 148, 150, 152, 153,
154, 156, 158, 161, 162, 164, 165,
166, 167, 168, 169, 170, 171, 172,
173, 174, 175, 176, 179, 180, 181,
182, 184, 185, 186, 187, 188, 189,
190, 191, 192, 193, 194, 195, 196
1989 年《儿童法》　9
公民参与　120
Clarke, R. V.　26
临床评估　76, 79
Coalter, F.　136
强迫模式　98
Coffield, F.　62
认知行为实践　65
认知行为理论　27, 29
Cohen, S.　25
Coleman, James　26, 47, 118, 120
哥伦比亚大学　134
人权委员会　10
共同评估框架（CAF）　84

社区　4, 8, 12, 14, 16, 17, 18, 23, 24,
25, 30, 32, 35, 38, 40, 45, 46, 49, 55,
59, 60, 63, 67, 68, 73, 74, 76, 83, 84,
89, 90, 99, 101, 102, 108, 109, 110,
119, 120, 121, 122, 124, 125, 126,
128, 129, 131, 134, 135, 137, 138,
139, 143, 145, 146, 147, 148, 149,
150, 151, 152, 153, 154, 155, 156,
157, 158, 161, 162, 163, 165, 166,
171, 174, 175, 179, 180, 181, 182,
183, 184, 185, 187, 188, 189, 190,
191, 192, 193, 195, 196, 197
干预措施　10, 17, 42, 45, 48, 50,
51, 52, 53, 62, 63, 73, 80, 81, 90,
91, 93, 99, 100, 101, 103, 114,
118, 122, 131, 133, 136, 138, 143,
154, 157, 166, 167, 169, 170, 172
保护　2, 6, 7, 8, 9, 10, 11, 12, 16,
41, 84, 87, 91, 92, 95, 99, 104,
105, 106, 114, 122, 127, 134, 135,
138, 146, 147, 148, 151, 157, 165,
166, 182, 191
社会教育　7, 16, 17, 18, 19, 29, 58,
59, 65, 66, 67, 100, 118, 128, 129,
139, 182, 188
社会公平　2, 181, 189, 191, 196
"全方位"服务的提供　151
关爱社区　135
能力　3, 4, 5, 12, 18, 22, 26, 27, 37,
40, 41, 47, 54, 56, 58, 59, 65, 66, 70,

72, 73, 74, 75, 76, 83, 92, 95, 102, 106, 118, 122, 123, 126, 128, 133, 134, 136, 146, 156, 162, 165, 168, 169, 173, 179, 184, 191, 196

服从理论　57

Cornish, D.　26

Coulshed, V.　70

Crawford, A.　112, 180

信任　51, 58, 73, 89, 104, 120, 121, 126, 157, 186, 187

可信性　51

Cressey, D.　27, 40

犯罪　1, 2, 3, 4, 5, 6, 7, 8, 9, 10, 11, 12, 13, 14, 16, 17, 18, 19, 21, 22, 23, 24, 25, 26, 27, 28, 29, 30, 31, 32, 33, 34, 35, 36, 37, 38, 39, 40, 41, 42, 43, 45, 46, 47, 48, 51, 52, 53, 54, 55, 56, 58, 59, 60, 61, 62, 63, 64, 65, 66, 67, 69, 71, 72, 73, 74, 75, 76, 77, 78, 81, 82, 83, 84, 85, 86, 87, 88, 89, 90, 91, 93, 95, 96, 97, 98, 99, 100, 101, 102, 104, 105, 106, 107, 108, 109, 110, 111, 112, 113, 114, 117, 119, 120, 121, 122, 123, 124, 125, 126, 127, 128, 129, 130, 131, 132, 133, 134, 135, 136, 137, 138, 139, 140, 141, 143, 144, 146, 147, 148, 149, 151, 152, 154, 155, 156, 157, 158, 161, 162, 165, 166, 167, 168, 174, 175, 176, 179, 180, 181, 182, 183, 184,

185, 187, 188, 189, 190, 191, 192, 193, 194, 195, 196

理论（也可参见青少年犯罪）　21, 23, 26, 27, 29, 31, 33, 35, 36, 38, 39, 41, 45, 46, 69, 72, 76, 88, 99, 105, 117, 119, 121, 123, 125, 127, 129, 131, 133, 134, 135, 137, 139, 141, 143, 174, 194, 195

犯罪需要原则　61

文化资本　119

D

Daly, K.　109

深度学习　194

防御性　80, 81

Derzon, J.　98, 138

中止　16, 21, 34, 36, 41, 42, 46, 47, 90, 92, 119, 129, 130, 143, 144, 157, 161, 162, 181, 184, 188, 196

有效实践　17, 45, 46, 47, 49, 51, 53, 54, 55, 57, 59, 60, 61, 63, 65, 67, 117, 128, 144, 176, 184, 191, 193

性别　30, 31, 32, 36, 54, 61, 62, 83, 93, 97, 103, 104, 122, 123, 162

中止模式　16

Di Clemente, C.　60, 124, 125

利雅得规则　7

分流　2, 4, 5, 7, 8, 19, 53, 136

Dowden, C.　62, 126, 192

Dunedin 的纵向研究　98

Durkheim, Emile　25

Dutton, K.　112

动态风险因素　77, 86

E

早期干预　4, 7, 9, 10, 13, 24, 41, 54,
85, 95, 96, 97, 99, 100, 101, 103,
105, 107, 109, 111, 113, 114, 115,
131

早发　28, 84, 96, 98

早期预防措施　100

生态学理论　18, 23, 25

经济资本　119

经济　19, 23, 29, 30, 32, 35, 41, 49,
51, 72, 97, 98, 106, 113, 119, 120,
122, 123, 124, 165, 179, 182, 183,
190, 193

爱丁堡青少年转介和犯罪研究　36

教育　1, 2, 4, 7, 10, 13, 14, 15, 16, 17,
18, 19, 22, 24, 29, 34, 38, 39, 45, 46,
53, 54, 58, 59, 61, 62, 65, 66, 67, 77,
82, 83, 84, 85, 89, 99, 100, 101, 102,
107, 115, 118, 119, 120, 121, 123,
128, 129, 131, 133, 134, 136, 139,
143, 144, 147, 149, 153, 155, 156,
162, 163, 164, 165, 177, 180, 181,
182, 183, 184, 185, 188, 189, 190,
194

　以学校为基础的项目　102

社会资本（也可参见社会教育）　7,
16, 17, 18, 19, 29, 58, 59, 65, 66, 67,
100, 118, 128, 129, 139, 182, 188

有效实践　17, 45, 46, 47, 49, 51, 53,
54, 55, 57, 59, 60, 61, 63, 65, 67,
117, 128, 144, 176, 184, 191, 193

　指导原则　14, 45, 47, 49, 51, 53,
55, 57, 59, 60, 61, 63, 64, 65, 67,
128, 163

循证实践　6, 47, 50, 117

　智慧社会工作　173

　反思型实践者　191, 193

　什么没有发挥作用　55

　应该用什么来指导实践　58

　什么在发挥着作用　45, 51, 58, 59,
62

电子监督　185

授权　50, 89, 151

英格兰和威尔士　2, 9, 11, 99

　刑事责任年龄　1, 2, 7, 9, 12

　评估（assessment）　86

　分开家庭法院和少年法院　11

环境犯罪学　24, 27

道德准则　3, 50

种族　30, 31, 32, 54, 62, 83, 97, 98,
104, 119, 120, 162

欧洲人权公约（ECHR）　6, 10, 11, 61

评估（evaluation）　166

每个孩子都很重要（ECM）（HM
Treasury）　12, 95

循证实践（EBP） 47

Ewles, C. 65

F

Fabiano, E. 65

家庭 4, 5, 11, 13, 14, 17, 18, 19, 23, 25, 26, 27, 30, 32, 34, 36, 38, 39, 40, 41, 45, 46, 47, 48, 51, 53, 54, 58, 59, 61, 66, 68, 70, 71, 73, 74, 75, 76, 77, 82, 83, 86, 87, 88, 91, 92, 95, 96, 97, 98, 99, 100, 101, 102, 103, 104, 106, 107, 109, 110, 111, 113, 114, 118, 119, 120, 121, 122, 125, 126, 127, 128, 130, 131, 132, 133, 139, 140, 143, 145, 146, 147, 148, 149, 150, 151, 152, 153, 154, 155, 156, 157, 158, 161, 162, 163, 164, 165, 168, 170, 172, 176, 180, 182, 183, 185, 186, 189, 190, 196

早期预防措施 100

家庭团体会议 109, 110, 111, 125

干预 3, 4, 7, 9, 10, 13, 15, 16, 17, 21, 24, 31, 34, 35, 38, 41, 42, 45, 46, 47, 48, 49, 50, 51, 52, 53, 54, 55, 56, 58, 59, 60, 61, 62, 63, 64, 66, 70, 71, 73, 74, 77, 78, 79, 80, 81, 84, 85, 86, 87, 89, 90, 91, 93, 95, 96, 97, 99, 100, 101, 102, 103, 104, 105, 107, 109, 111, 113, 114, 115, 118, 121, 122, 124, 125, 126, 127, 128, 129, 130, 131, 132, 133, 134, 135, 136, 137, 138, 143, 144, 145, 146, 147, 149, 151, 152, 153, 154, 155, 156, 157, 158, 159, 162, 164, 166, 167, 168, 169, 170, 171, 172, 174, 175, 176, 181, 183, 184, 185, 188, 190, 191, 193, 194

机构监禁 143, 146, 147, 148, 150

"全方位"服务的提供 151

Farrall, S. 35, 46, 117, 119, 123

Farrington, D. 32, 38, 39, 40, 41, 77, 99, 100, 128

Feld, B. 148

女性主义 31

Flood-Page, C. 37, 40, 85, 123

组建期 129

Fortune, A. 48, 51

家庭寄养 133

Fraser, M. 41, 106, 181

功能性家庭工作或治疗（FFT） 132

G

Galinsky, M.J. 106

Garrett, C. 53

性别 30, 31, 32, 36, 54, 61, 62, 83, 93, 97, 103, 104, 122, 123, 162

中止 16, 21, 34, 36, 41, 42, 46, 47, 90, 92, 119, 129, 130, 143, 144, 157,

161, 162, 181, 184, 188, 196

原则　1, 3, 4, 5, 6, 8, 9, 11, 12, 13, 14, 17, 18, 19, 29, 45, 46, 47, 48, 49, 51, 53, 55, 57, 58, 59, 60, 61, 62, 63, 64, 65, 66, 67, 75, 81, 85, 87, 95, 108, 111, 127, 128, 130, 144, 148, 163, 165, 174, 181, 182, 184, 186, 192, 193, 194, 196

犯罪理论　22, 27, 31, 32

Gendreau, P.　51, 53, 54, 58, 64, 144

遗传理论　22

德国　67

正确对待每一个儿童（GIRFEC）（Scottish Executive）　12, 95

格拉斯哥　112, 155

Gordon, D.　102, 104

Gottfredson, M.　24, 43

Graham, J.　35, 37, 39, 41, 122, 135

小组工作　58, 67, 118, 128, 129, 130, 131, 135, 170, 171, 193

Gurney, A.　72, 73, 75

H

Hagel, A.　37, 38, 78

哈瓦那规则　7, 12

Henry, B.　98

Heyman, B.　79

Hirschi, T.　24, 30, 43

全面综合评估　84

Hollins, C.　26, 64, 128

Houchin, R.　100

Hough, M.　62

居住　32, 40, 147, 183

霍华德刑罚改革联盟　9, 10, 13

人力资本　7, 17, 47, 67, 90, 117, 118, 119, 120, 139, 167

尊重个体　3

混合模式　185, 186

I

印第安纳波利斯　111

整合理论　32

整合（参见联合服务）

整合模式　17

完整性　50, 63, 64, 168, 170, 183

智慧社会工作　173

强化干预　143, 144, 145, 146, 147, 149, 151, 153, 155, 157, 159

强化缓刑监督方案（IPS）　156

强化监督和监视计划（ISMS）　154, 155

强化监督和监视方案（ISSP）　154, 155, 156

跨学科实践（参见联合服务）

干预　3, 4, 7, 9, 10, 13, 15, 16, 17, 21, 24, 31, 34, 35, 38, 41, 42, 45, 46, 47, 48, 49, 50, 51, 52, 53, 54, 55, 56, 58, 59, 60, 61, 62, 63, 64, 66, 70, 71, 73, 74, 77, 78, 79, 80, 81, 84, 85, 86, 87, 89, 90, 91, 93, 95, 96, 97, 99,

100, 101, 102, 103, 104, 105, 107, 109, 111, 113, 114, 115, 118, 121, 122, 124, 125, 126, 127, 128, 129, 130, 131, 132, 133, 134, 135, 136, 137, 138, 143, 144, 145, 146, 147, 149, 151, 152, 153, 154, 155, 156, 157, 158, 159, 162, 164, 166, 167, 168, 169, 170, 171, 172, 174, 175, 176, 181, 183, 184, 185, 188, 190, 191, 193, 194

以社区为基础的干预方法　129, 134

以社区为基础的全方位方法　151

电子监督　185

以家庭为基础的干预方法　130

从行动计划到干预　122

强化　11, 18, 25, 57, 63, 100, 126, 127, 129, 130, 132, 139, 143, 144, 145, 146, 147, 149, 151, 152, 153, 154, 155, 156, 157, 158, 159, 162, 186, 189, 191, 194

强化的支持性服务　154

动机性访谈　123, 124

亲社会模型　126, 127

寄宿和机构干预方法　138

以学校为基础的干预方法　133

机构监禁　143, 146, 147, 148, 150

结构化的计划方法（也可参见早期干预）128

Irvine, A.　132

Izzo, R.　66

J

Jaeger, C.　72, 74

Jamieson, J.　36, 122, 123

联合服务　183

评估（assessment）　86

案例管理和改变管理　183

实践　1, 2, 3, 4, 5, 6, 8, 9, 10, 11, 12, 14, 15, 16, 17, 18, 19, 20, 21, 22, 23, 24, 25, 26, 27, 28, 29, 30, 32, 34, 35, 36, 37, 38, 40, 41, 42, 45, 46, 47, 48, 49, 50, 51, 52, 53, 54, 55, 56, 57, 58, 59, 60, 61, 62, 63, 64, 65, 66, 67, 68, 69, 70, 71, 72, 74, 75, 76, 77, 78, 80, 81, 82, 83, 84, 85, 86, 88, 89, 90, 91, 92, 94, 95, 96, 97, 98, 99, 100, 101, 102, 103, 104, 105, 106, 107, 108, 109, 110, 111, 112, 113, 114, 115, 117, 118, 119, 120, 121, 122, 124, 125, 126, 128, 129, 130, 132, 133, 134, 135, 136, 137, 138, 140, 143, 144, 145, 146, 148, 150, 152, 153, 154, 156, 158, 161, 162, 164, 165, 166, 167, 168, 169, 170, 171, 172, 173, 174, 175, 176, 179, 180, 181, 182, 184, 185, 186, 187, 188, 189, 190, 191, 192, 193, 194, 195, 196

公正（也可参见青少年司法）2

K

Kane, J.　113

Kiessling, J.　191

基尔布兰登方法　85

L

督导　57, 63, 85, 92, 101, 114, 182, 186

学习　18, 26, 29, 30, 32, 36, 46, 48, 51, 54, 59, 60, 61, 62, 63, 66, 67, 72, 73, 93, 99, 100, 101, 102, 105, 108, 113, 114, 118, 119, 121, 122, 128, 129, 135, 139, 141, 150, 162, 165, 172, 175, 179, 186, 191, 192, 193, 194, 195, 196

学习型组织　73, 179, 194, 195, 196

学习模式　61, 62, 63

左翼现实主义　33, 34

生命历程理论　27

Lipsey, M.　52, 55, 56, 58, 98, 137, 138, 144, 168

Loeb, S.　27, 41, 99, 101

需要被照顾的孩子　12, 13

较低的基本比率　79

M

McAra, L.　4, 31, 52

McGarrell, E.　97, 111

McNeill, F.　16, 187

McWilliams, W.　16

Marshall, T.F.　7, 108, 115, 126

Martinson, R.　51, 52, 53

Maruna, S.　21, 34, 65

马里兰州　138

成熟变化理论　34

Maxwell, G.　111, 112

男性　31, 32, 35, 36, 37, 39, 42, 62, 100, 104, 122, 123, 136

中止　16, 21, 34, 36, 41, 42, 46, 47, 90, 92, 119, 129, 130, 143, 144, 157, 161, 162, 181, 184, 188, 196

犯罪理论　22, 27, 31, 32

Mendel, R.　63, 133, 139, 149

心理健康问题　88, 89, 151, 152, 162, 165

领袖　135

元分析　48, 52, 55, 58, 60, 79, 112, 128, 137, 144

强化干预　143, 144, 145, 146, 147, 149, 151, 153, 155, 157, 159

恢复性实践　5, 25, 95, 97, 99, 101, 103, 105, 107, 108, 109, 110, 111, 112, 113, 114, 115, 133, 135, 153, 154, 174

结构化的计划方法　128

密尔沃基　151, 152, 153

明尼苏达州　138

少数族裔群体　30

密苏里州　139

程序原则　63

Morris, A.　45, 111, 112

动机性访谈（MI）　123, 124

行动限制条件（MRCs）　155

多机构公共保护管理（MAPPAs）　92

多系统家庭工作或治疗（MST）　132

多学科服务　152

N

国家犯罪者关怀和安置协会（Nacro）
99

叙述数据　48

叙事理论　34

需求　4, 5, 7, 11, 16, 17, 18, 23, 33,
42, 47, 51, 54, 56, 61, 62, 64, 65, 69,
70, 71, 72, 73, 74, 75, 77, 78, 79, 80,
81, 83, 84, 85, 87, 89, 90, 91, 92, 93,
94, 96, 98, 100, 102, 127, 139, 144,
145, 146, 147, 152, 153, 154, 155,
163, 165, 166, 167, 168, 169, 170,
175, 177, 181, 183, 184, 186, 187,
188, 192, 193, 195, 196

犯罪需要原则　61

社会教育　7, 16, 17, 18, 19, 29,
58, 59, 65, 66, 67, 100, 118, 128,
129, 139, 182, 188

需求评估　77, 78, 163, 184

方法　2, 3, 4, 5, 7, 11, 13, 15, 17,
18, 22, 32, 34, 40, 42, 46, 47, 48,
49, 50, 51, 53, 54, 55, 56, 58, 59,

60, 61, 62, 63, 64, 65, 66, 67, 68,
69, 70, 73, 74, 75, 76, 77, 78, 79,
80, 81, 83, 85, 87, 90, 91, 95, 96,
98, 101, 102, 103, 104, 107, 108,
110, 111, 112, 113, 114, 118, 121,
122, 124, 125, 126, 127, 128, 129,
130, 131, 132, 133, 134, 135, 136,
137, 138, 139, 140, 144, 146, 148,
151, 152, 154, 156, 158, 162, 163,
166, 167, 168, 169, 170, 171, 172,
173, 174, 175, 176, 181, 183, 184,
186, 187, 188, 189, 191, 193, 194,
195

再犯预测　73

风险评估　11, 64, 71, 73, 74, 75,
76, 77, 78, 80, 81, 83, 86, 92, 93,
156

标准化的评估工具　81

邻里社区（参见社区）

Nellis, M.　58, 157, 191

法网扩张　61, 95, 114

新西兰　5, 110

Newburn, T.　37, 38, 69, 112

非治疗模式　16

规范期　129, 130

挪威　134

O

俄亥俄州　156

Orme, J.　70

渥太华　134

户外探险项目　138

P

Palmer, T.　51, 53

最重要的原则　3

教养　22, 46, 70, 98, 138, 139, 148

　　早期预防措施　100

　　干预　3, 4, 7, 9, 10, 13, 15, 16, 17,
21, 24, 31, 34, 35, 38, 41, 42, 45,
46, 47, 48, 49, 50, 51, 52, 53, 54,
55, 56, 58, 59, 60, 61, 62, 63, 64,
66, 70, 71, 73, 74, 77, 78, 79, 80,
81, 84, 85, 86, 87, 89, 90, 91, 93,
95, 96, 97, 99, 100, 101, 102, 103,
104, 105, 107, 109, 111, 113, 114,
115, 118, 121, 122, 124, 125, 126,
127, 128, 129, 130, 131, 132, 133,
134, 135, 136, 137, 138, 143, 144,
145, 146, 147, 149, 151, 152, 153,
154, 155, 156, 157, 158, 159, 162,
164, 166, 167, 168, 169, 170, 171,
172, 174, 175, 176, 181, 183, 184,
185, 188, 190, 191, 193, 194

　　青少年犯罪　21, 23, 26, 27, 29, 31,
33, 35, 36, 38, 39, 41, 45, 46, 69,
72, 76, 88, 99, 105, 117, 119, 121,
123, 125, 127, 129, 131, 133, 134,
135, 137, 139, 141, 143, 174, 194,
195

明智地养育青少年　132

高等教育教学学术准备计划（PATHE
计划　133

Patterson, G.R.　28, 98, 131

执行期　129, 130

佩里学前教育方案　101

持续犯罪　28, 36, 37, 38, 40, 41, 42,
58, 85, 88, 97, 133, 135, 162

　　恢复性实践　5, 25, 95, 97, 99, 101,
103, 105, 107, 108, 109, 110, 111,
112, 113, 114, 115, 133, 135, 153,
154, 174

有计划的维持改变　162

贫困　12, 23, 24, 25, 32, 54, 74, 92,
99, 179

工作者　12, 13, 14, 17, 21, 25, 49, 67,
77, 88, 89, 101, 103, 104, 106, 110,
114, 127, 129, 130, 135, 139, 140,
147, 150, 158, 163, 173, 176, 179,
181, 183, 184, 186, 188, 189, 190,
191

　　学习型组织　73, 179, 194, 195, 196

　　反思型　191, 193

亲社会模型　126, 127

问题分析三角形　27

Prochaska, J.　60, 124, 125

项目完整性原则　63

保护机制　106, 138

心理动力学理论　26

惩罚　4, 7, 9, 10, 11, 12, 18, 25, 29,

45, 56, 57, 58, 99, 109, 112, 113, 124, 127, 132, 150, 188, 193

Putnam, Robert　120, 121

Q

定性数据　47, 123

定量数据　47

R

R. v. Secretary of State　9

随机对照试验　47, 48, 132, 170, 171

理性选择理论（RCT）　26

Raynor, P.　16, 78, 83

重新融合羞辱　109, 111

重新融合羞辱试验（RISE）　111

再犯（参见持续犯罪）

现实主义犯罪学　33

反思型实践者　191, 193

自反性　21

Reid, W　48, 51, 174, 197

关系原则　63

寄宿教养培训学校　138, 139

弹性（抗逆力）　105

责任　1, 2, 3, 4, 5, 7, 9, 10, 11, 12, 13, 16, 18, 19, 30, 36, 37, 42, 49, 57, 58, 60, 64, 67, 73, 84, 91, 92, 95, 99, 104, 108, 109, 110, 119, 121, 122, 123, 127, 128, 132, 139, 143, 150, 155, 158, 161, 163, 164, 169, 175, 176, 179, 180, 182, 183, 184, 185,

186, 187, 192, 193, 195, 196

回应性原则　61

恢复性司法实验　111

恢复性实践　5, 25, 95, 97, 99, 101, 103, 105, 107, 108, 109, 110, 111, 112, 113, 114, 115, 133, 135, 153, 154, 174

　生态学影响　25

　智慧社会工作　173

修复模式　16

Rex, S.　127

权利　1, 2, 3, 4, 5, 6, 7, 8, 9, 10, 12, 13, 14, 16, 17, 18, 61, 64, 66, 81, 84, 95, 99, 104, 112, 120, 146, 179, 181, 182

风险　7, 11, 16, 17, 22, 28, 29, 36, 37, 39, 40, 41, 42, 49, 52, 54, 56, 61, 62, 64, 65, 69, 70, 71, 72, 73, 74, 75, 76, 77, 78, 79, 80, 81, 82, 83, 84, 85, 86, 87, 88, 89, 90, 91, 92, 93, 94, 96, 97, 98, 100, 101, 102, 105, 106, 107, 112, 113, 115, 123, 124, 127, 133, 135, 138, 139, 144, 145, 146, 147, 153, 155, 156, 158, 162, 165, 166, 167, 168, 169, 170, 175, 176, 179, 180, 181, 182, 184, 187, 188, 189, 190, 192, 195

　动态风险因素　77, 86

风险因素　28, 29, 36, 39, 41, 75, 76, 77, 83, 86, 89, 91, 92, 101, 106, 123,

135, 162, 167, 176, 180, 181, 189

风险评估　11, 64, 71, 73, 74, 75, 76, 77, 78, 80, 81, 83, 86, 92, 93, 156

　方法　2, 3, 4, 5, 7, 11, 13, 15, 17, 18, 22, 32, 34, 40, 42, 46, 47, 48, 49, 50, 51, 53, 54, 55, 56, 58, 59, 60, 61, 62, 63, 64, 65, 66, 67, 68, 69, 70, 73, 74, 75, 76, 77, 78, 79, 80, 81, 83, 85, 87, 90, 91, 95, 96, 98, 101, 102, 103, 104, 107, 108, 110, 111, 112, 113, 114, 118, 121, 122, 124, 125, 126, 127, 128, 129, 130, 131, 132, 133, 134, 135, 136, 137, 138, 139, 140, 144, 146, 148, 151, 152, 154, 156, 158, 162, 163, 166, 167, 168, 169, 170, 171, 172, 173, 174, 175, 176, 181, 183, 184, 186, 187, 188, 189, 191, 193, 194, 195

　需求评估　77, 78, 163, 184

　再犯预测　73

　专家　13, 15, 25, 48, 67, 70, 71, 74, 75, 79, 83, 86, 89, 103, 111, 118, 124, 126, 131, 145, 163, 185

　标准化的评估工具　81

风险管理　64, 69, 72, 73, 74, 81, 87, 88, 89, 91, 165, 189

风险、需求和响应度（RNR）　64

风险原则　61, 81

利雅得规则　7

同理心的根源　102

Ross, R.　51, 53, 58, 64, 65, 66

日常活动理论（RAT）　27

Rumgay, J.　31, 37

Russell, M.N.　56, 141

Rutter, M.　27, 39, 40, 97, 106

S

学校（参见教育）

科学即知识　49

科学即方法　49

苏格兰　1, 2, 4, 11, 12, 13, 84, 85, 147, 155, 182

　刑事责任年龄　1, 2, 7, 9, 12

　评估（assessment）　86

　基尔布兰登方法　85

　需要被照顾的孩子　12, 13

　联合国《儿童权利公约》（UNCRC）　1, 2, 3, 4, 5, 6, 8, 9, 10, 11, 61, 66, 81, 95, 146, 181, 182

　以福利为基础的司法体系　11

　少年法庭　12, 138, 154

机构监禁　143, 146, 147, 148, 150

Senge, P.　195

人道主义援助　3

谢菲尔德　134

Sheldon, B.　55

Sherman, L.　52, 111, 113

单一评估计划（SAP）　84

Smith, D.　18, 28, 30, 31, 36, 52, 58, 66, 105

社会联系理论　30

社会资本　8, 16, 17, 25, 34, 37, 47, 67, 108, 119, 120, 121, 162, 180, 181, 184, 189, 190, 191, 196

社区　4, 8, 12, 14, 16, 17, 18, 23, 24, 25, 30, 32, 35, 38, 40, 45, 46, 49, 55, 59, 60, 63, 67, 68, 73, 74, 76, 83, 84, 89, 90, 99, 101, 102, 108, 109, 110, 119, 120, 121, 122, 124, 125, 126, 128, 129, 131, 134, 135, 137, 138, 139, 143, 145, 146, 147, 148, 149, 150, 151, 152, 153, 154, 155, 156, 157, 158, 161, 162, 163, 165, 166, 171, 174, 175, 179, 180, 181, 182, 183, 184, 185, 187, 188, 189, 190, 191, 192, 193, 195, 196, 197

社会学习　18, 26, 29, 30, 32, 48, 51, 59, 60, 62, 118, 128, 129, 191, 195

东京规则　7, 8

社会凝聚力　17, 24, 34, 109, 121

社会建构主义　48

社会控制理论　23

社会发展理论　32

社会解组理论　24

社会教育　7, 16, 17, 18, 19, 29, 58, 59, 65, 66, 67, 100, 118, 128, 129, 139, 182, 188

干预　3, 4, 7, 9, 10, 13, 15, 16, 17, 21, 24, 31, 34, 35, 38, 41, 42, 45, 46, 47, 48, 49, 50, 51, 52, 53, 54, 55, 56, 58, 59, 60, 61, 62, 63, 64, 66, 70, 71, 73, 74, 77, 78, 79, 80, 81, 84, 85, 86, 87, 89, 90, 91, 93, 95, 96, 97, 99, 100, 101, 102, 103, 104, 105, 107, 109, 111, 113, 114, 115, 118, 121, 122, 124, 125, 126, 127, 128, 129, 130, 131, 132, 133, 134, 135, 136, 137, 138, 143, 144, 145, 146, 147, 149, 151, 152, 153, 154, 155, 156, 157, 158, 159, 162, 164, 166, 167, 168, 169, 170, 171, 172, 174, 175, 176, 181, 183, 184, 185, 188, 190, 191, 193, 194

社会正义　18, 42, 67, 81, 92

社会学习理论　18, 26, 29, 30, 118, 128, 191, 195

干预　3, 4, 7, 9, 10, 13, 15, 16, 17, 21, 24, 31, 34, 35, 38, 41, 42, 45, 46, 47, 48, 49, 50, 51, 52, 53, 54, 55, 56, 58, 59, 60, 61, 62, 63, 64, 66, 70, 71, 73, 74, 77, 78, 79, 80, 81, 84, 85, 86, 87, 89, 90, 91, 93, 95, 96, 97, 99, 100, 101, 102, 103, 104, 105, 107, 109, 111, 113, 114, 115, 118, 121, 122, 124, 125, 126, 127, 128, 129, 130, 131, 132, 133, 134, 135, 136, 137, 138, 143, 144, 145, 146, 147, 149, 151, 152, 153,

154, 155, 156, 157, 158, 159, 162, 164, 166, 167, 168, 169, 170, 171, 172, 174, 175, 176, 181, 183, 184, 185, 188, 190, 191, 193, 194

实践机构 168, 179, 194

社会地图 25

社会网络 13, 17, 24, 25, 37, 47, 59, 71, 75, 76, 84, 118, 119, 120, 121, 122, 127, 135, 140, 145, 146, 162, 164, 165, 196

社会教育学（social pedagogy）【参见社会教育学（social education）】

社会反应理论 25

社会紧张理论 25

社会经济学理论 23

专家评估 86, 89

运动 136, 137, 138

Spratt, T. 104

标准化的评估工具 81

静态风险因素 76, 86

统计谬误 79

激荡期 129

Strang, H. 113

亚文化犯罪 27

物质滥用 40, 82, 97, 98, 189

监督（参见干预）

Sutherland, E. 27, 39

T

标签 4, 25, 32, 33, 41, 88, 90, 103, 156, 157, 191

Taylor, P. 104, 136, 137, 138

思考优先 130

东京规则 7, 8

Tonnies, F. 23

3p 积极养育项目 102

Tuckman, B. 129, 130

Tunstill, J. 102

U

Umbreit, M. 109, 111

Ungar, M. 74, 107, 115, 136

联合国 1, 2, 3, 4, 5, 6, 7, 8, 9, 10, 12, 13, 14, 17, 18, 19, 61, 66, 81, 84, 95, 108, 146, 181, 182

联合国儿童权利委员会 3, 8, 9, 12, 13, 14, 17, 18, 84, 181

联合国《儿童权利公约》（UNCRC） 1, 2, 3, 4, 5, 6, 8, 9, 10, 11, 61, 66, 81, 95, 146, 181, 182

  年龄因素（阈值） 11

  首先是孩子还是罪犯 3

  社会教育 7, 16, 17, 18, 19, 29, 58, 59, 65, 66, 67, 100, 118, 128, 129, 139, 182, 188

联合国《关于在刑事事项中采用恢复性司法方案的基本原则宣言》 108

美国 18, 64, 86, 97, 101, 120, 132, 135, 139, 151, 152, 173

  评估（assessment） 86

机构中心式的托儿　101
早发　28, 84, 96, 98
功能性家庭工作或治疗　132
强化的支持性服务　154
寄宿教养培训学校　138, 139
风险、需求和响应度（RNR）方法　64
"全方位"服务的提供　151
Utting, D.　135, 137

V

Vanstone, M.16
Venables v Crown　6
Vennard, J.　135, 137
创业信托　136
受害　5, 11, 16, 17, 25, 27, 30, 34, 36, 55, 59, 71, 78, 87, 104, 105, 108, 109, 110, 111, 112, 113, 114, 126, 134, 140, 141, 149, 163, 164, 174, 182
维也纳指南　7, 8

W

威尔士（参见英格兰与威尔士）
Webster, C.　102, 189, 190
韦伯斯特-斯特拉顿父母和儿童项目　102
福利（也可参见儿童福利）　1, 2, 46, 95
"什么有效？"模式　16

Whyte, B.　18, 66, 85, 105, 108, 112, 164, 177, 187, 194, 196
Wilson, D.　23, 24, 137
女性　9, 31, 35, 36, 37, 42, 62, 83, 100, 104, 123, 136, 144
中止　16, 21, 34, 36, 41, 42, 46, 47, 90, 92, 119, 129, 130, 143, 144, 157, 161, 162, 181, 184, 188, 196
响应度　64
犯罪理论　22, 27, 31, 32
密尔沃基全方位服务　151, 152, 153
"全方位"服务的提供　151

Y

Young, J.　4, 20, 33, 68, 149, 177
青少年犯罪　21, 23, 26, 27, 29, 31, 33, 35, 36, 38, 39, 41, 45, 46, 69, 72, 76, 88, 99, 105, 117, 119, 121, 123, 125, 127, 129, 131, 133, 134, 135, 137, 139, 141, 143, 174, 194, 195
家庭学校和社区　38, 40, 128, 143, 151, 162
性质　23, 46, 56, 60, 62, 69, 87, 92, 100, 126, 128, 148, 158, 173, 175, 193
风险和弹性　40
少年司法　1, 2, 3, 4, 5, 6, 7, 8, 9, 10, 11, 12, 13, 14, 15, 16, 17, 18, 19, 20, 21, 22, 24, 26, 28, 30, 32, 34, 35, 36, 38, 40, 41, 42, 45, 46, 48, 50, 51, 52,

54, 55, 56, 58, 60, 62, 64, 66, 68, 69,
70, 71, 72, 74, 76, 77, 78, 80, 81, 82,
84, 85, 86, 88, 89, 90, 91, 92, 94, 95,
96, 98, 100, 102, 103, 104, 106, 108,
109, 110, 112, 114, 118, 119, 120, 122,
124, 126, 128, 129, 130, 132, 134, 136,
138, 140, 144, 146, 148, 150, 152, 154,
155, 156, 158, 161, 162, 164, 166, 167,
168, 169, 170, 172, 174, 175, 176, 177,
179, 180, 181, 182, 183, 184, 185, 186,
187, 188, 189, 190, 191, 192, 193, 194,
196

实践基准　5

首先是孩子还是罪犯　3

融合实践　11

有效实践的指导原则　45, 47, 49,
51, 53, 55, 57, 59, 60, 61, 63, 65,
67, 128

未来的指引　12

实践范式　14, 15, 16

实践方法　15, 18, 42, 46, 48, 49,
50, 63, 67, 78, 135, 154, 169, 174,
187, 191

恢复性司法　108, 109, 111

图书在版编目（CIP）数据

少年司法实践：做出改变 /（英）比尔·怀特
(Bill Whyte) 著；杨旭，姚沁钰译 . -- 北京：社会科
学文献出版社，2024.3（2025.9 重印）
（华东政法大学社会工作译库）
书名原文：Youth Justice in Practice：Making a
Difference
ISBN 978-7-5228-3053-7

Ⅰ.①少… Ⅱ.①比… ②杨… ③姚… Ⅲ.①青少年
犯罪 - 司法制度 - 研究 Ⅳ.① D916

中国国家版本馆 CIP 数据核字（2023）第 241450 号

华东政法大学社会工作译库
少年司法实践：做出改变

著　　者 /〔英〕比尔·怀特（Bill Whyte）
译　　者 / 杨　旭　姚沁钰

出 版 人 / 冀祥德
责任编辑 / 孙海龙　孟宁宁
责任印制 / 岳　阳

出　　版 / 社会科学文献出版社·群学分社（010）59367002
　　　　　 地址：北京市北三环中路甲 29 号院华龙大厦　邮编：100029
　　　　　 网址：www.ssap.com.cn
发　　行 / 社会科学文献出版社（010）59367028
印　　装 / 唐山玺诚印务有限公司

规　　格 / 开　本：787mm×1092mm　1/16
　　　　　 印　张：16　字　数：246 千字
版　　次 / 2024 年 3 月第 1 版　2025 年 9 月第 2 次印刷
书　　号 / ISBN 978-7-5228-3053-7
著作权合同
登 记 号 / 图字 01-2023-1174 号
定　　价 / 128.00 元

读者服务电话：4008918866